深化改革 兴水惠民

征文获奖作品集

水利部新闻宣传中心 编

中国水利水电出版社
www.waterpub.com.cn

图书在版编目（CIP）数据

深化改革　兴水惠民：征文获奖作品集 / 水利部新闻宣传中心编. -- 北京：中国水利水电出版社，2014.12
ISBN 978-7-5170-2850-5

Ⅰ. ①深… Ⅱ. ①水… Ⅲ. ①水利经济－经济改革－中国－文集 Ⅳ. ①F426.9-53

中国版本图书馆CIP数据核字(2014)第311239号

书　　名	**深化改革　兴水惠民　征文获奖作品集**
作　　者	水利部新闻宣传中心　编
出版发行	中国水利水电出版社 （北京市海淀区玉渊潭南路1号D座　100038） 网址：www.waterpub.com.cn E-mail：sales@waterpub.com.cn 电话：(010) 68367658（发行部）
经　　售	北京科水图书销售中心（零售） 电话：(010) 88383994、63202643、68545874 全国各地新华书店和相关出版物销售网点
排　　版	中国水利水电出版社微机排版中心
印　　刷	三河市鑫金马印装有限公司
规　　格	170mm×240mm　16开本　24印张　245千字
版　　次	2014年12月第1版　2014年12月第1次印刷
印　　数	0001—2000册
定　　价	**68.00元**

《深化改革　兴水惠民　征文获奖作品集》
编　委　会

前　言

2014年是全面深化水利改革的开局之年。为深入贯彻党的十八大和十八届三中、四中全会精神和习近平总书记、李克强总理关于水利工作重要讲话精神，全面落实中央关于水利改革发展的决策部署，推动水利重要领域和关键环节改革攻坚，年初，水利部出台了《水利部关于深化水利改革的指导意见》，全国水利系统上下认真贯彻落实指导意见，加快推进水利各项改革。

为全面反映各地在深化水利改革中的积极探索和创新突破，在水利部办公厅和规划计划司指导下，水利部新闻宣传中心面向全国水利干部职工和媒体记者开展了“深化改革 兴水惠民”有奖征文活动。征稿内容为两方面：一是“水利改革怎么看怎么办”，主要由各流域机构，各省、自治区、直辖市水利（水务）厅（局）领导和专家，结合工作实际，谈深化改革的思路和举措；二是“经验做法”，重点反映各地围绕水利重点领域深化改革的探索、经验、做法和成效。

征文活动受到水利部有关司局、直属单位和地方水利部门领导和广大职工的热情支持和踊跃参与，共收到各类稿件259篇。水利部新闻宣传中心组织专家对稿件进行了认真评审。经过两轮评选，“水利改革怎么看怎么办”评出特别奖作品24篇；“经验做法”评出一等奖3篇，二等奖10篇，三等奖23篇，优秀奖38篇。

在此，我们把特别奖和一、二、三等奖获奖作品集结成册，以飨读者，借以分享改革好经验，启发改革新思路，推动改革新发展，绘就兴水惠民新画卷。

编者

2014年12月

目　录

水利改革怎么看怎么办

经验做法

水利改革怎么看怎么办

新时期长江水利改革发展的思考

水利部长江水利委员会主任　刘雅鸣

习近平总书记在党的十八届三中全会上强调，要有强烈的问题意识，以重大问题为导向，着力推动解决我国发展面临的一系列突出矛盾和问题。中华人民共和国成立以来，长江治理开发与保护取得了辉煌成就。但同时，长江水利工作仍然存在诸多深层次矛盾和体制、机制性问题。站在新的历史起点，作为流域机构，我们必须牢牢把握中央关于全面深化改革的决策部署，深入思考和解决“长江水利改革怎么看怎么办”这一重大问题，大胆改革创新，奋力开创长江水利改革发展新局面。

一、长江水利事业进入了新的关键时期

当前，我国经济正处在增长速度换挡期、结构调整阵痛期和前期刺激政策消化期的叠加阶段。随着流域经济、社会条件和自然、

生态环境的深刻变化，长江水利事业进入了新的关键时期。

从时代背景来看，长江水利发展正迎来新的战略机遇期。党的十八大以来，党中央高度重视水利工作，全社会广泛关注水利工作，为水利事业和治江工作提供了新的发展契机：一是十八届三中全会明确提出了建立系统完整的生态文明制度体系，并将水资源管理、水环境保护、水生态修复等纳入生态文明制度建设重要内容，长江流域生态文明建设迎来新的历史机遇；二是十八届四中全会作出了全面推进依法治国的重大决定，无疑为依法管水、依法治江提供了强大动力和政策依据，长江流域的治理、开发与保护将迈上新的法制化轨道；三是国务院作出了依托黄金水道推动长江经济带发展、加快建设172项重大水利工程支撑经济发展、再解决6000万人饮水安全问题惠及亿万群众等一系列重大战略部署，为长江水利改革发展注入了巨大动力和活力。

从管理需求来看，长江水利发展正面临重要转型期。习近平总书记从为实现中国梦提供更加坚实的水利支撑和保障的高度，作出了关于水安全战略的重要论述，提出了“节水优先、空间均衡、系统治理、两手发力”的治水思想，这既是新时期全党全国全民治水、兴水的科学指南，也为流域管理指明了方向。在水安全战略指引下，长江流域在管理理念上将实现从开发利用为主向节约、保护与开发利用并重的重大转变；在管理目标上将实现由单目标管理、多目标管理向流域综合管理的重大转变；在管理手段上将实现从注重行政手段、依靠政府推动向简政放权、充分发挥市场在资源配置中的决定性作用和更好地发挥政府作用的重大转变。

从流域现状来看，长江水利发展仍处在矛盾交织期。新老问题并存、各种矛盾交织已成为治江工作的新常态：一是长江总体防洪能力显著提高、综合防洪体系不断完善与中下游河道泄洪能力不足、中小河流和部分支流洪涝灾害频发交织并存；二是长江水资源总体开发利用率不高与部分地区无序开发、过度开发、低水平开发导致一系列生态环境问题和已建工程对河流生态系统叠加累积影响逐步显露交织并存；三是长江水量总体充沛、产水与补水能力强与流域局部地区水质性缺水、工程性缺水交织并存；四是长江水质状况、水生态环境总体良好与干流沿岸城市河段水域以及部分支流水质污染严重、上中游地区水土流失面积巨大交织并存。

从现实要求来看，长江水利发展已进入改革攻坚期。改革开放以来，长江水利改革由易到难、由浅入深，取得了显著成就。但是，仍有许多影响和制约发展的深层次难题需要通过深化改革来攻坚克难。一是流域管理与区域管理相结合的水行政管理体制基本形成，但高效的跨部门、跨行业协调机制尚待完善，流域机构的执法监督能力、统筹协调能力需进一步加强；二是实行最严格的水资源管理制度迫切需要深化水资源管理体制改革，建立事权清晰、分工明确、行为规范、运转协调的工作机制，但作为流域机构，目前在分级管理、事权划分等方面，流域和区域管理相结合的诸多“节点”依然模糊不清；三是加强流域管理迫切需要流域机构强化自身建设，提升治江支撑保障能力，但目前流域管理的支撑体系还不够完善，流

域水文、水工程、水环境、水生态等基础信息系统的建设，对治江重大问题的研究仍不能适应流域管理的实际需要。

当前治江形势有机遇也有挑战，机遇大于挑战。我们必须厘清思路，明确目标，突出重点，切实抓好事关经济社会发展全局的治江大事，努力完成好历史赋予我们的光荣使命。

二、正确处理长江水利改革发展中的几个关系

贯彻落实党的十八届三中全会精神，全面深化长江水利改革发展，必须处理好以下 4 个方面的关系。

（一）政府和市场的关系

长江水利改革发展必须在坚持水利公益性特点的基础上，充分发挥市场在资源配置中的决定性作用，对适合市场、社会组织承担的水利公共服务，都要引入竞争机制，鼓励多元化投资主体参与治江重大工程前期工作和开发建设。必须进一步深化流域各级政府的自身改革，在政府职能转变、审批制度改革、政府绩效考核制度改革等方面有更大的突破，强化落实以流域各级政府行政首长负责制为核心的防汛抗旱责任制、水资源管理责任制等。

（二）流域和区域的关系

长江流域是中国区域发展优势资源的高密集区，流域治理和区域发展相互依存、密不可分。水资源的不可分割性，决定了必须以

流域为单元，逐步实现流域管理和行政区域管理相结合的流域综合管理。我们希望借鉴国外大江大河流域可持续发展和资源环境保护的成功经验，逐步建立各方参与、民主协商、共同决策、高效权威的流域综合管理机构，强化对流域水资源的宏观调控和一体化管理，协调处理好不同区域水资源开发利用与保护、防洪安全与河湖岸线利用、江河治理与水电开发、航道建设等不同行业、不同群体之间的利益关系。

（三）保护和开发的关系

我们始终强调坚持经济效益、社会效益和生态效益相统一，按照“在保护中促进开发、在开发中落实保护”的原则，大力加强水资源及水生态环境保护体系建设，以水环境承载能力和水生态承受能力为基础，合理把握开发利用的红线和生态与环境保护的底线。目前，随着新一轮长江经济带的开发建设，长江中下游岸线、洲滩利用已成为新的热点，产业聚集、资源富集、城市密集的巨型经济走廊正在形成，“人水争地”的现象将更加突出，这更要求我们必须妥善处理好保护与开发的关系，坚持开发与保护并重，兴利与除害并举。

（四）管理和支撑的关系

流域水行政管理是流域机构的法定职责，必须通过统筹规划、科学调度、行政审批、执法监督、指导协调等手段严格履行、规范

实施。水文、科研等基础事业和勘测设计等科技企业，是构成流域机构整体实力和管理水平不可分割的重要组成部分，是流域水行政管理的有力支撑。作为长江委而言，必须正确处理好流域管理与技术支撑的关系，实现流域水行政管理职能和基础事业、技术服务职能双轮驱动、相互促进，为地方经济、流域发展乃至国家富强作出新的贡献。

三、长江水利改革发展的重点任务

准确把握全面深化改革对长江水利提出的新要求，坚定不移高举改革旗帜，以涉险滩、渡深水的勇气、锐气，打好、打赢深化长江水利改革这场攻坚战，必须做好以下几项重点工作。

（一）强化顶层设计，深化治江重大问题研究

按照习近平总书记“向前展望、超前思维、提前谋局”的要求，加强治江工作顶层设计和整体谋划。按照《治江重大问题研究顶层设计》，深入开展重大问题研究。着力加强以三峡水库为核心的长江干支流控制性水库群联合调度、三峡工程建成后长江中下游防洪形势变化与应对措施、长江流域山洪灾害和城市洪涝灾害防治的研究与实践，全面提高长江流域防御洪旱灾害能力，确保流域防洪安全、供水安全和生态安全。加强长江流域水资源优化配置、流域法规体系建设、流域生态文明建设、长江中下游水域岸线与洲滩资源利用等重大问题研究，把研究成果充分运用到改革发展的具体实践当中，

切实推进治江事业新发展。

（二）切实转变职能，认真履行流域管理职责

按照十八届三中全会关于处理好政府与市场的关系的要求，厘清流域与地方、政府与市场、政府与社会组织的职能与事权，发挥流域机构优势，加强流域管理指导。积极推进治理开发保护长江相关法规建设，强化流域水行政管理的权威性。积极探索推进规划同意书、水资源论证、洪水影响评价和涉河建设项目等审查审批项目分类合并实施，精简行政审批事项，优化行政审批程序，履行好一次告知、并联办理、限时办结等工作制度。探索建立流域内重大问题定期协商机制，充分调动流域各省市与流域机构共同管理好长江的积极性，不断完善流域管理与区域管理相结合的流域综合管理体制。

（三）建设生态文明，落实最严格水资源管理制度

着力推进长江流域水生态文明建设，建立健全源头严防、过程严控、损害严惩的水生态保护体系。以落实最严格的水资源管理制度为核心，严守“三条红线”，强化控制指标考核，建立事权清晰、分工明确、运转协调的水资源管理体制。扎实做好汉江流域加快实施最严格水资源管理制度试点工作，努力发挥示范引导作用。建立规划水资源论证制度和水资源开发利用监测预警机制，建立健全水资源有偿使用制度和水生态补偿协商机制，不断完善水土保持预防

监督和治理机制，加强生态空间开发管制，促进水土资源全面节约、高效利用和有效保护。

（四）加强河湖管理，推动江河湖库水系联通

以保障防洪安全、维护河道正常行洪能力及河势稳定，促进岸线资源集约利用为目标，探索建立长江流域最严格的河湖管理制度。通过建立河湖岸线、水域有偿使用制度，促进岸线资源的节约、集约利用。建立岸线功能分区管理制度，保障岸线资源的可持续利用。建立规划防洪评价制度，协调经济社会发展与防洪保安、河势稳定等方面的关系。通过实施更严格的涉河建设项目监督管理，促进河湖岸线、水域的有序利用。针对长江流域水网密布、江湖关系极为复杂的现状，积极开展河湖水系连通工程建设，综合采取调水引流、清淤疏浚、生态修复等措施，着力构建引排顺畅、蓄泄得当、丰枯调剂、多源互补、调控自如的江河湖库水网体系。

（五）坚持固本强基，提升治江支撑保障能力

着力夯实科技支撑，建立开放、竞争、协作的科技创新体制机制，加强科技平台建设，继续加大治江科技投入，加强协同攻关，不断在治江重大前沿性技术问题上取得新突破。着力加强信息化建设，完善管理机制，强化基础设施，优化站网结构，加强资料收集，促进资源共享，通过信息化建设，进一步提升覆盖全流域的综合监测能力，以长江水利信息化推动流域综合管理现代化，逐步实现长

江水利现代化。建设高素质的治江人才队伍，着力培养高层次人才和科技领军人才，培养院士、大师级人才，引领治江事业科学发展。推进长江委自身改革发展，不断提升委机关的依法行政和综合管理水平，切实增强企事业单位的技术支撑和经济发展能力。

长江水利改革与发展国运所系，责重如山。我们将牢记肩负的光荣使命，在水利部的正确领导下，与流域广大人民一道，不断探索，不懈奋斗，切实把长江的事办好，努力走出一条有时代特征、水利特色、长江特点的改革发展之路！

以深化改革新成效推动治黄事业新发展

水利部黄河水利委员会主任　陈小江

黄河“水少、沙多，水沙关系不协调”，治理开发和保护黄河不仅要靠工程基础、技术条件，也要靠制度保障和管理创新。随着经济结构深入调整和社会持续转型，治黄体制、机制仍存在与经济社会可持续发展不协调、不适应的问题，持续稳定增长的治黄投入保障机制尚未形成，水资源要素对转变经济发展方式的倒逼机制尚未建立，水价在资源配置节约保护中的杠杆作用还没有充分发挥，适应黄河流域水生态文明建设的工程体系和社会管理体制尚不完善。因此，必须全面深化治黄改革，加快建立有利于治黄科学发展的制度体系，推进治黄体系与治理能力现代化，为确保流域及相关地区防洪安全、供水安全和生态安全提供更加坚实的支撑。

一、深化治黄改革的目标和原则

全面深化治黄改革的总目标是：坚持社会主义市场经济改革

方向，充分考虑治黄的公益性、基础性、战略性特点，全面贯彻“节水优先、空间均衡、系统治理、两手发力”的治水新思路，紧紧围绕治河为民、人水和谐主线，以保障防洪安全、供水安全和生态安全为目标，着力构建有利于增强治黄保障能力、提升流域综合管理水平、加快流域水生态文明建设的科学完善的治黄体制、机制。

全面深化治黄改革需要把握的原则：一是坚持改革的正确方向，核心是正确处理好政府、市场和社会的关系，该政府管的要管严管好，该放给市场的要逐步退出，勇于打破惯性思维和路径依赖，解放思想，大胆探索，试点先行。二是坚持问题导向，紧紧围绕影响治黄发展的重点问题和群众反映强烈的突出问题，深入剖析在体制、机制、制度以及观念等方面存在的桎梏和障碍，抓住关键、找准症结谋划改革，不能为改革而改革，更不能做表面文章、应付改革。三是坚持依法办事，流域机构作为水利部派出机构，改革的内容主要包括两个方面，既有承接水利部的改革任务，也有根据实际自主确定的改革任务。对承接的任务要积极配合，做好调研，提出建议；对已经出台的改革措施，要全面跟进，抓好落实。对自主确定的改革任务，要在法律政策框架内和职权范围内进行谋划。四是坚持务实改革，要着力厘清改革的思路、途径和方法，始终把抓重点、抓试点、抓落实作为推进改革的重要举措，把改革的质量、实效、群众认可度作为衡量改革成果的重要标准，切实通过改革解决问题、推动发展。

二、深化治黄改革的十项重点任务

在水行政管理职能转变方面，进一步推进简政放权，紧跟水利部改革步伐，积极推进水工程建设规划同意书、建设项目水资源论证、洪水影响评价、水土保持方案、涉河建设项目等行政审批前置条件分类合并实施。创新公共服务提供方式，对保留的审批事项合并实施，简化流程，提高效能；对取消的审批事项放权到位，搞好衔接，加强监管。合理划分流域与区域事权，完善流域管理与区域管理相结合的管理体制，强化在流域规划管理、防洪和水资源统一调度、河湖管理、“三条红线”控制指标考核评估、综合执法等方面的职能。以黑河流域为试点，探索成立由利益相关方参加的黑河流域管理委员会，提高流域管理科学化水平。

在水资源管理体制改革方面，以实施最严格的水资源管理制度为抓手，狠抓“三条红线”落实，把“三条红线”指标分解到县，强化控制指标考核，建立事权清晰、分工明确、运转协调的水资源管理体制，建立规划水资源论证制度和水资源开发利用监测预警机制，在用水达到和超过指标的地区，探索“节水、减超、转让、增效”的水资源管理途径，促进水资源优化配置、合理开发、高效利用、全面节约和科学管理。

在水权、水价和供水管理改革方面，严格落实取水许可管理和定额管理制度，抓好水资源使用权确权登记、水权交易流转和水权制度建设，研究建立流域性水权交易平台。推动建立反映水资源稀缺程度、符合市场导向的黄河下游引黄渠首供水水价形成机制，着力破解黄河水资源管理瓶颈，提高水资源利用效率和效益。进一步理顺供水管理体制，规范水费使用管理，解决责权利不统一、管人与管事脱节的问题。

在水生态文明制度建设方面，建立健全源头严防、过程严控、损害严惩的水生态保护体系，建立健全水资源有偿使用制度和水生态补偿协商机制，完善地下水管理和保护制度，建立健全水土保持预防监督和治理机制，加强生态空间开发管制，促进水土资源全面节约、高效利用和有效保护。

在河湖管理与保护制度建设方面，健全河湖规划约束机制，完善河道规划治导线管理制度，建立建设项目占用水利设施和水域岸线补偿制度，加强黄河中上游干流河道管理、下游滩区治导线管理、河口入海流路管理，充分保障和发挥河湖以及滩区的功能，有序推进河湖休养生息。

在重大项目投融资机制改革方面，以加快黄河重大工程项目建设为目标，坚持“两手发力”，在积极争取政府投入的同时，把引调水工程、水源工程、以沙换水工程建设作为吸引社会资本的重要领域，鼓励多元化投资主体参与治黄重大工程前期工作和开发建设，加快项目建设进程。

在工程建设与运行管理改革方面，厘清政府和市场的事权边界，推动监督主体和建设主体分离。创新工程建设管理模式，因地制宜推行项目法人招标、代建制、设计施工总承包等建设模式。进一步

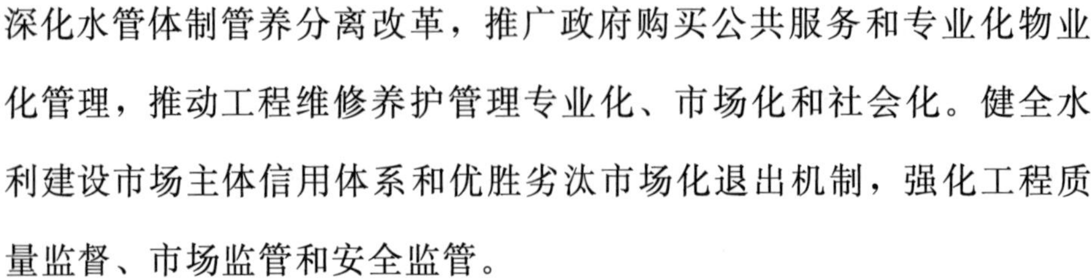

深化水管体制管养分离改革，推广政府购买公共服务和专业化物业化管理，推动工程维修养护管理专业化、市场化和社会化。健全水利建设市场主体信用体系和优胜劣汰市场化退出机制，强化工程质量监督、市场监管和安全监管。

在依法治河管河改革方面，健全黄河水法规体系；依法全面履职，推行权力清单、责任清单制度，建立内部重大决策合法性审查机制；积极推进水利综合执法，健全流域与区域、水利部门与相关部门联合执法机制，充实基层水政执法力量，试点推行基层专职水政监察队伍建设，完善涉水矛盾纠纷排查化解机制，维护良好的水事秩序；加强法治宣传教育，提高干部职工运用法治思维和法治方式工作的能力和水平。

在事业单位分类改革方面，完善事业单位法人治理结构，通过优化结构、精简效能，理顺职责关系，优化资源配置，构建功能明确、治理完善、运行高效、监管有力的事业单位管理体制和运行机制。

在企业改革方面，坚持市场化改革方向，加快产业结构调整，加快施工企业资源整合和转型升级，完善法人治理结构、出资人监管制度和企业内控制度，强化企业风险防范。坚持一企一策、因企施策，对有竞争力和发展前途的企业，着力在规范和提升上狠下功夫，提高经济发展的质量和效益；对不符合国家要求和产业发展方向、不适应市场竞争、潜在风险较大的企业进行清理整合，在妥善安置职工和防止国有资产流失的基础上，推动优化重组或关停退出。

三、深化治黄改革的方法步骤

坚持统筹谋划，做好顶层设计。黄委党组把深化治黄改革放在突出位置，成立领导小组及其办公室，出台领导小组工作规则及办公室工作细则，夯实统筹推进改革的组织保障。根据深化水利改革的指导意见，先后制定了深化治黄改革实施方案、任务分工、第一批重点改革任务3个文件。《实施方案》提出了9个方面38条改革任务，明确了各项任务的分管领导、牵头单位和参与单位。《任务分工》将改革任务细化为64条，随后又进一步细化至81项具体目标，确定了今明两年可以完成的35项任务。通过3个文件，明确了治黄改革的顶层设计、施工图和推进路线图。

坚持上下联动，做到齐抓共谋。通过完善机制强化责任，建立了改革台账，明确了可检验的成果形式和时间进度安排。健全考核机制，将各项改革任务纳入各部门、单位和领导班子、领导干部年度考核，建立评估、考核、问责机制。同时注重思想动员和做好改革宣传，加大舆论引导，分别在全河工作会议、委务会议、深化治黄改革领导小组会议等重要会议上，深入宣讲黄委党组深化治黄改革的部署要求，就“要不要改”“改什么”“怎么改”等问题统一思想，凝聚共识。年中专门听取机关各部门推进改革情况工作汇报。黄委领导深入基层单位调研，就基层普遍关心的改革问题进行深入分析和现场交流，层层传导黄委党组深化治黄改革的思路和决心。目前，全河上下联动、齐抓共谋的改革格局正在形成。

坚持试点先行，鼓励基层探索。坚持从实际出发，试点先行，充分发挥基层探索精神，及时总结可复制、可推广的经验做法，推动治黄改革顶层设计和基层探索良性互动、有机结合。在水行政管理职能转变方面，试点推行了水工程建设规划同意书与由黄委负责审查的防洪治理工程可研报告及洪水影响评价审查合并实施。在水资源管理体制改革方面，以黑河流域为试点，开展了专题调研和成立黑河流域管理委员会可行性研究。在水利工程管理体制改革方面，按照管养分离、事企分开、规范运行、良性发展的目标，在山东河务局、河南河务局各选一个基层单位进行管养分离试点。在推进水市场、水权制度建设方面，以内蒙古河套灌区沈乌灌域为试点启动了内蒙古黄河干流盟市间水权转让工作。在强化水行政执法方面，以开封河务局为试点开展了基层专职水政监察队伍建设，强化执法能力建设，积极推进水利综合执法。为加强基层执纪监督，选择确定了市、县基层单位试点，整合纪检监察力量，落实监督责任，强化执纪问责，着力解决基层党风廉政建设薄弱的问题。

目前，黄委深化治黄改革工作稳步推进。强化应急抢险工程项目管理等 4 项改革任务已取得关键性成果，推行水工程建设规划同意书审查与水利基建前期工作技术审查合并实施等 23 项改革任务已经试点实施，另有 38 项在全力推进，有 16 项任务配合水利部积极开展工作。下一步，黄委将按照水利部深化水利改革总体部署，积极探索，真抓实干，不断把治黄改革引向深入，以深化改革新成效推动治黄事业新发展。

着力落实新时期治水思路
加快推进节水供水重大水利工程建设

水利部规划计划司常务副司长　汪安南

党的十八大以来，习近平总书记多次就治水发表重要论述，形成了新时期我国治水兴水的重要战略思想。习近平总书记指出，要坚持“节水优先、空间均衡、系统治理、两手发力”的思路，实现治水思路的转变，要按照“确有需要、生态安全、可以持续”的原则对重大水利工程进行论证，根据财力可能有序安排建设。李克强总理强调，解决水的问题，要把重点放在重大水利工程建设上，改变“撒胡椒面”的投入方式，集中力量在水利建设方面干几件大事，并在《2014 年政府工作报告》中明确提出“国家集中力量建设一批重大水利工程，支持引水调水、骨干水源、江河湖泊治理、高效节水灌溉等重点项目”。2014 年 5 月 21 日，李克强总理主持国务院常

务会议，研究部署加快推进节水供水重大水利工程建设，决定在2014年、2015年两年和“十三五”期间，分步建设纳入规划的172项重大水利工程，并要求建立政府和市场有机结合的机制，鼓励和吸引社会资本参与工程建设和管理。

中央的一系列重大决策部署和要求，为加快推进节水供水重大水利工程建设指明了方向。推进节水供水重大水利工程建设，必须坚持“节水优先、空间均衡、系统治理、两手发力”的重要战略思想，实现治水思路的转变。

一、必须始终遵循节水优先这一根本方针

习近平总书记强调，要善用系统思维统筹水的全过程治理，分清主次、因果关系。当前关键环节是节水，从观念、意识、措施等各方面都要把节水摆在优先位置。推进节水供水重大水利工程建设，要将促进节水、提高水资源利用效率作为基本前提，统筹把握好开源与节流的关系。在工程论证中，要按照节水优先的原则，做好水资源供需平衡分析和水资源论证，充分挖掘节水潜力。实施引调水工程，受水区要先评估节水潜力，落实节水措施，做到“先节水后调水、先治污后通水、先环保后节水”。在项目安排上，要大力推进灌区节水改造、雨洪资源利用等节约水、涵养水源的工程，不断完善节约用水、高效用水的工程体系。

二、必须始终坚守空间均衡这一重大原则

习近平总书记强调，面对水安全的严峻形势，必须树立人口、经济与资源环境相均衡的原则，加强需求管理，把水资源、水生态、水环境承载能力作为刚性约束，贯彻落实到改革发展稳定各项工作中。推进节水供水重大水利工程建设，必须牢固树立生态文明理念，始终坚守空间均衡原则，把水资源、水生态、水环境承受能力作为规划布局与项目建设的刚性约束，实现人与自然、人与水的和谐相处。在工程布局上，要按照国家主体功能区规划，科学合理布局重大水利工程，优化水资源配置格局，做到以水定需、量水而行、因水制宜，全力推进规划水资源论证，严格控制一些地方过度开发、无序调水、“跑马圈水”等现象，避免引起更大范围的水资源紧缺。在项目实施中，要统筹把握好生态保护与工程实施的关系，尽可能减少工程对生态环境的影响和破坏。对可能引起的河道断流、水体自净能力下降、水生态环境恶化等情况要有充分的估计和预判，并研究采取科学合理的恢复和补偿措施，生态代价难以承受的项目坚决不能上马。

三、必须始终坚持系统治理的思想方法

习近平总书记强调，山水林田湖是一个生命共同体，治水要统筹自然生态的各个要素，要用系统论的思想方法看问题，统筹兼顾治水和治山、治水和治林、治水和治田等关系。推进节水供水重大

水利工程建设，要不断强化系统治水思维，统筹上下游、左右岸、地上地下、城市乡村，协调解决好水资源、水生态、水环境问题。在河流治理上，要坚持系统治理，上中游要在建设水库的同时，更加注重涵养水源和修复生态，加强水土保持、天然林资源保护、水源涵养林保护与建设、退耕还林还草等。中下游要在堤防加固、河湖疏浚建设的同时，更加注重退耕还河还湖和蓄滞洪区建设，给洪水以宣泄空间，充分考虑防洪、供水、航运、生态保护等综合利用要求，因势利导，尽量维持河道自然形态，宜弯则弯、宜宽则宽、宜滩则滩，让河湖恢复生命，流域重现生机，真正实现山水林田湖治水。

四、必须始终把握两手发力这一基本要求

习近平总书记强调，保障水安全，无论是系统修复生态、扩大生态空间，还是节约用水、治理水污染等，都要充分发挥市场和政府的作用，分清政府该干什么，哪些事情可以依靠市场机制。推进节水供水重大水利工程建设，必须按照“两手发力”的要求，多措并举，加快建立健全多主体、多渠道、多形式的投融资机制。一是完善水利投入稳定增长机制。要坚持政府主导，进一步增加中央预算内水利投资规模，同时调整优化政府投资结构，中央投资和地方财政资金更多向节水供水重大水利工程倾斜；要推动建立水利政策性金融工具，争取中央和地方财政贴息政策，为重大水利工程建设提供中长期、低成本的贷款；要制定切实可行的政策措施，吸引社

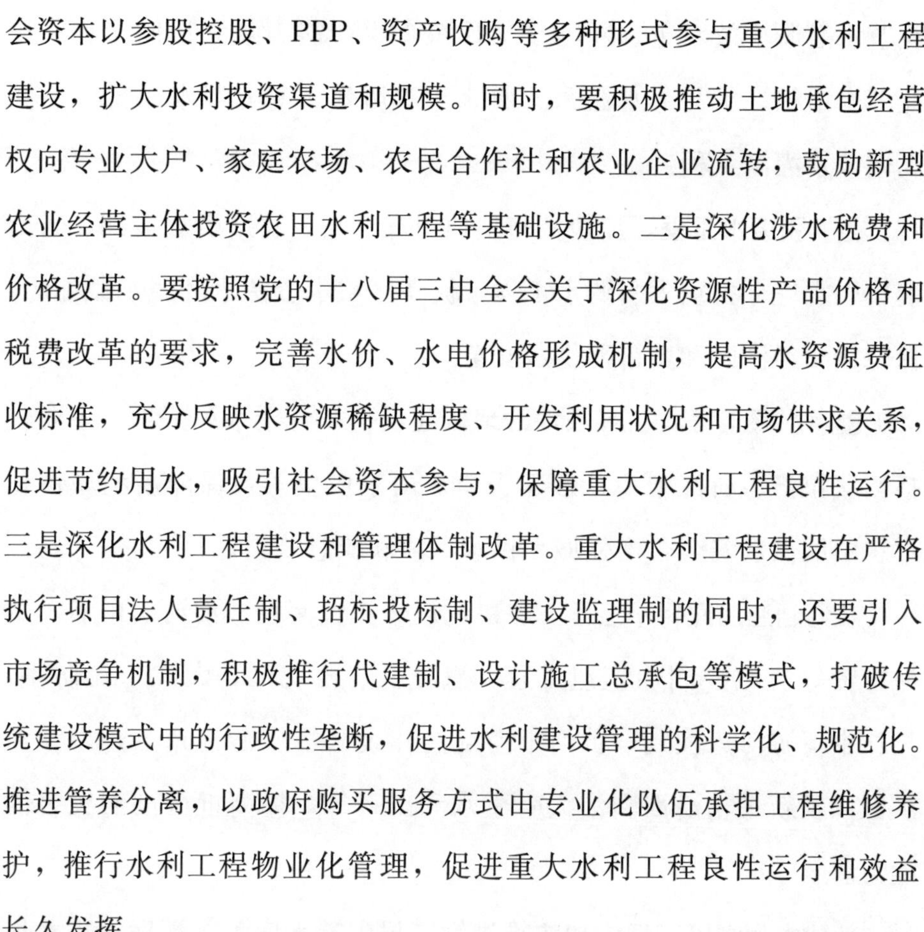

会资本以参股控股、PPP、资产收购等多种形式参与重大水利工程建设，扩大水利投资渠道和规模。同时，要积极推动土地承包经营权向专业大户、家庭农场、农民合作社和农业企业流转，鼓励新型农业经营主体投资农田水利工程等基础设施。二是深化涉水税费和价格改革。要按照党的十八届三中全会关于深化资源性产品价格和税费改革的要求，完善水价、水电价格形成机制，提高水资源费征收标准，充分反映水资源稀缺程度、开发利用状况和市场供求关系，促进节约用水，吸引社会资本参与，保障重大水利工程良性运行。三是深化水利工程建设和管理体制改革。重大水利工程建设在严格执行项目法人责任制、招标投标制、建设监理制的同时，还要引入市场竞争机制，积极推行代建制、设计施工总承包等模式，打破传统建设模式中的行政性垄断，促进水利建设管理的科学化、规范化。推进管养分离，以政府购买服务方式由专业化队伍承担工程维修养护，推行水利工程物业化管理，促进重大水利工程良性运行和效益长久发挥。

加快推进节水供水重大水利工程建设是当前和今后一个时期水利工作的一项重要任务。要按照“节水优先、空间均衡、系统治理、两手发力”的治水思路，加快推进项目前期工作，创新体制机制，多渠道筹集资金，建成一批打基础、管长远、促发展、惠民生的重大水利工程。

重大农业节水工程。加快推进四川都江堰、安徽淠史杭、内蒙古河套灌区等大中型灌区续建配套节水改造骨干工程，加快实施规模

化节水灌溉增效示范、新增千亿斤粮食生产能力规划田间工程、东北节水增粮、华北节水压采、西北节水增效、南方节水减排等田间高效节水灌溉工程。

重大引调水工程。加快实施陕西引汉济渭、甘肃引洮二期、云南滇中引水等一批重大引调水工程，提高区域水资源水环境承载能力，保障重要经济区和城市群供水安全。

重点水源工程。在有条件的地区建设一批骨干水源工程，主要包括西藏拉洛、浙江朱溪、福建霍口、山东庄里等，保障新型城镇化进程中的供水安全，增强城乡供水保障和应急能力。

江河湖泊治理骨干工程。加快建设珠江大藤峡、淮河出山店、黄河古贤等流域控制性枢纽工程，黑龙江、松花江、嫩江干流防洪，长江中下游河势控制，黄河下游堤防建设和上中游河道治理，蓄滞洪区以及新一轮治淮和治太骨干水利工程等，提高抵御洪涝灾害的能力。

新建大型灌区工程。加快推进嫩江尼尔基水库配套灌区、吉林松原灌区、四川向家坝灌区、湖南涔天河灌区、江西廖坊灌区等新建大型灌区工程，增强重点地区粮食产能和农业综合生产能力，确保国家粮食安全。

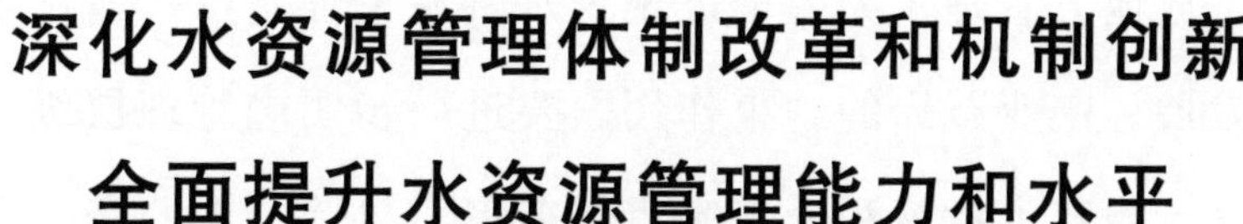

深化水资源管理体制改革和机制创新
全面提升水资源管理能力和水平

水利部水资源司司长　陈明忠

党的十八届三中全会对深化改革做出了全面部署，明确要求深化生态文明体制改革，加快建立生态文明制度，健全国土空间开发、资源节约利用、生态环境保护的体制机制，推行水权交易制度。2014 年 4 月，习近平总书记提出了“节水优先、空间均衡、系统治理、两手发力”的治水思路，对推进水资源管理体制机制改革、保障国家水安全进行了全面部署。我们要深入学习领会，全面贯彻落实。以理顺政府与市场、中央与地方的关系，充分调动全社会力量参与水资源管理积极性为重点，深化改革，创新机制，全面提升水资源管理能力和水平。

一、转变职能，不断提升政府监管能力

推进水资源行政审批制度改革。落实三中全会关于行政审批制度改革的要求，按照简政放权，规范管理，加强监管的原则，全面梳理取水许可、水资源论证、入河排污口设置等水行政审批事项，进一步厘清中央和地方的事权，涉及省界水体和水事敏感地区的用水审批事项，中央要管住管好，省级行政区总量控制范围内的用水审批事项下放地方管理。大力推进规划水资源论证制度，强化水资源对经济发展、产业布局的约束作用。要进一步明确管理层级，简化审批程序，规范审批流程，提高审批效率，接受社会监督。在涉及公众利益的重大建设项目水资源论证时，通过引入听证制度等方式，充分听取社会公众意见。积极推进涉水行政审批事项整合，力争实现一站式审批。对水资源论证资质管理要充分发挥行业协会等社团力量，下放管理权限，转变管理方式。

严格水资源管理责任与考核制度。按照最严格水资源管理制度的要求，加快建立完善省市县三级水资源管理责任制，落实行政首长负责制。完善考核评价体系，将考核结果纳入经济社会发展综合评价体系，严格实行区域限批政策，对取用水总量已达到或超过红线控制指标的地区，要暂停审批建设项目新增取水。积极探索建立国家水资源督查制度，对地方落实最严格水资源管理制度情况进行监督检查。对领导干部实行水资源水环境责任终身追究制。

不断完善流域管理与区域管理相结合的水资源管理体制。进一步界定中央、流域和地方的管理权限，明确事权，落实责任。中央要把重点放在政策指导、行业监管、红线管控和区域统筹上；流域要重点做好水量分配、总量控制、统一调度和区域协调；地方要对取用水项目科学论证，严格审批把关，加强定额管理、计划用水管理，强化对取用水户的监督管理。避免因事权不清，导致的管理交叉、推诿扯皮等问题。在最严格水资源管理制度考核实施中，既要充分发挥流域管理与区域管理相结合的体制优势，又要正确处理好因流域与行政区域不吻合带来的多头考核、重复考核等矛盾。探索建立流域内行政区政府、公众及其他利益相关方参加的流域管理委员会，统筹协调管理流域涉水事务。

二、创新机制，不断提升市场配置能力

加快水权制度建设，运用市场机制优化配置水资源。坚持政府和市场“两手发力”，深化水资源管理体制机制创新，下更大气力研究和推进水权制度建设。尽快明晰初始水权，在行政区域层面，加快推进水资源控制指标逐级分解确认工作，建立覆盖省市县三级行政区的水资源控制指标体系。在流域层面，加快开展江河水量分配，将用水总量控制指标落实到江河控制断面。严格水资源论证和取水许可管理，完善定额标准，按照水源属性和用水户类型，科学核定取用水户的水资源使用权限，建立用途管制制度，积极推进水资源资产产权制度建设。大力培育水市场，按计划积极开展跨区域、跨

行业和取水户间的水权交易试点，稳步推进水资源确权登记试点，因地制宜探索地区间、流域间、行业间、用户间等多种形式的水权交易流转方式和规则。对用水总量达到红线控制指标的地区新增项目取用水量必须通过水权转换取得，对已超过红线控制指标的地区，不仅要严格控制用水量增长，还用通过水权转换偿还超用水量。加快建立完善有利于发挥市场作用的水权交易平台，明确交易规则，维护良性运行的交易秩序。近期，水利部已下发《关于开展水权试点工作的通知》，对稳步推进水权制度建设进行了具体部署，选取内蒙古、宁夏、湖北、甘肃、广东、河南、江西等试点，因地制宜，开展不同类型的水权交易和水资源使用权确权登记实践。

进一步健全水资源有偿使用制度。牢固树立水资源资产观念，坚持使用水资源付费的原则，按照全面反映市场供求、水资源稀缺程度、水生态环境损害成本和修复效益的要求，合理调整水资源费征收标准，扩大征收范围。进一步完善水资源有偿使用制度，超计划或超定额取水的，对超计划或超定额部分累进收取水资源费。严格水资源费征收和使用管理，依法查处挤占挪用水资源费的行为。

建立和实施水生态补偿制度。坚持谁受益、谁补偿原则，建立和完善对江河源头区、水源涵养区、重要水源地和重要生态修复治理区的水生态补偿机制。总结新安江流域浙江、安徽两省生态补偿的经验，围绕水源地达标建设，选择丹江口、潘家口—大黑汀水库等重要饮用水水源地，开展跨省区水生态补偿试点。

发挥市场机制在水资源节约保护中的作用。进一步推进水价改革，利用经济杠杆促进水资源节约保护。在节水产品推广、水生态建设、水资源计量监控设施和信息系统运行维护等方面推行政府购买公共服务，制定指导性名录，培育公共服务市场。积极营造有利于水资源节约保护的投融资环境，引导社会资金投入水务基础设施和水生态文明建设。

三、深化改革，不断提升城乡水务管理能力

深化水务体制改革。总结水务改革经验，顺应水资源的自然规律和社会属性，按照精简、统一、效能的原则，鼓励地方因地制宜推进供水、用水、排水、污水处理及回用等涉水事务一体化管理。健全城乡统筹、事权清晰、职责明确、运转协调的水务管理体制；建立政府主导、社会筹资、市场运作、企业开发的水务运行机制。

统筹推进城乡水务服务均等化。适应新型城镇化和社会主义新农村建设的要求，统筹规划城乡水资源利用、水环境治理和水源地保护，统一配置调度城乡水资源，推进城市供排水管网向农村延伸，逐步实现城乡供排水等公共服务均等化，保障城乡供水安全、水生态与水环境安全。

加强部门协作。建立完善水资源保护和水污染防治跨部门协作机制，协同推进水资源保护和水污染防治工作，有效应对突发性水污染事件。充分利用全国节约用水办公室平台，组织相关部门共同推进节水型社会建设。抓紧建立最严格水资源管理制度部际考核工作组，共同实施最严格水资源管理制度考核工作。

四、保障民生，不断提升社会服务能力

加强水资源合理配置和科学调度，提高供水保障水平。统一调度配置地表水、地下水，以及非常规水，形成多水源配置格局。进一步强化南水北调水量调度和黄河、黑河、塔河等水资源统一调度，推动部分应急调度向常态化调度转变，水量调度向水量水质水生态多目标调度转变，在保障区域经济社会发展的同时，促进流域和区域生态环境的改善。加强地下水水量水位双控制，通过置换水源、节约用水、调整产业结构等综合措施，推进河北等地下水严重超采区的综合治理工作。

强化水功能区监督管理，促进水资源水生态保护。加快编制全国水资源保护规划，核定水域纳污能力，提出限制排污意见。制定水功能区监督管理办法，建立分级分类管理制度。加强水源地安全达标建设，切实保障饮水安全。加强应急监测、信息通报和应急处置能力建设，有效应对突发性水污染事件。

深入推进水生态文明建设。把生态文明理念融入水资源开发、利用、治理、配置、节约、保护的各方面和水利规划、建设、管理的各环节。要以落实最严格水资源管理制度、推进河湖水系连通、强化水生态保护与修复为重点，加快开展水生态文明建设试点和创建工作，完善水生态文明建设的制度体系和建设模式，建设山青、水净、河畅、湖美、岸绿的美好家园。

水利改革任重道远、水资源管理体制改革尤为艰难，水资源司将按照部党组的统一部署，全面贯彻落实十八届三中全会精神和新时期治水思路，锐意进取，攻坚克难，全力推进，以深化水资源管理体制改革和机制创新为抓手，全面提高水资源管理能力和水平，谱写兴水惠民新篇章。

认真贯彻三中全会精神
扎实推进水价改革　创新资金管理机制

水利部财务司司长　吴文庆

党的十八届三中全会对加快自然资源及其产品价格改革、改进预算管理制度等作出重要部署。深入领会全会精神并切实落实到水利财务工作中，重点是扎实做好水价改革各项工作，加快建立科学合理的水价形成机制，创新水利财政专项资金管理机制，确保水利财政资金安全高效利用，为水利改革发展实现新跨越提供有力支撑。

一、扎实推进水价改革

水价是促进节约用水、发挥市场在水资源配置中决定性作用的重要杠杆。党的十八届三中全会明确要求加快自然资源及其产品价格改革，全面反映市场供求、资源稀缺程度、生态环境损害成本和修复效益，对水价改革提出了要求，明确了方向。

（一）深入推进农业水价综合改革

要完善农业水价形成机制。科学核定农业供水成本，加快落实灌排工程运行维护费财政补助政策，推动各级财政对灌区骨干工程运行维护费予以补助，末级渠系运行维护费由受益主体承担，财政适当奖补。根据扣除财政补助后的成本确定最终水价，在此基础上定额内用水实行优惠水价，超定额用水累进加价。考虑各地财政状况、水资源紧缺程度、供水成本差异较大，具体由各地结合实际确定。

要推进小型水利工程产权改革。总体上按照“谁投资、谁所有、谁受益、谁负担”的原则明晰小型水利工程权属，同时适应土地流转和农业生产经营方式变革的新形势，可将灌区末级渠系等小型农田水利设施产权明确归农民用水合作组织以及专业大户、家庭农场、农业企业等新型生产经营主体所有，进行确权登记颁证。根据不同地区、不同工程类型积极探索小型农田水利设施产权改革和运行管护机制创新的新途径，推进社会化、专业化、合作化等多种管护模式。

要搞好农民用水合作组织规范化建设。按照制度健全、运行规范、自愿民主、服务到位的原则加强农民用水合作组织建设。协调财政部完善农民用水合作组织支持政策，加大扶持力度，将其作为履行末级渠系协商定价、水费计收、终端水量分摊、工程管护等职责的主体，推动农民用水自治。

要配套完善农业供水计量设施体系。结合大中型灌区续建配套

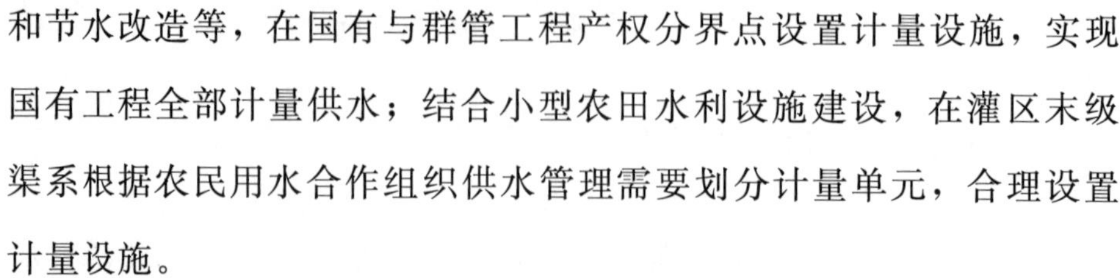

和节水改造等，在国有与群管工程产权分界点设置计量设施，实现国有工程全部计量供水；结合小型农田水利设施建设，在灌区末级渠系根据农民用水合作组织供水管理需要划分计量单元，合理设置计量设施。

（二）加大非农业用水价格调整力度

要合理调整水利工程非农业供水价格。处理好政府与市场的关系，在政府指导下，更多考虑市场供求、资源稀缺程度、生态环境保护需要，推进供用水双方协商定价。加大现有水利工程非农业供水价格调整力度，尽快达到补偿成本、合理盈利水平。

要积极推进城镇居民生活用水价格改革。以保障居民基本生活用水需求为前提，以提高用水效率、促进节约用水为核心，以改革居民用水计价方式为抓手，配合有关部门加快推行城镇居民生活用水阶梯水价制度。

要配合推进非居民生活用水超定额加价。在科学合理制定各类非居民生活用水定额和用水计划的基础上，主动配合有关部门研究制定推进非居民生活用水超定额、超计划加价相关政策。

二、创新中央财政水利专项资金管理机制

（一）完善水利财政专项资金管理制度

适应专项资金管理改革形势的需要，密切跟进专项资金管理动

态，对现行资金管理制度进行梳理分析，抓紧修订完善相关管理制度。根据财政部滚动预算改革部署，开展小型农田水利建设和水土保持财政专项 3 年滚动预算试编工作，在总结经验基础上，探索建立以规划为先导、3 年一周期、年际动态调整的滚动预算管理机制。坚持专项资金安排科学民主决策，落实所有专项资金分配方案上部长办公会议审议制度。积极研究完善新形势下财政专项资金的管理方式、管理程序和工作机制，保障水利改革发展各项目标如期实现。

（二）加强对财政专项资金的监督检查

充分发挥各级水行政主管部门和流域管理机构的职责，进行多渠道、多角度、全过程监管，使监督检查制度化、常态化。以会同财政部开展“水利资金管理提高年”活动为契机，督促地方切实完善水利资金管理制度体系，创新水利资金分配管理机制，强化水利资金使用监督管理，着力提高水利资金管理水平。

（三）突出强化水利财政专项资金绩效管理

加快完善财政专项资金绩效管理制度，制定水利财政专项资金绩效评价管理办法，构建符合各类专项资金管理实际的一整套考核评价指标体系，建立考核评价组织体系，强化绩效考核结果运用，将考核结果与资金安排挂钩，督促地方提高资金使用效率和效益。

（四）努力扩大现有财政专项资金规模

要完善从土地出让收益计提农田水利建设资金政策。针对当前实际计提资金与预期存在较大差距、规定用途与实际需求不完全适应的问题，协调财政部完善计提方式，借鉴部分省份按土地出让总价款计提的做法，将现有按“收益”计提改为按“收入”计提，规避收益核算不透明、存在虚增成本的问题。同时，协调财政部调整使用范围，将小型水源工程、农村塘坝清淤、农村河道整治和水系连通等缺乏稳定投入来源的薄弱环节纳入计提资金支持范围，最大程度发挥此项资金在农田水利领域的宏观调控作用。

要抓好水资源费征收标准调整政策落实。针对现行水资源费征收标准总体偏低、各地差异较大的问题，联合国家发改委、财政部督促地方按照 2013 年水资源费标准调整文件要求尽快调整到位。同时，针对实收率较低的现状，研究创新征收模式，探索由税务或财政部门代征水资源费的可行性，加大征收管理力度，力争应收尽收。

要强化水土保持补偿费征收管理。针对水土保持补偿费征收依据不具体、征收标准缺位的问题，推动财政部、国家发改委尽快联合出台《水土保持补偿费征收使用管理办法》，明确水土保持补偿费计征方式、中央和地方分成比例、使用范围等。同时，积极推进水土保持补偿费收费标准制定，根据不同区域水土流失状况、不同行业对水土生态功能的影响、经济社会发展水平等因素，合理确定水土保持补偿费征收标准，为强化水土保持补偿费征收管理提供支撑。

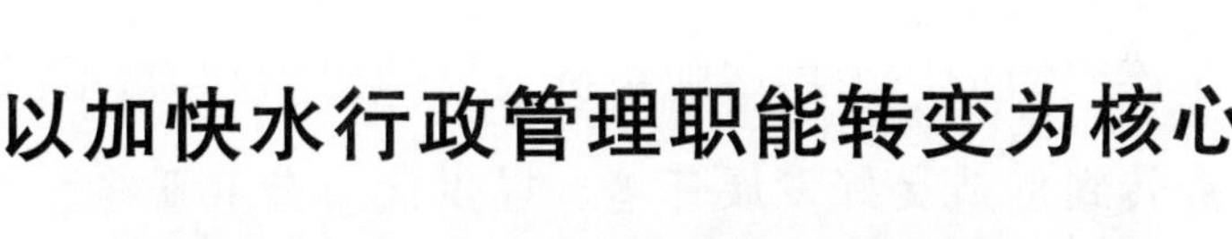

以加快水行政管理职能转变为核心
不断深化水行政管理体制改革

水利部人事司司长　侯京民

政府职能转变是深化行政体制改革的核心，也是发展市场经济、法治经济的保障。新一届国务院第一次常务会议就强调，要把职能转变作为新一届国务院工作开局的关键。《中共中央关于全面深化改革若干重大问题的决定》《国务院机构改革和职能转变方案》都对加快转变政府职能做出了重大决策，进行了全面部署。贯彻落实好中央决策部署，进一步加快水行政管理职能转变，不断深化水行政管理体制改革，加快推进治水兴水新跨越，是当前水利工作面临的重大挑战和必须面对的重要课题。

一、准确把握“1个内涵”，充分认识“4个意义”，确保思想到位

（一）政府职能转变的时代内涵

转变政府职能，就是要解决好政府与市场、政府与社会的关系问题，通过简政放权，进一步发挥市场在资源配置中的决定性作用，激发市场主体的创造活力，增强经济发展的内生动力；就是要把政府工作重点转到创造良好发展环境、提供优质公共服务、维护社会公平正义上来。

（二）水行政管理职能转变的重要意义

贯彻落实中央全面深化改革重大战略部署的迫切要求。党的十八届三中全会站在新的历史起点上，对全面深化改革做出了重大战略部署，对经济、政治、文化、社会和生态文明等各个领域的体制改革工作作出了全面安排。加快转变政府职能是全面深化改革的关键领域，也是经济、社会、文化和生态文明等其他领域改革能否取得实质性效果的关键前提。政府能否实现有效限权、放权，对推进全面深化改革、完成国家治理能力现代化具有十分重要的意义。水利是经济社会发展的重要支撑，是全面深化改革的重要领域，是保障改革系统性、整体性、协同性的重要环节。全面深化水利改革，加快水行政管理职能转变，关系法治政府和服务型政府的全面建设，也关系深化改革各项任务的全面完成。

贯彻落实国务院机构改革和职能转变方案的客观要求。《国务院机构改革和职能转变方案》强调政府职能转变是深化行政体制改革的核心。转变国务院机构职能，必须处理好政府与市场、政府与社会、中央与地方的关系，深化行政审批制度改革，减少微观事务管理，该取消的取消、该下放的下放、该整合的整合，以充分发挥市场在资源配置中的基础性作用、更好发挥社会力量在管理社会事务中的作用、充分发挥中央和地方两个积极性，同时该加强的加强，改善和加强宏观管理，注重完善制度机制，加快形成权界清晰、分工合理、权责一致、运转高效、法治保障的国务院机构职能体系，真正做到该管的管住管好，不该管的不管不干预，切实提高政府管理科学化水平。水行政职能是政府职能的重要组成，加快水行政管理职能转变能否取得实质性成果，直接关系政府职能转变的整体推进。

贯彻落实习近平总书记关于保障国家水安全重要讲话精神的必然要求。2014 年 4 月，习近平总书记在中央财经领导小组会议上作了关于保障国家水安全的重要讲话，提出了“节水优先、空间均衡、系统治理、两手发力”的治水思路，赋予了新时期治水的新内涵、新要求、新任务，为强化水治理、保障水安全指明了方向，是做好水利工作的科学指南。两手发力，是从水的公共产品属性出发，充分发挥政府作用和市场机制，提高水治理能力的重要保障，是新时期治水工作必须始终把握的基本要求。坚持两手发力，重在深化水治理体制机制创新，这就要求必须加快水行政管理职能转变，坚持

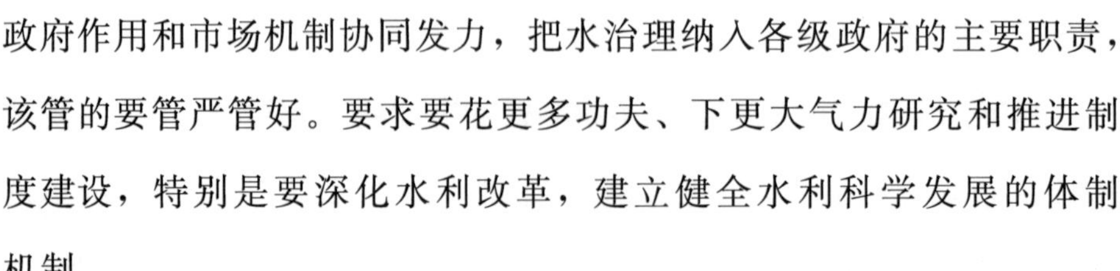

政府作用和市场机制协同发力，把水治理纳入各级政府的主要职责，该管的要管严管好。要求要花更多功夫、下更大气力研究和推进制度建设，特别是要深化水利改革，建立健全水利科学发展的体制机制。

贯彻落实部党组深化水利改革加快水利发展决策部署的内在要求。为全面落实中央关于水利改革发展的决策部署，推动水利重要领域和关键环节改革攻坚，水利部印发了《水利部关于深化水利改革的指导意见》，对深化水利改革做出全面部署，其中提出要加快水行政管理职能转变，强调要适应社会主义市场经济体制的要求，必须加快水行政职能转变，建立事权清晰、权责一致、规范高效、监管到位的水行政管理体制，激发市场、社会的活力和创造力，进一步提高水行政管理效率和质量。加快水行政职能转变，破除制约水利发展体制机制弊端，是完善水行政管理体制的核心和重要突破口。只有水行政职能转变到位，才能从根本上解决当前水利改革发展的体制机制问题，为新时期水利改革发展提供有力的体制机制保障。

二、突出抓住“1个重点”、正确处理“3个关系”，确保思路到位

（一）抓好深化行政审批制度改革这个重点

国务院把减少行政审批作为职能转变的突破口，水利部相应把深化水利行政审批制度改革作为加快水行政管理职能转变的重点和突破

口，继续简政放权，最大限度减少对微观事务的管理，该取消的取消、该下放的下放、该整合的整合，充分发挥市场在资源配置中的决定性作用，更好地发挥社会力量在管理水利社会事务中的作用。

（二）处理好政府、市场、社会之间的关系

《国务院机构改革和职能转变方案》明确提出，转变国务院机构职能，必须处理好政府与市场、政府与社会、中央与地方的关系。加快水行政管理职能转变，同样也必须要处理好这 3 个关系，进一步解放思想，把不该管的事交给市场和社会，把该管的水利公共服务、社会管理和水环境保护职能管好，把有限的行政资源和时间精力集中用于加强水利宏观管理，用于加强各类水利公共服务提供，用于解决人民群众反映强烈的水利问题，不断提升水利公共服务的水平，不断满足人民群众对水利的迫切需求。

处理好政府与市场的关系。坚持市场机制与政府作用相补充，在坚持水利公益性特点的基础上，充分发挥市场在资源配置中的决定性作用，提高资源配置的效率和公平性。同时，要更好发挥政府作用，优化水利社会管理，重点加强水利发展战略、规划、政策、标准等制定和实施，加强水利领域市场活动监管，加强各类水利公共服务提供，弥补市场失灵。

处理好政府与社会的关系。创新水利社会管理和公共服务方式，增强政府公信力和执行力，建设法治政府和服务型政府。加快实施政社分开，逐步实现水利行业协会与行政机关真正脱钩，支持社会

组织承接政府职能转移，研究制定政府向社会购买水利公共服务的相关办法，推动水利公共服务提供主体和提供方式多元化。

处理好中央与地方的关系。合理划分涉及水利的中央事权、中央和地方共同事权、流域管理和区域管理事权以及地方事权，中央负责的事权要管住管好，中央和地方共同事权以及流域管理和区域管理事权要明确责任边界和监管主体，地方管理更方便更有效的事权要下放地方，充分发挥中央、流域机构和地方三个积极性。

三、始终围绕“1个中心”，切实做好“7项工作”，确保落实到位

（一）紧紧围绕水利改革发展中心工作

水行政管理职能转变是一个不断深化的长期过程，随着客观形势的发展变化而不断调整，具体任务也不断发生变化。加快水行政管理职能转变的重点工作要结合不同时期的形势任务和水行政主管部门的具体实践来加以确定，关键是要紧紧围绕水利改革发展的中心工作，对于通过职能转变，能够清除水利改革发展障碍、有利于推动中心工作的，要优先转、重点转、转到位，这样才能使加快水行政管理职能转变工作做到有的放矢、转出成效。

（二）当前需要着力做好的7项重点工作

深化行政审批制度改革。进一步简政放权，减少水利行政审批事

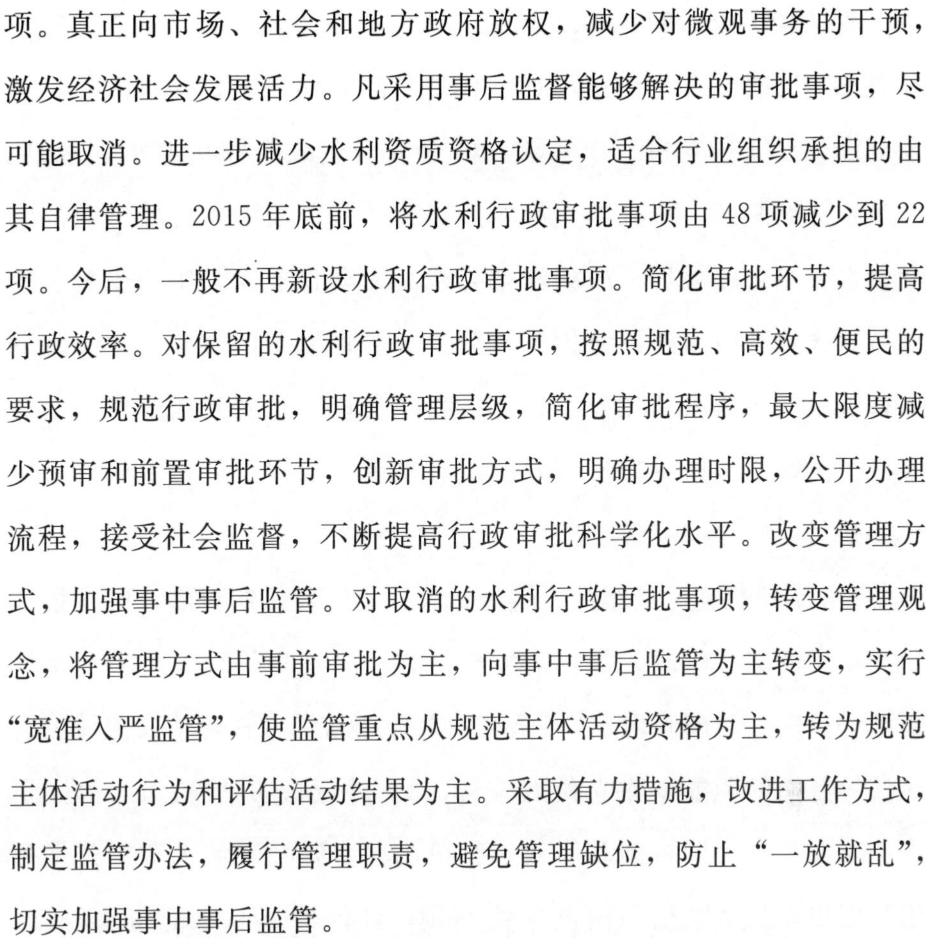

项。真正向市场、社会和地方政府放权，减少对微观事务的干预，激发经济社会发展活力。凡采用事后监督能够解决的审批事项，尽可能取消。进一步减少水利资质资格认定，适合行业组织承担的由其自律管理。2015年底前，将水利行政审批事项由48项减少到22项。今后，一般不再新设水利行政审批事项。简化审批环节，提高行政效率。对保留的水利行政审批事项，按照规范、高效、便民的要求，规范行政审批，明确管理层级，简化审批程序，最大限度减少预审和前置审批环节，创新审批方式，明确办理时限，公开办理流程，接受社会监督，不断提高行政审批科学化水平。改变管理方式，加强事中事后监管。对取消的水利行政审批事项，转变管理观念，将管理方式由事前审批为主，向事中事后监管为主转变，实行“宽准入严监管”，使监管重点从规范主体活动资格为主，转为规范主体活动行为和评估活动结果为主。采取有力措施，改进工作方式，制定监管办法，履行管理职责，避免管理缺位，防止“一放就乱”，切实加强事中事后监管。

理顺政府部门职责关系。按照国务院关于减少部门职责交叉和分散的要求，梳理水利部与相关部门存在的职责交叉、不清等事项，从有利于提高政府行政效能的高度，研究提出了职责理顺的意见。按照中央编办的统一部署和安排，加强与相关部门的沟通协调，进一步推进水利部与其他相关部门职能关系的理顺，对能够划清的职责争取通过职责具体化界定到位，对不能划清的职责努力通过部门间协作机制解决到位。

合理划分中央地方事权。研究制定划分中央与地方水利事权的指导意见，明确中央与地方水利事权划分的总体要求、基本原则、主要范围、责任主体和工作要求。国家水安全战略和重大水利规划、政策、标准制订，跨流域、跨国界河流湖泊以及事关流域全局的水利建设、水资源管理、河湖管理等涉水活动管理作为中央事权。跨区域重大水利项目建设维护等作为中央和地方共同事权，逐步理顺事权关系。区域水利建设项目、水利社会管理和公共服务作为地方事权。由地方管理更方便有效的水利事项，一律下放地方管理，中央加强行业指导和监督职责。

强化流域机构职能作用。健全流域综合管理体制机制。推进以流域为单元的综合管理，强化流域机构在流域规划管理、防洪和水资源统一调度、河湖管理、“三条红线”控制指标考核评估、流域综合执法等方面的职能。建立各方参与、民主协商、共同决策、分工负责的流域议事协调机制和高效执行机制，协调好流域水资源开发利用与保护，防洪安全与河湖岸线利用，江河治理与水能资源开发、航道建设等关系。在有条件的流域探索建立利益相关方参加的流域管理委员会。

加快事业单位分类改革。按照政事分开、事企分开和管办分离的要求，以促进水利公益事业单位发展为目的，以科学分类为基础，以深化体制机制改革为核心，大力推进部属事业单位分类改革。按照中央有关部门统一部署，今后一个阶段重点抓好部属各级事业单位分类工作，并以科学分类为基础，积极稳妥推进承担行政职能事业单位和从事生产经营活动事业单位的改革工作，稳步开展从事公益服务事业单位的各项制度创新工作，不断提高部属各级事业单位公益服务的质量和水平。

推进水利行业社团改革。按照中央关于社会团体改革的总体要求和国务院有关部门的工作安排，加快实施政社分开，有序做好行业协会与行政机关真正脱钩工作，推进水利社团明确权责、依法自治、发挥作用。将机关承担的适合由水利社团提供的水利公共服务和解决的事项，逐步交由社团承担；对取消行政审批事项后转由行业自律管理的事项，要有序做好有关水利社团承接工作，有效激发水利社团活力，使水利社团在水利改革发展中发挥应有的作用。

严格抓好机构编制管理。严格按规定职数配备领导干部，严格控制财政供养人员总量，降低行政成本。按照严控总量、盘活存量、优化结构、增减平衡的要求，加强事关水利中心工作、全局工作和重大民生保障方面的机构人员力量。进一步精简和规范各类议事协调机构及其办事机构。加快制定机构编制管理办法，推进机构编制管理科学化、规范化、法制化。加强机构编制管理创新，强化制度管理，加强机构编制监督检查，严肃机构编制纪律，维护机构编制管理的权威性。

深化水利建设与管理体制改革
为水利改革发展提供坚实保障

水利部建设与管理司司长　孙继昌

党的十八届三中全会作出了《关于全面深化改革若干重大问题的决定》（以下简称《决定》），明确提出到2020年在重要领域和关键环节改革上要取得决定性成果，为全面深化改革明确了路线图和时间表。部党组对深化水利改革进行了全面部署，提出了改革的重点和任务，明确要求在水利工程建设管理体制改革、运行管理体制改革和河湖管理创新方面要加大攻坚力度，加快改革步伐。建管司将认真学习、深刻领会，全面落实、扎实推进。

一、加快政府职能转变

《决定》指出，要全面正确履行政府职能，进一步简政放权，深

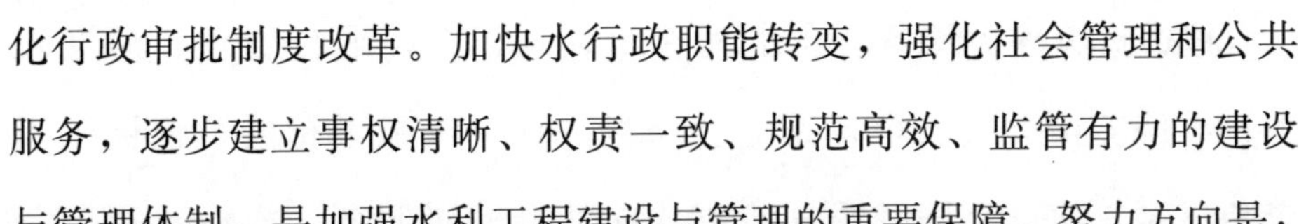

化行政审批制度改革。加快水行政职能转变，强化社会管理和公共服务，逐步建立事权清晰、权责一致、规范高效、监管有力的建设与管理体制，是加强水利工程建设与管理的重要保障。努力方向是：

合理划分事权。建立事权和责任相适应的制度，合理划分中央和地方工程建设、运行管理、河湖管理事权，特别是要科学界定中央和地方的共同事权，明确责任边界和监管主体，形成职责明确、管理高效的责任体系。

精简行政审批。涉及河湖管理、工程管理、建设管理等行政审批事项较多，通过近期改革已减至10项。按照新一轮政府职能转变的要求，进一步逐项清理、论证，最大限度地减少、下放和整合审批事项。对确需保留的行政审批事项，减少环节，简化手续，提高效率；对决定取消和下放的事项，加强行业指导和后续监管。

加强市场监管。推动水利建设市场进一步统一开放、竞争有序，充分发挥市场在资源配置中的决定性作用；建立公平开放透明的水利建设市场规则，实行统一的市场准入制度，着力清除市场壁垒、地方保护和不正当竞争。加快信息公开和诚信体系建设，积极开展信用等级评价。制定水利建设市场主体信用等级评价管理办法和信用信息应用管理办法，建立守信激励和失信惩戒制度。

强化社会管理。针对水利建设与管理工作任务重、涉及面广、服务对象多的特点，坚持依法行政，完善法规制度，加大执法力度；坚持综合治理，多措并举，形成合力；坚持分类指导，整体推进，重点突破；坚持源头治理，标本兼治，重在治本。

推进政府购买服务。在水利建设管理、工程运行管理、河湖管理、维修养护等领域，凡是适合市场、社会组织承担的，积极引入竞争机制，通过合同、委托等方式向社会购买服务，推动水利公共服务提供主体和方式多元化。

二、着力推进水利建设管理体制改革

提高水利建设管理水平，保障工程建设质量、安全和投资效益，必须按照《决定》要求，处理好政府与市场的关系，创新建设管理模式，强化监督管理，进一步深化水利建设管理体制改革。

创新建设管理模式。针对大规模民生水利建设的特殊性、复杂性和基层建设管理力量薄弱等问题，不断创新建设管理模式，大力推行集中建设管理。继续规范项目法人组建，落实项目法人责任主体地位，完善项目法人考核制度，强化政府对项目法人的监督管理。积极试行代建制、设计施工总承包、BOT 和 BT 等建设管理新模式。

强化招标投标监管。促进统一规范的公共资源交易市场建设，努力推进水利项目招标投标全部进场交易，积极探索和推行电子招标投标、集中打捆招标，尽快修订出台水利工程建设项目招标投标管理办法，严格程序和行业监管，确保招标投标公开公正、阳光透明。

完善质量管理体系。健全统一权威的质量监督机构，大力推进县级质量监督机构建设；建立水利建设质量可追溯制度，实行工程质量终身责任制；建立质量隐患排查和预防控制体系，实行水利工程

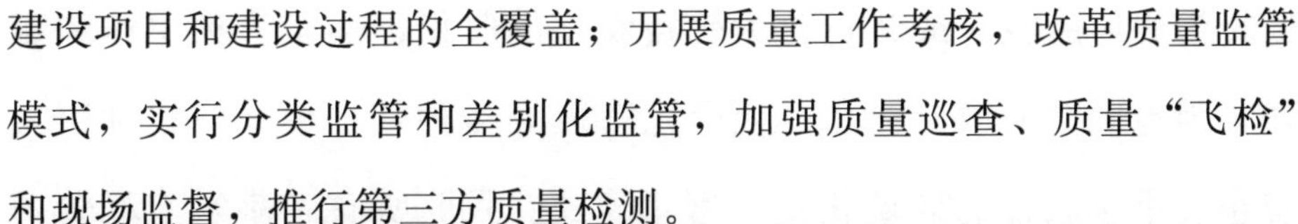

建设项目和建设过程的全覆盖；开展质量工作考核，改革质量监管模式，实行分类监管和差别化监管，加强质量巡查、质量“飞检”和现场监督，推行第三方质量检测。

完善水利工程建设廉政风险防控机制。在水利工程建设领域，强化机制建设，推广廉政风险防控手册应用，对权力运行实施全过程监督制约；创新监督检查方式，出台加强和改进水利建设项目检查工作的意见，保证监督检查成效；深入开展水利工程建设领域突出问题专项治理，加大重点环节治理和惩处力度，确保工程安全、干部安全、资金安全、生产安全。

三、深入推进水利工程管理体制改革

科学的管理体制和良性运行机制，是水利工程安全运行和效益充分发挥的有效保障。进一步深化水管体制改革，重在落实管护主体、责任和经费，强化监督，规范管理，促进水利工程管理专业化、集约化、社会化和现代化。

继续深化国有水管体制改革。指导督促各地足额落实公益性人员基本支出和工程维修养护两项经费；推广政府购买服务，积极推进水利工程管养分离，实现维修养护的市场化、集约化、专业化和社会化；严格水利工程管理考核制度，全面提升工程管理水平，促进水利工程管理现代化，保障水库等工程运行安全、充分发挥效益。

大力推进小型水利工程管理体制改革。积极推进小型水利工程产权制度改革，明确工程所有权和使用权，探索将财政投资形成的资

产转为集体股权，或者量化为受益农户的股份；落实管护主体和责任，因地制宜采取专业化、社会化管理等多种管护模式，鼓励以大带小、小小联合的区域化集中管理模式；采取所有者落实工程管护经费、政府视情况采取购买服务或奖补的方式，建立稳定的管护经费保障机制。近期督促指导各地出台实施方案，坚持试点先行、典型引路、分类实施、全面推进。

建立稳定的工程管护经费来源渠道。将公益性工程管护经费纳入财政预算安排予以保证；对中央财政补助中西部地区、贫困地区公益性工程维修养护经费加大投入力度，扩大补助范围；在地方水利建设基金中争取切出30%左右比例，从土地出让收益中计提的农田水利建设资金中划出一定比例，从河道工程修建维护管理费等水利规费中切出一定比例，用于水利工程维修养护。

四、创新河湖管理体制机制和保护模式

河道与湖泊是洪水的通道、水资源的载体、生态环境的重要组成部分，是重要的自然资源。必须按照《决定》提出的“建设美丽中国、深化生态文明体制改革”的要求，创新河湖管理体制和保护模式，强化监督管理，维护江河湖泊资源功能、生态功能和健康生命。

健全法规制度体系。将河湖管理作为生态文明建设的重要内容，建立健全涉河建设项目、河湖采砂、水域岸线等保护管理制度、水域岸线占用补偿制度、责任追究制度，用制度保护和管理河湖。

合理划分河湖保护管理区域。加快出台水域岸线保护利用规划、河道采砂管理规划等，实施主体功能区制度，将水域岸线科学划分为保护区、保留区、限制开发区、可开发利用区，划定开发管制界限，建立规划约束机制，为河湖管理保护奠定科学基础，有序实现河湖休养生息。

开展确权划界工作。对河湖水域岸线等自然资源及水利工程进行统一确权登记，划定管理和保护范围，形成归属清晰、权责明确、监管有效的河湖管理保护制度。按照区分轻重缓急、先易后难、因地制宜的原则，先划界，后确权，按事权划分，重点做好中央直管河道和工程确权划界，指导督促地方做好确权划界。

创新河湖监管机制。按照分级管理原则，落实河湖管理主体、责任和经费，建立健全政府主导、水利牵头、部门合作的监管机制，因地制宜推行“河长制”；出台加强河湖管理指导意见，完善河湖管护标准体系和监督考核机制，强化河湖管理能力建设，规范审批，严格执法，坚决查处侵占河湖、非法采砂等行为，维护河湖健康生命。

充分运用市场机制推进水土保持改革

水利部水土保持司司长　刘　震

党的十八届三中全会提出完善生态文明制度体系，加快推进生态文明建设等一系列重大改革举措。按照全会精神要求，深化水土保持改革核心是处理好政府与市场的关系，使市场在资源配置中起决定性作用，最大限度地激发市场的活力，同时更好地发挥政府的作用，依法全面正确地履行政府水土保持管理职责，转变职能、提高效率、强化监督、搞好服务，加强和优化公共服务。

改革开放以来，各级水土保持部门在运用市场机制、引导社会力量参与治理水土流失等方面进行了积极探索，取得了比较好的效果，也积累了宝贵的经验。从最初的以户承包治理小流域、拍卖“四荒”治理开发使用权，发展到水土流失区群众、机关团体、厂矿企事业单位、城镇居民、个体工商户及私营企业家以承包、租赁、股份合作等多种形式参与水土保持工程建设。当前，要紧紧抓住国

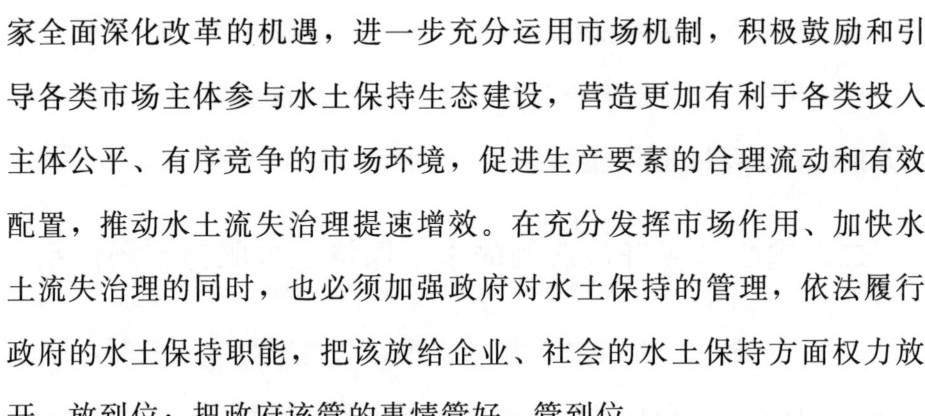

家全面深化改革的机遇，进一步充分运用市场机制，积极鼓励和引导各类市场主体参与水土保持生态建设，营造更加有利于各类投入主体公平、有序竞争的市场环境，促进生产要素的合理流动和有效配置，推动水土流失治理提速增效。在充分发挥市场作用、加快水土流失治理的同时，也必须加强政府对水土保持的管理，依法履行政府的水土保持职能，把该放给企业、社会的水土保持方面权力放开、放到位；把政府该管的事情管好、管到位。

一、鼓励和引导民间资本投入水土流失治理

通过财政补助、贷款贴息、税收优惠、生态产品标签等措施，鼓励和引导社会资本以独资、合资、合作、联营、项目融资等方式，全面参与水土保持生态建设，充分发挥社会蕴藏的巨大潜力。进一步明确治理成果使用权的期限、出让方式、所有权流转等，切实保障投资者的平等、合法权益，真正让投资者得到实惠，放心大胆地投入水土流失治理中。

逐步改变水土保持重点工程项目实施主体，由民间投资者和农民合作社等市场主体实施。水土保持部门重点加强项目的审批、监管和验收。市场主体根据水土保持规划和政府公开发布的水土保持项目申报指南，编制项目可行性研究报告报水土保持主管部门审批，水土保持主管部门根据水土流失危害、治理难易程度等，确定补助比例，按照年度投资计划，下达补助资金。允许财政项目资金直接投向符合条件的合作社，财政补助形成的资产转交合作社持有和管

护。逐步理顺水土保持公共产品的价格，积极探索政府购买水土流失治理成果的机制。对有条件的重大水土保持投资项目，可向社会公开招标选定项目业主。

二、建立公平开放透明的水土保持技术服务市场体系

要充分开放水土保持技术服务市场，取消不当准入限制，促进市场充分竞争，实现技术资源优化配置和效率提升。清理和废除妨碍水土保持技术服务市场公平竞争的各种规定，打破行业和地方壁垒，消除市场分割和地方保护，建立公开透明的市场竞争规则，创造公平竞争的市场环境。积极培育规范的水土保持技术服务市场，加大市场监管力度，加强行业自律，维护市场竞争秩序，促进公平竞争。推行质量管理体系认证，加强从业人员培训，建立水土保持技术服务诚信体系，完善优胜劣汰的市场化评价体系和退出机制，褒扬诚信、惩戒失信，提升技术服务质量和水平。加快市场信息化建设，逐步建立全国统一的水土保持技术服务信息交易平台。

三、鼓励和支持企业投入资金，开展水土保持科技创新

完善水土保持科学研究和技术推广的激励机制。通过财税、金融、政府采购、科技计划等方面的政策措施，鼓励和引导企业成为水土保持研究开发、技术创新以及技术集成应用的主体和重要力量，激发各类市场主体的水土保持科技创新活力。定期发布水土保持科研和技术推广目录，逐步推行水土保持科研经费由事前投入扩展为

事中和事后补助。探索采取政府购买服务的方式，支持水土保持技术推广和科技成果转化应用。

四、激发社会组织活力

正确厘清政府和社会组织的职责分工，加快实施政社分开，推进社会组织明确权责、依法自治、发挥作用。对适合由社会组织负责的水土保持事项，交由社会组织承担。加快推进水土保持行业学会、协会与各级水土保持行政机关真正脱钩。同时要加强对社会组织的管理和指导，引导其依法开展相关活动。

贯彻三中全会精神　推进农村水利改革

水利部农村水利司司长　王爱国

党的十八届三中全会通过的《中共中央关于全面深化改革若干重大问题的决定》（以下简称《决定》）是党在新的历史起点上全面深化改革的科学指南和行动纲领。要按照中央部署以及水利部党组要求，认真学习、深刻领会，全面深化农村水利改革，推动农村水利持续健康发展。

一、深刻领会党的十八届三中全会精神，认清农村水利改革的形势和要求

《决定》把农村改革作为当前全面深化改革的一个重点。这无疑给进一步深化农村水利改革发展带来难得机遇、提出了更高要求。总体看，当前农村水利改革发展与社会变革的总体形势还不相适应，特别是制约农村水利发展的一些体制机制和深层次问题仍很突出，

必须以更大的政治勇气和智慧全面推进农村水利改革。《决定》在加快构建新型农业经营体系和赋予农民更多财产权利中，明确提出了允许财政项目资金直接投向合作社，允许财政补助形成的资产由合作社持有和管护等政策，赋予农民对集体资产股份占有、收益、有偿退出及抵押、担保、继承权，建立农村产权交易市场等要求，指导农村水利工程产权制度改革与创新运行管护机制。在加快生态文明制度建设中，明确提出要健全自然资源资产产权制度和用途管制制度、划定生态保护红线以及实行资源有偿使用制度和生态补偿制度。因此，必须加快探索和推行农业灌溉用水总量控制、定额管理制度，加大推进现代生态文明灌区和区域规模化高效节水灌溉工程建设，促进发展方式转变，提高用水效率，减少灌溉用水量和污染排放量，减轻生态环境压力，切实把农村水利发展与生态文明建设和生态环境保护有机结合起来。《决定》在加快转变政府职能中明确提出了健全宏观调控体系，全面正确履行政府职能等要求。针对农村水利面广量大、小型分散等特点，进一步取消和下放行政审批事项，尽快从法规制度层面划分中央与地方事权，明晰政府、市场和受益主体等各方权责利，强化项目实施技术指导和事中事后监管，创新行政管理方式，提高依法行政水平和服务效率。

二、深入贯彻党的十八届三中全会精神，把握农村水利改革的重点和关键

进一步深化农村水利投入体制改革。充分发挥政府主导作用，争

取各级财政大幅度增加投入，健全以公共财政投入为主的多元化农村水利投入稳定增长机制。认真落实好土地出让收益计提及统筹、财政贴息、购置农机具财政补贴等政策，研究和探索以县级规划整合各类农村水利资金和项目的途径，解决资金分散、项目建设标准不一等问题。积极探索供排水收益权质押贷款、设备设施融资租赁等，加大金融对农村水利建设的支持力度。进一步向民间资本开放农村水利建设领域和范围，充分发挥市场在资源配置中的决定性作用，吸引社会各方参与兴修农村水利。

进一步深化农村水利组织发动机制改革。《决定》阐述了农村改革的前景，强调加快构建新型农业经营体系，鼓励土地承包经营权流转，发展多种形式规模经营等，对农村水利组织发动提出了新要求。要在总结以往成功经验的基础上，全面落实农村水利建设管理地方行政首长负责制和任期问责制，健全部门分工协作制度，完善绩效考核、群众评议和奖优罚劣机制，加大典型样板宣传推介和表彰奖励力度，调动基层政府组织开展农田水利建设的积极性。充分尊重农民主体地位和基层首创精神，通过以奖代补、先建后补等方式，充分调动农民和各类受益主体参与兴修农田水利的积极性。要采取资金项目扶持、税收价格优惠、信贷支持等政策措施，鼓励农民用水合作组织、各类农业生产经营主体承担小型农田水利工程建设与管护。

进一步深化农村水利建管体制改革。适应加快转变政府职能、完善一般性转移支付增长机制等要求，进一步落实地方政府及其有关部门在小型农村水利项目建设中的责任、权力、资金和任务，加快构建“政策引导、制度约束、规划统筹、监督管控、考核评估”的农村水利建设管理体制。严格大中型农村水利工程建设程序，突出强化项目法人的规范和管理，探索适合小型农村水利工程特点的建设管理方式，推行政府质量监督、监理单位巡回监理、群众监督员跟踪监督、媒体舆论引导、信息通报和社会公示等制度，鼓励和指导项目受益乡镇、村级组织和农民用水合作组织等组建项目法人或组织实施。扩大农村水利建设项目竞争立项范围，把政府高度重视、受益主体积极参与、社会广泛支持作为竞争立项的重要前置条件，促进各方资源的有机聚合。

进一步深化农村水利运行管护机制改革。逐步建立与农村土地改革和构建新型农业生产经营主体发展相适应的工程运行管护机制。加快明晰小型农村水利工程所有权和使用权，落实管护主体和责任，允许财政补助形成的小型农田水利资产由农民用水合作组织和新型农业生产经营主体持有和管护，加快推进工程使用权、水权“捆绑”土地流转机制。推广财政资金购买公共服务的做法，鼓励企业、社会组织、个人竞争参与公益性农田水利工程的管护，积极探索引导社会资本投入、培育专业养护公司、引进物业管理方式等，创新农田水利建设与管理运营模式。加快落实灌排工程和农村饮水安全工程运行维护经费财政补助政策，完善中央财政对中西部地区、贫困地区公益性水利工程维修养护经费的补助政策，把农村水利工程纳入补助范围。鼓励各地因地制宜

探索和推广“以大带小、小小联合”的农村水利集中管理模式。

三、认真落实深化农村水利改革的目标和措施，推动农村水利发展再上新台阶

进一步强化顶层设计，筑牢农村水利科学发展基础。农村水利改革要紧紧跟上全面深化农村改革的步伐，立足当前、谋划长远，做好顶层设计。抓紧开展农村水利改革发展战略研究，制定全面推进农村水利改革的实施方案。进一步健全农村水利规划体系，加快全国现代灌溉发展规划、牧区水利规划等全国性规划编制工作，进一步指导完善县级农田水利规划，推广成立县级农田水利规划委员会的经验做法，强化规划在项目建设、资金整合及小城镇和美丽乡村建设中的基础指导和刚性约束作用。制定完善农村水利技术标准，加快农村水利现代化指标体系研究。出台农田水利条例等行政法规，明确中央与地方的事权以及政府、市场、各类经济主体的责权利。加强农村水利政策研究和完善工作，鼓励各地因地制宜细化强化和出台重点支持农村水利改革发展的政策措施。

进一步完善农田水利工程体系，夯实现代农业发展，保障国家粮食安全基础。紧紧围绕国家粮食安全战略，突出农田水利的基础地位。加快大中型灌区配套与节水改造和大型排灌泵站改造，启动中型排灌泵站改造，在有条件的地区新建现代化灌区，着力强化小型水源工程建设，进一步加大以“五小水利”为重点的小型灌排工程建设以及农村河塘清淤整治和一般中型灌区改造步伐，继续推进小

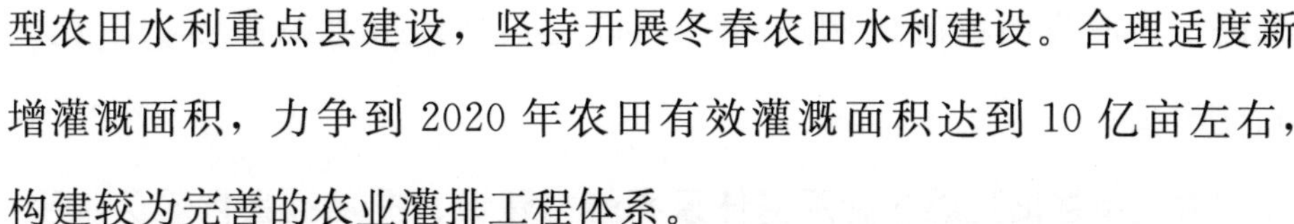

型农田水利重点县建设，坚持开展冬春农田水利建设。合理适度新增灌溉面积，力争到2020年农田有效灌溉面积达到10亿亩左右，构建较为完善的农业灌排工程体系。

进一步加快农村饮水安全工程建设，推进城乡公共服务均等化。按照统筹城乡基础设施建设、推进城乡基本公共服务均等化、农业转移人口市民化和全面建成小康社会等目标要求，进一步提高农村饮水安全工程投资和建设标准，加快推进城镇供水管网向农村延伸和规模化集中供水工程建设，确保如期全面完成农村饮水安全“十二五”规划目标任务。加强农村供水水源地保护和农村饮水安全工程水质检测能力建设，建立完善水厂自检、卫生行政监督相结合的水质管理体系，保障水质安全。同时谋划好农村饮水提质增效工作，通过工程配套改造和升级联网，有条件的地区实行城乡供水“同源、同网、同质”，提高农村集中供水率、供水保证率、水质合格率和自来水普及率，力争到2020年农村集中供水受益比例达到85%以上，促进城乡发展一体化。

进一步加快发展高效节水灌溉，促进提高用水效率和生态保护。把节水灌溉作为转变发展方式、促进资源永续利用和保持农业可持续发展的革命性和根本性措施来抓。落实最严格水资源管理制度和《国家农业节水纲要》，加快推行农业灌溉用水总量控制、定额管理制度，积极推进农业水价综合改革，开展国家高效节水灌溉示范县创建，全面实施东北节水增粮、西北节水增效、华北节水压采和南方节水减排等分区规模化高效节水灌溉行动，力争到2020年节水灌

溉面积占灌溉面积的比例达到70%以上，高效节水灌溉面积占比大幅度提高。

进一步强化基层水利服务体系和能力建设，提高社会化服务水平。加快基层水利服务机构及其能力建设，健全经费保障和绩效考核激励机制，推广各地实行村级水管员的经验做法。创造优惠条件，确保县乡基层水利专业技术人才招得到、留得住、能施才。大力扶持农民用水合作组织，不断赋予农民用水合作组织性质和职能以新的内涵，推进农民用水合作组织向农民用水户协会、农村水利专业合作社等多元方向发展，充分发挥其在工程建设、运行维护、管理服务等方面的作用。大力发展灌溉试验站、灌溉排水公司和农村供水设施设备维修等专业化组织。

进一步改进监管方式，规范行业指导和项目建设管理。进一步明确审批事项管理层级、审批环节和程序，接受社会监督。进一步明确各级地方政府农村水利建设管理的责任，强化中央部门行业指导和监管，健全各项管理制度，加快推进农村水利信息化建设与应用，实行行业、项目建设和日常管理全程信息化，强化监督检查、绩效考核、评价评估和奖优罚劣。加强农村水利行风建设和干部队伍党风廉政建设，加强重要岗位和关键环节的监督，有效防范廉政风险。

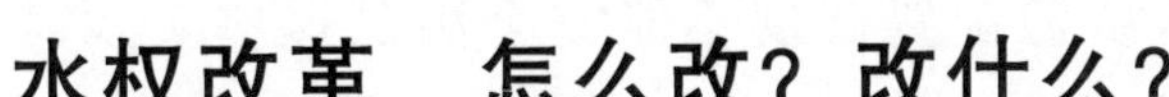

水权改革　怎么改？改什么？

水利部发展研究中心副主任　李　晶

党的十八届三中全会后，水权制度建设再度引起社会关注和热议。在《水利部关于深化水利改革的指导意见》中将建立健全水权制度作为深化水利改革的重点领域。水利部党组召开务虚会，专题研究水权水市场建设有关问题，并部署在全国开展水权确权与交易试点，水权改革已经提到了水利部党组重要议事日程。那么，水权改革怎么看？怎么办？谈谈个人观点。

一、为什么要进行水权改革

我国水权改革源于实践需求。纵观我国近年水权探索案例，水权改革的愿望源于现实需求。浙江省东阳与义乌的水权转让，是义乌城市化进程缺水所致；内蒙古、宁夏的黄河水权转换，是工业企业发展没有用水指标所致。水资源供不应求催生了水权改革，

并产生了积极效果，促进了节约用水，缓解了水资源供需矛盾，使有限的水资源向效益更大、效率更优的方向流动，也吸引了社会资本投入水利建设。目前，通过水权转让获得用水权利的需求在一些地方仍然很强烈，如鄂尔多斯市本市用水指标已经没有，有100多个工业项目等待用水指标上马，希望通过跨地区转让水权解决；北京市严重缺水，希望通过南水北调转让用水指标解决。然而，现行的水资源配置制度不能完全满足这些实践需求，因此要进行水权改革。

水权改革是水利改革跟上国家经济体制改革步伐和中央改革部署的需要。随着我国经济体制改革的深入，交通、电力等基础设施行业和土地、林业等自然资源行业，都在很大程度上进行了市场化改革。从2005年起，国家经济体制改革指导意见、2011年中央一号文件、2012年国务院三号文件、党的十八大报告等，都对水权制度建设提出了明确要求。党的十八届三中全会对市场化改革和水权交易的要求比十八大报告有两个鲜明的变化，一是明确了市场的定位，将市场在资源配置中的基础性作用提升到起决定性作用和更好发挥政府作用的高度；二是将开展水权交易试点提升到推行水权交易的层面。习近平总书记关于保障水安全的重要讲话中对推进建立水权制度、培育水权交易市场也提出了明确要求。

无论是实践上的迫切需求，还是党中央的改革部署，都迫切要求推进水权改革。水权改革现在不是改不改的问题，而是必须改，加快改，亟待研究的是改什么，怎么改。

二、水权改革改什么

习总书记最近提出新的治水思路："节水优先、空间均衡、系统治理、两手发力"，其中"两手发力"是指市场无形之手和政府有形之手要联合发力。这是对党的十八届三中全会关于"让市场在资源配置中起决定性作用和更好发挥政府作用"这一重大改革决策的深刻阐释，为水权改革指明了方向。水权改革就是要改变过去政府对水资源配置自上而下的完全行政机制，引入市场机制，实现"两手发力"，建立归属清晰、权责明确、监管有效、流转顺畅的国家水权制度体系，促进水资源节约利用和优化配置，支撑经济社会可持续发展。

（一）政府作用如何体现

党的十八届三中全会决定对政府作用作出明确界定："必须积极稳妥从广度和深度上推进市场化改革，大幅度减少政府对资源的直接配置，推动资源配置依据市场规则、市场价格、市场竞争实现效益最大化和效率最优化。政府的职责和作用主要是保持宏观经济稳定，加强和优化公共服务，保障公平竞争，加强市场监管，维护市场秩序，推动可持续发展，促进共同富裕，弥补市场失灵"。根据这个精神，政府应当加强水资源宏观配置，减少水资源微观配置，亦即加强总量控制、江河水量分配，在取水许可环节即微观配置环节（主要是工业企业、服务业等商业性用水）减少政府的直接审批，引

入市场机制，将取水权的配置和再配置交给市场调节并加强政府监管，促进水资源向高效率、高效益方向流动。政府的作用是对水权的取得给予确认和保护、对水权交易提供法律保障、对水资源用途实行管制、对水权市场进行监管等。其目的是要激发市场活力和社会创造力，解决水资源供不应求矛盾，使有限的水资源利用最优化和整体功能最大化。

（二）市场作用怎么发挥

党的十八届三中全会决定对市场的作用也作出了明确界定：“经济体制改革是全面深化改革的重点，核心问题是处理好政府与市场的关系，使市场在资源配置中起决定性作用和更好发挥政府作用。”在资源短缺情况下，市场是提高资源配置效率和效益的最佳途径。实践表明，在水资源短缺、供不应求的情况下，政府对水资源的微观配置处于窘境。例如两个以上的企业申请同一水源取水权时，审批给谁？再如，一个地区的用水指标没有的情况下，企业申请新增用水指标时，政府怎么办？这个时候，市场机制显示出极大的优越性，已有的水权交易案例证明了这一点。其机理在于市场是在价值规律下运行的，看不见的手在发挥作用。因此，在水资源微观配置环节可以按照市场规律和市场规则配置新增取水权，而不是向政府申请直接取得取水权，或者通过市场交易使已有水权重新配置。可见，市场对水资源微观配置更加有效，起到了政府起不到的作用，是对政府微观配置局限性的有益补充。

政府和市场在水资源配置中各有不可替代的作用。实行水权改革，就是要加强政府对水资源的宏观配置，放开微观配置，使原来从中央到地方再到取用水户的完全行政配置体系，改革为政府加强区域和行业用水的宏观调控、工业和服务业等商业性用水的微观配置由市场配置和政府监管共同作用的配置体系，让市场在取用水户申请新水权或者交易已有水权时起决定性作用，政府和市场在水资源配置中各司其职，互相补充。

三、水权改革怎么改

水资源特殊的自然属性和社会属性决定水权改革比土地权、林权等自然资源产权制度改革更加复杂。土地一亩就是一亩，水是流动变化的，而且还涉及排水、生态环境等外部效应，是一项十分复杂的系统工程。我国水情地域差别大，经济社会发展水平差别大，不同缺水类型（资源型缺水、水质型缺水、工程型缺水）对水权改革的需求也不一致，没有现成经验可循，需要探索和创新，即要积极，又要稳妥。研究表明，我国现阶段水权改革的三大任务是水权确权、培育水市场和制度调整与完善。

（一）水权确权

1. 水权确权确的是什么权

根据现有水法、物权法等法律法规的规定，水资源所有权是国

家的，使用权依法授予取用水户。目前有法律依据的水资源使用权主要是两种，即取水权和农村集体经济组织自建水塘或水库中的水使用权（以下简称农村集体水权）。因此，现阶段的水权确权有两种：一是取水权，二是农村集体水权。

2. 水权确权确给谁

取水权确权一般应当确给取水权人，如企业。但灌区管理单位、自来水公司等具有网络型供水且具垄断特性的取水人，使得水权确权变得比较复杂。如灌区管理单位是取水人，但并不是用水人，用水人是灌溉农户，灌区管理单位是供水人。水权是确给灌区管理单位还是确给农户？同样，自来水公司是取水人，但不是用水人，而是供水人，用水人是自来水管网内的用水户。从灌区管理单位、自来水公司供水职能上看，他们的权利是供水权（类似于政府特许经营权），而供水对象具有用水权。因此，灌区管理单位、自来水公司的取水权应当由两部分组成，供水权和用水权。相应的水权人应当由灌区管理单位、自来水公司及其用水户组成。实践中如何操作，还需要在试点中探索。

农村集体水权应当确给农村集体经济组织。一些地方在探索确给农民用水户协会、灌溉受益农户共有，以及农户持有灌溉用水权等模式，需要继续在理论和实践上探索。

3. 水权确权怎么进行

取水权的确权需要以国家用水总量控制指标分解、江河水量分配及取水许可总量控制为基础，在规范取水许可的前提下，对取水权人进行确权登记，发放取水权证或水资源使用权证。它是产权证，不是行政许可证，与以前的取水许可证不同的是要赋予产权人对水资源使用权拥有转让、抵押、继承及相对稳定期限等占有、使用、收益的产权权利和服从用水管理的相关义务。但这些权利义务需要有法律法规的明确规定，因此，现行法律法规需要调整和完善。农村集体自建水塘、水库量大面广，涉及小型水利工程设施产权、农村土地使用权。水权的确权需要在摸清现状、排除纠纷基础上进行。有的地方已经结合小型农村水利设施产权制度改革进行了水塘受益农户水权共有制改革探索。有的地方对此还没有积极性，或者说还没有认识到其确权的必要性。随着农村新型农业生产经营主体的出现，以及集约化、规模化现代农业的发展，农村集体水权确权与交易是必然趋势。根据水利部安排，下一步将开展上述两类确权试点，通过试点，积累经验，示范推动。

（二）培育水市场

1. 为什么要培育水市场

水市场是水权交易得以实现的纽带和桥梁，是水权制度建设的核心。目前我国水市场不发育，市场体系不完善，市场功能发挥不充分。以往发生的东阳与义乌，内蒙古、宁夏水权转换等水权交易案例，虽然引入了市场机制，但都是以政府为中介完成的，一个主

要原因就是水市场不发育。一方面企业有购买水权的需求，但另一方面没有水权交易平台，提供不了水权交易服务，包括中介服务、信息服务等。因此，要推行水权交易，首先要培育水市场。

2. 如何培育水市场

水市场是一个系统工程，不是建立一个交易所或者依托其他交易所就能解决了。它需要一整套的要素和机制构成，包括市场主体、可交易水权、交易平台、交易规则、中介服务、权利保护、政府监管、社会监督、公众参与等。可见，培育水市场有很多事情要做。

首先要培育市场主体，明确可交易水权。水权交易目前最缺的或者最不明确、最不规范的是市场主体。哪些人是水权人，哪些水权是可交易水权？目前并不十分明确，因此首先要培育市场主体，明确可交易水权，这就是前面讲的水权确权。通过确权登记发证，明确可交易水权，水资源使用权持有人才有资格、有权利成为市场交易的主体，成为水权交易的提供者。

其次要培育市场中介组织，提供水权交易服务。市场交易活动是在交易主体之间进行的，但他们并不存在天然的联系，需要市场中介组织牵线搭桥，提供信息、咨询、论证、评估等服务。政府不应当是中介的角色，而应当是监督者，是裁判员，不是运动员。目前我国水权交易中介组织不发达，亟须培育建立。已经注册成立的内蒙古水权收储转让公司就是这类中介组织。有了中介组织提供服务，才能进一步推行水权交易。

第三要建立水权交易平台和交易规则，实现规范交易。规范的水权交易需要通过一整套机制完成。包括交易双方的注册登记、审查审核、信息公开、竞价机制、结算机制、权利授予、监管机制、监督手段等，同时交易规则要体现在这些机制中。这些机制的建立需要通过具有特定功能的电子信息系统和相应的硬件支撑来实现，也就是交易平台。根据水权交易宗数预测，可以单独设立水权交易所，也可以借助其他交易平台赋予水权交易功能。单独设立水权交易所要避免因交易宗数少造成收不抵支。

第四要建立水市场监管体系，维护公平秩序和公共利益。水权监管体系健全与否，关系到水权改革的成败。水权改革是要放活水权市场，但不是放任，水市场的局限性需要政府弥补，尤其是水权不同于其他产权，政府要对交易秩序和公共利益实行风险防控。因此，在水权改革前期，要同步开展水市场监管体系建设工作，包括制定水市场准入规则、竞争规则、信息公开制度、社会监督与公众参与制度等。这些监管制度需要有机融入水权交易过程，如与水权交易市场平台软件功能实现实时对接等。水权交易的信息化和市场化对政府水资源配置流程提出了再造要求，必须在现有水资源监督管理制度基础上，进一步建立健全适应水权制度的监管体系。

（三）加快调整和完善现行水资源管理制度

“重大改革必须与法有据”，“市场经济是法制经济”。水权制度改革归根结底是对现行水资源管理制度的改革。水权确权和水权交

易两项重大改革任务，都需要有法制保障。但现行的水资源管理制度主要是基于行政管理制定的，亟须调整和完善适应市场机制的水资源管理制度。包括水权确权登记制度、水权交易制度、水资源用途管制制度、水资源价值核算制度、水市场监管制度、水权主体权益保护制度、第三方影响评价制度和生态环境等公共利益维护制度等。建议尽快研究修订《取水许可和水资源费征收管理条例》，并适时研究修订《水法》，为早日建立健全我国水权制度保驾护航。

对深化小型农田水利工程产权制度改革的思考

水利部农村水利司副司长　顾斌杰

小型农田水利工程是农村基础设施的重要组成部分，在改善农业生产条件、提高农业综合生产能力、保障国家粮食安全、促进经济社会可持续发展等方面发挥了极其重要、不可替代的作用。2011年中共中央、国务院《关于加快水利改革发展的决定》要求“深化小型水利工程产权制度改革，明确所有权和使用权，落实管护主体和责任”。2013年，水利部、财政部印发了《关于深化小型水利工程管理体制改革的指导意见》（水建管〔2013〕169号），在明晰工程产权、落实管护主体和管护经费、探索社会化和专业化管理模式等方面提出了改革措施。2014年中共中央、国务院《关于全面深化农村改革加快推进农业现代化的若干意见》明确提出“开展农田水利设施产权制度改革和创新运行管护机制试点，落实小型水利工程管护主体、责任和经费”。水利部《关于深化水利改革的指导意见》也把加快农村小型水利工程产权制度改革作为重要内容。各地广泛推进小型农田水利工程改革和管护机制探索，收到了较好的成效，有力地改善了“重建设、轻管护”“有人用、无人管”的局面，但对其中的问题仍需要进一步解放思想、深化改革。

一、全国小型农田水利工程产权制度改革面临的问题

各地小型农田水利工程产权制度改革在理顺产权归属关系的基础上，从多元化明晰产权归属、创新管护模式、建立水价形成机制、吸引市场主体参与等方面入手，广泛推进试点，取得了成效，但仍然面临诸多问题。

产权归属难界定，确权发证不及时。一方面，小型农田水利工程由于建设主体不同，有国家投资、集体投资和农民投工投劳等，受益范围较大的产权归村集体组织或农民合作组织管护；受益范围较小的归农户自用、自管。不少工程，使用期间经过多次维修、扩建和改革，产权归属确定过程中，各投入主体投入额难确定、土地使用权作价难确定、农民的投工投劳难评估，给产权关系的界定带来困难。另一方面，产权制度改革程序不规范。有些地方没有配套的改革办法，缺乏政府引导、技术部门监督，改革工作难以有系统、有计划地进行。不少地方，工程竣工验收后，办理产权移交手续不正规、不及时，缺少相关法律程序的认

可。相关合同文本、签证等手续不规范，手续不完备、口头协议、不进行必要公证等都为后续工程运行管护带来诸多问题，致使不少工程“未老先衰”。

管护责任难落实，经费保障不健全。一方面，产权制度改革后的配套制度、措施不到位。改革后工程的经营管理方式发生变化，由于缺乏必要的监督、检查、管理，对有些承包经营户不按合同约定履行相应公益性义务、水利专业管理水平低、不按时上缴承包费、随意变更工程用途、工程只用不管、乱提水价等情况解决不及时，容易引发纠纷、产生安全隐患。另一方面，小型农田水利工程运行管护主要依赖农业水费和地方财政安排的少量管护经费，由于县级财力弱、农业水价改革不到位，水价核定不科学，水价不能充分反映水资源的稀缺程度、市场供需关系和运行维护成本，用水计量设施建设滞后等因素的制约，经费保障往往难以落实到位。

利益驱动机制弱，市场主体不主动。小型农田水利工程具有很强的公益性和规模小、数量多、分布广、季节性使用、经营管理难、投资回报率低等特点。同时，由于利益驱动机制不健全，造成了市场主体进入小型农田水利领域需要解决问题多、成本相对高，投资、使用、经营主体各自的利益保障不充分，导致农业新型经营主体等市场主体参与不积极、社会资本进入难，小型农田水利工程产权制度改革推进后劲不足。

二、进一步深化小型农田水利工程产权制度改革的思路与措施

当前，我国正处于经济社会发展重要转型期，今后一个时期，农村生产方式还将继续发生重大变化，经济社会发展对粮食的刚性需求、对农田灌溉的需求仍在增长，农田水利建设继续加快，小型农田水利工程管护压力将进一步增加。农业生产经营方式的转变，农村土地流转改革和农业规模化、集约化、现代化经营进程的加快，迫切需要进一步加快小型农田水利工程产权制度改革创新，落实管护主体和经费，明确管护责任，持续发挥工程效益，为国家粮食安全、农民增收致富、农村经济社会稳定发展提供基础保障。

（一）明确改革总体思路

贯彻落实党的十八大、十八届三中全会和2014年中央一号文件精神，以实现农田水利设施“产权明晰、责权明确、经费保障、管护到位、良性运行”为目标，明晰政府与市场、政府与社会在小型农田水利工程建设、管护等方面的责任，通过政府引导、扶持、监管，市场机制引进民间资本，健全完善社会化服务体系等措施，积极探索加快农田水利设施产权制度改革和建立运行管护新机制的有效途径。

（二）坚持改革基本原则

协调推进。建立政府和市场有机结合的机制，妥善处理好政府与社会之间的关系，切实做好相关政策间的配套衔接，同步协调推进工程规划建设、项目管理方式转变、新型建设与管护主体培育、农业水价综合改革、基层水利服务体系建设等各项工作。

因地制宜。充分考虑各地自然地理条件、经济社会发展水平等实际情况，区分不同类型、不同规模的工程，依法依规界定产权归属、合理选择工程建设和管护模式。

分类指导。对已建项目，主要按照《水利部　财政部关于深化小型水利工程管理体制改革的指导意见》明晰产权主体，创新管护机制；对新建项目，主要是提高农民、农民合作组织和村集体组织及市场主体参与项目建设管理的程度，落实产权主体，创新管护机制。

（三）把握改革主要抓手

分类明晰产权。明确政府与社会、市场、农民之间在农田水利设施建设、运行管护、监督管理等方面的权利、责任和义务。完善农田水利设施产权界定、移交及管理的制度措施，明确操作程序。采取多种形式，搞活经营权，提高管护效率。

创新农田水利建设机制。调整立项要求，鼓励农民、新型农业经营主体和村组集体组织开展项目建设管理，逐步实现小型农田水利建设管理一体化。政府有关部门要做好政策引导、项目规划、技术指导、信息发布、评审验收、监督管理等工作，避免在项目建设管理中“大包大揽”。进一步建立完善相关制度规定，积极探索以奖代

补、先建后补等建设模式。充分发挥市场机制作用，鼓励、支持民间资本建设和管理小型农田水利工程，并做好市场监管工作。

创新运行管护模式。积极探索并总结推广具有共性、可复制的农田水利设施运行管护模式，推广财政资金购买公共服务的做法，鼓励企业、社会组织、个人参与公益性小型农田水利工程的管护。探索建立落实管护经费的长效机制，完善以绩效考核为基本依据的管护经费分配制度。

探索优惠扶持政策。推进农业水价综合改革，拓宽资金渠道，建立稳定的农田水利运行管护经费保障机制。积极探索超定额用水累进加价和水权有偿转让制度。积极探索制定财政补贴、提供低息或贴息贷款、税收优惠等扶持政策，降低社会资本和市场主体参与小型农田水利建设管理的成本。

探索金融支持途径。探索产权所有人以小型农田水利工程作为抵押，取得金融贷款支持的有效途径。在建立和完善合理的水价形成机制和投资回报机制的基础上，引导金融机构加大对小型农田水利建设管理的信贷投入。有条件的地方可由政府主导，成立专门的小型农田水利工程建设投资公司。

推进改革　创新农田水利组织发动机制

水利部农村水利司副司长　倪文进

2013年10月24日，中共中央政治局委员、国务院副总理汪洋在全国冬春农田水利基本建设电视电话会议上明确提出创新组织发动机制。一年来，中央与地方协同推进水利改革创新，农田水利建设力度大、投入多、进展快，探索和积累了很多好的经验和做法，需要不断总结、深化改革。

一、近年来地方探索组织发动机制的创新实践

（一）发挥政府主导作用

一是进一步明确各级地方政府农田水利建设管理的主体责任，各地把农田水利建设列入县（市、区）人民政府主要负责同志政绩考核的重要内容，考核结果直接与干部任免、评先表优挂钩。二是

发挥县级农田水利建设规划统筹作用，全国有农田水利建设任务的2652个县均编制了县级农田水利建设规划，努力按照规划开展农田水利建设。三是发挥多部门联动作用，四川、陕西等地进一步建立健全了省、市、县三级政府牵头的农田水利基本建设指挥机构或联席会议制度。四是坚持舆论引导，各地充分利用电视、广播、报刊、简报、网络等平台，开展了冬春农田水利基本建设专题报道、系列宣传工作。

（二）发挥资金引导作用

一是切实加大财政投入，以中央和省级财政为主的公共财政投入力度不断加大，2013年9月到2014年4月底，山西、辽宁等15个省（自治区）累计投资均过百亿元。二是创新投入方式，各地普遍加大项目带动、民办公助、以奖代补等力度，对农户、农民用水合作组织以及家庭农场等新型农业经营主体兴办小型农田水利设施给予材料、设备等费用财政补助。

（三）发挥农民用水合作组织、新型农业经营主体等带动作用

各地贯彻落实2013年、2014年中央一号文件精神，鼓励、引导农民用水合作组织、新型农业经营主体参与农田水利建设和管理，并发挥其示范、引领作用，效果良好。

二、当前存在的主要问题

（一）农民参与农田水利建设的积极性下降

一是农田水利工程直接经济效益仍然较低，农民大量外出务工且务农兴趣下降，农民参与热情有限、配合有限、投入有限。二是存在部分农民有盲目的经济意识膨胀倾向，近年来部分地区的农民“等靠要”意识有所增强，部分农民从直接的参与方渐渐演变成监督者、旁观者的角色，不再把农田水利工程建设与管理和冬春田间工程的维护作为自己农业生产的必要组成部分，个别地方农民甚至变卖自己田间的节水灌溉设施，给农田水利建设带来了负面影响。

（二）农民用水合作组织和新型农业经营主体参与农田水利建设管理政策需要进一步完善

一是小型农田水利工程维护经费不落实，自我管理组织不发育。长期以来农民用水合作组织等负责管理支渠以下渠道及田间工程，但运行维护费用未纳入农业水价管理，全国农业水价总体不足成本的40%，且近年来水费实收率下降，给农田水利运行管理带来困难。二是农民用水合作组织、新型农业经营主体成为小型农田水利建设主体需要制度保障。尽管以农民合作社、家庭农场为主的新型农业经营主体一般都有工商登记成为法人，部分农民用水合作组织也注册为社团法人，但是按照当前管理体制，绝大部分小型农田水利工

程建设还是依据规划由政府主导推动，农民用水合作组织等很难真正作为项目建设申报主体和实现先建后补，也不能作为业主主导直接受益的项目建设。

（三）政府重粮抓农田水利设施建设的认识仍需进一步提高

近年来，我国农业占GDP的比重稳定在约10%，东部地区县（市）则保持在3%～5%，分管农业的县（市）长绝大多数排名靠后且分量不够，客观上易形成重视不够、意见难得到体现，表现在农田水利建设上就是地方建设资金难落实、资金整合难度大，当前还面临新的挑战，主要是短期内改变以GDP为主要考核指标还很难，且农田水利专项转移支付并入一般转移支付后资金更难落实。

三、政策建议

（一）坚持政府主导

一要明确中央和地方政府农田水利事权，尽快出台《农村水利条例》和推动农田水利立法，进一步明确农田水利建设为中央与地方共同事权，中央和省级财政承担主要支出责任，中央财政继续加大以农田水利为主的农业基础设施建设和管理的补助力度。二要继续健全地方政府特别是县级政府农田水利建设和管理的主体责任，省级人民政府要将承担的粮食安全所需的小型农田水利工程建设和管理任务分解落实到县，厘清省与县（市）小型农田水利事权与财权，与中央政府一起将责任和财力等一并落实到县（市），并把县（市）农田水利建设管理情况纳入省对县（市）政绩考核范围，健全激励机制，彻底改变过去群众运动式的冬春农田水利基本建设组织方式。三要发挥基层水利服务机构作用，要加强乡镇（区域）水利站标准化和能力建设，要通过终端水价、财政补助等方式切实解决农民用水合作组织的生存发展问题，进一步规范农民用水合作组织、新型农业经营主体的法人登记，提高其服务能力。

（二）强化规划统筹地位

科学编制并批复县级农田水利建设规划，相关项目申报、整合、实施要严格依据规划进行，并通过行政等措施保障规划实施不受政府换届和领导人变迁而发生大的变动。由于县级农田水利建设规划与当地农业生产和农民意愿直接相关，县级农田水利规划要由专业技术部门编制，由相关部门联合复核后由县级政府或人大审批。规划编制中一定要尊重农民的意愿，工程形式要与农民生产特点、习惯等一致，建设规模要真正从农民到村组、乡镇到县逐级汇总、分析、调整，由省级水行政主管部门进行水资源论证和综合平衡分析，坚决杜绝部门各自为政、单打独斗，做超前过多、规模偏大的规划，避免实施过程中农民接受、配合程度低、仍然是“要农民干”的传统做法，而要鼓励、引导、补助农民干。

（三）完善资金补助政策

一要充分依托农田水利建设规划。中央和省级补助农田水利建设的资金分配要充分尊重经审批的县级农田水利规划，确定投资规模、监督方式、考核方法等。二要由县级水利、财政部门实施“先建后补”和“以奖代补”。在统一规划的基础上，县级水行政主管部门要提供适合当地实际的主要小型农田水利项目申报主体资格和流程、工程建设模式、典型设计和造价估算，明确定额补助范围或者补助比例标准，让农户、农民用水合作组织和新型农业生产经营组织可以根据投资指南进行项目申报、建设，根据项目申报对象最终完成的工程量兑现补助资金。条件艰苦或者当地农民人均收入较低的地区，可以根据申报的建设内容提前预支部分补助资金，工程建完后结算。三要妥善处理对新型农业生产经营组织的大额补助。应明确财政补助建设和维护的塘坝、斗渠以下灌区田间工程产权属受益农户所有，农户按工程受益范围内土地承包经营权划分股份，在农民用水合作组织、农民合作社中享受股权收益。农户承包地经营权流转时，农户所享受的农田水利工程产权和土地承包经营权一起流转，流转费用中应包含农田水利工程的收益。

（四）坚持农民全过程参与

一要了解民意。各级从事农村水利工作的人员都要坚持深入基

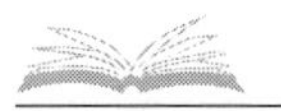

层，了解农民的真实想法和愿望。特别是作为中央和省级农水部门更要倾听县级水利部门、基层水利站的意见，向农村基层学习、拜农民群众为师，与农民交朋友，通过深入农户和田间地头，以及各种媒体、简报等渠道分析研究基层对农村水利工作的意见。二要尊重民意。一切从农民群众的需求出发，尊重基层和农民的首创成果，在农村水利政策制定、规划编制等工作中，把群众的要求、意见和智慧凝练成政策语言、规划建设内容。三要接受群众监督。扎实做好农村水利的项目公示，通过中国农村水利网、节水灌溉网等网络平台，做好农村水利政策、规划、项目申报指南等向社会公布；各级地方水利部门可以通过报纸、网络、广播、电视公开部门办事、职能、政策法规、项目申报指南、信息、监督方式等，工程建设中实行开工、完工、违规违纪“三公示”。对于基层群众和社会公众通过媒体、电话等方式反映的农村水利工程建设管理问题，各级水利部门要依据职责，快速全面了解情况，研究制定解决方案，督促抓好整改落实，给基层群众满意答复，并做到举一反三，预防类似问题反复出现。

（五）做好示范引导

一要继续扩大农田水利的宣传。宣传各地农田水利建设政策中关于组织发动的高含金量条文，发掘、总结各地加强农田水利建设的创新和亮点，通过网络、广播、电视、报刊、简报等广为宣传，营造良好的社会氛围。二要适当扶持典型。政策调整和组织方式的

变化，广大农民群众有一个适应和接受的过程，特别是新兴经营主体也是一个新生事物，针对新型经营主体的政策需要不断地完善，因此，从示范和试点的角度都有培育典型的需要，只要注意不过分“垒大户”，农民群众是可以学习和接受的。

倒逼机制加速转型　因水制宜深化改革

水利部太湖流域管理局局长　叶建春

太湖流域位于长江三角洲核心区域，自古就是我国著名的鱼米之乡、富庶之地。随着近几十年来经济社会持续快速发展，经济富集、人口密集，导致水资源水环境不堪重负，水资源供需矛盾加剧，水环境污染严重，水生态系统退化，亟须因地制宜深化水利改革，以水资源水环境承载能力倒逼产业结构转型升级，倒逼高耗水行业和落后产能退出市场，促进流域经济社会持续健康发展。

一、太湖流域水资源水环境现状

太湖流域北抵长江，东临东海，南滨钱塘江，西以天目山、茅山为界，面积36895平方公里，是我国著名的平原河网地区，河流纵横交错、湖泊星罗棋布，流域文明因水孕育，受水滋养，与水共

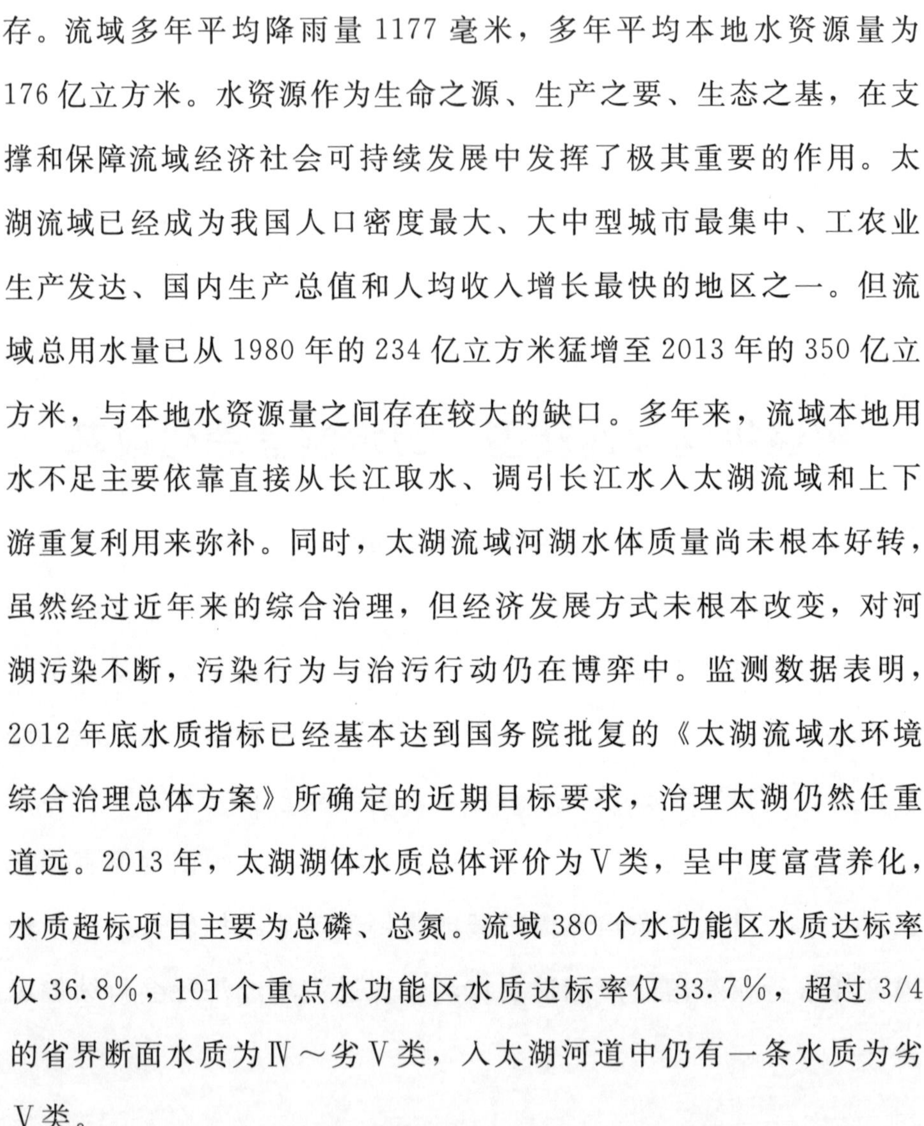

存。流域多年平均降雨量1177毫米，多年平均本地水资源量为176亿立方米。水资源作为生命之源、生产之要、生态之基，在支撑和保障流域经济社会可持续发展中发挥了极其重要的作用。太湖流域已经成为我国人口密度最大、大中型城市最集中、工农业生产发达、国内生产总值和人均收入增长最快的地区之一。但流域总用水量已从1980年的234亿立方米猛增至2013年的350亿立方米，与本地水资源量之间存在较大的缺口。多年来，流域本地用水不足主要依靠直接从长江取水、调引长江水入太湖流域和上下游重复利用来弥补。同时，太湖流域河湖水体质量尚未根本好转，虽然经过近年来的综合治理，但经济发展方式未根本改变，对河湖污染不断，污染行为与治污行动仍在博弈中。监测数据表明，2012年底水质指标已经基本达到国务院批复的《太湖流域水环境综合治理总体方案》所确定的近期目标要求，治理太湖仍然任重道远。2013年，太湖湖体水质总体评价为Ⅴ类，呈中度富营养化，水质超标项目主要为总磷、总氮。流域380个水功能区水质达标率仅36.8%，101个重点水功能区水质达标率仅33.7%，超过3/4的省界断面水质为Ⅳ～劣Ⅴ类，入太湖河道中仍有一条水质为劣Ⅴ类。

二、水与社会经济发展之间的主要矛盾

2013年，太湖流域以占全国不到0.4%的面积、4.4%的人口，创造了全国近10.3%的GDP，单位国土面积经济收益约为全国平均

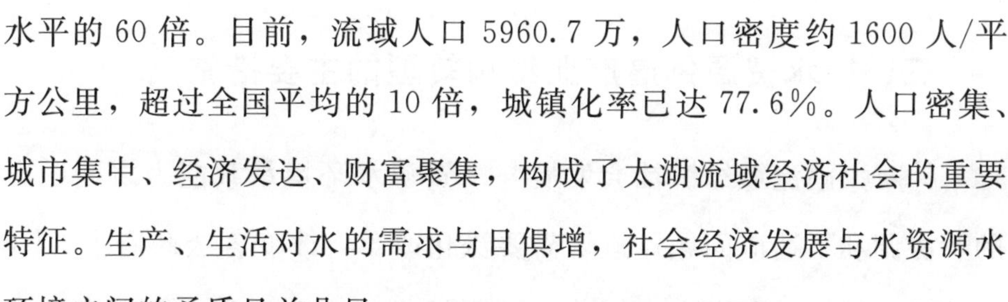

水平的60倍。目前，流域人口5960.7万，人口密度约1600人/平方公里，超过全国平均的10倍，城镇化率已达77.6%。人口密集、城市集中、经济发达、财富聚集，构成了太湖流域经济社会的重要特征。生产、生活对水的需求与日俱增，社会经济发展与水资源水环境之间的矛盾日益凸显。

一方面，流域内人均、亩均本地水资源占有量仅为全国平均的1/5和1/2，而年度总用水量已达本地水资源量的两倍，紧缺的本地水资源难以有效支持社会经济高速发展。目前，流域人口已突破规划预测的2030年人口数量，经济增长速度也超过预期，如果持续这样的发展势头，流域水资源供需缺口将会进一步扩大。同时，流域内环太湖城市群正在加速形成，人口、产业快速聚集，出现了一些新的用水增长点，特别是距离长江水源较远的流域下游重点地区，正纷纷将取水目标指向东太湖等流域优质水源。此外，流域用水粗放、节水意识不强等原因造成的水资源浪费现象仍然严重，进一步加剧了水资源供需矛盾。

另一方面，在太湖流域经济社会发达的背后，河湖污染问题日益突出，城市饮用水水源地原水水质不合格量占水源地总供水量比例较高，供水安全受到威胁。太湖流域粗放型增长方式还未得到根本改变，没有走出高能耗、高污染的困境，工业点源和农业面源污染的问题尚未得到解决，不合理的经济增长方式带来污染物排放与水环境承载能力之间的矛盾十分突出，调整产业结构、节水减排任重道远。

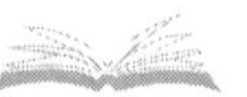

三、以水资源倒逼产业结构转型的主要措施

针对太湖流域经济社会发展与水资源水环境承载能力之间明显的不协调和不适应问题，迫切需要深化改革，改变各级政府唯 GDP 政绩观，树立“既要金山银山，更要绿水青山”理念，并遵照“节水优先、空间均衡、系统治理、两手发力”的治水新思路，依据《水利部关于深化水利改革的指导意见》，严格执行“落实最严格水资源管理考核制度”“把水资源论证作为产业布局等规划审批的重要前置条件”等要求，倒逼产业结构调整和经济转型升级，推动经济发展方式转变，强化结构效应和技术效应，逐步实现以水定需、量水而行、因水制宜、人水和谐的文明发展。

（一）以自我约束促成自律发展

自律式发展，要求通过自我约束，使发展结构、规模和速度控制在资源环境可承受的范畴内，从而达到可持续发展的目的。太湖流域各级政府应将水资源水环境承载能力作为重要制约因素纳入经济社会发展战略制定过程中，以用水总量和水环境容量作为主要约束确定区域经济布局、产业结构和发展方向，推动结构调整，促进转型升级，形成自我约束的发展机制。流域管理机构以及流域内发展改革、环境保护等部门应密切配合，通过定量分析太湖流域水资源水环境承载能力，深入研究经济社会发展与水资源水环境承载力的协调程度，在此基础上提出满足流域水资源及水环境承载力要求的产业结构调整优化建议，为政府宏观决策提供依据。

（二）以创新驱动实现转型发展

创新驱动是加快转变经济发展方式的中心环节。太湖流域人口密度高、人均资源占有少、单位面积污染负荷重，未来发展面临的资源环境的挑战日益严峻，迫切需要加快形成以现代服务业为主体、战略性新兴产业为引领、先进制造业为支撑、现代化农业为基础的新型产业体系，以创新促进纺织、冶金、装备制造等传统行业转型发展，以创新促进新能源、生物工程、新一代信息技术等战略性新兴产业跨越式发展，以创新促进电子商务、互联网、物联网、移动多媒体等新兴现代服务业加速发展。通过产业转型升级，合理抑制用水需求，进而减少污染物排放，逐步实现绿色发展、低碳发展、循环发展。

（三）以水利规划引导科学发展

水利规划是政府行使宏观调控，协调经济社会发展与水资源水环境关系的重要手段。2008 年以来，国务院相继批复了太湖流域综合规划、水资源综合规划、水环境综合治理总体方案、水功能区划等一系列规划，流域水利规划体系已基本形成。流域机构和地方水行政主管部门要推动各级政府加强对水利规划实施的组织领导，推进规划水资源论证，做好区域经济社会发展规划、涉水规划等与水利规划的衔接，严格按照水利规划内容和要求实施，严格禁止不符

合规划的发展需求，同时及时对规划的目标和任务进行分解，明确责任分工，确保规划落到实处，促进水资源可持续利用。

（四）以管理制度保障持续发展

实行最严格水资源管理制度，是缓解经济社会发展中水资源和水生态环境瓶颈制约、建设生态文明的战略选择，对太湖流域而言尤为迫切和重要。目前，流域水资源开发利用控制、用水效率控制、水功能区限制纳污“三条红线”已基本划定，上海市、江苏省张家港市、浙江省永康市被水利部确定为落实最严格水资源管理制度的先行先试地区。为从源头上扭转水环境恶化趋势，一方面要将用水总量、污染物限排意见等指标逐级分解、落实到位，特别是要衔接陆域污染源削减目标与污染物入河控制目标，削减存量、控制增量，并通过水资源论证、取水许可审批、用水节水计划考核、入河排污口审批等措施，引导和约束经济社会发展。同时，大力推行节水减排，强化污染源治理，从源头减少污水排放。另一方面，要建立健全水资源管理责任和考核制度，完善水资源监测、用水计量与统计制度，加强省界等重要控制断面、水功能区水质水量监测能力建设，细化实化最严格水资源管理制度考核工作。

（五）以机制建设助推和谐发展

顺畅的工作机制是高效沟通协调、顺利推进有关工作的重要保障。太湖流域水系四通八达，上下游联系紧密，流域机构要会同地方各级人民政府、水行政主管部门，利用好太湖流域防汛抗旱总指挥部、水环境综合治理省部际联席会议、环太湖城市政府水利工作座谈等各种平台，积极探索、创新、优化水利工作机制，激发流域区域沟通协作意愿，共同推进流域综合治理与管理，特别是在经济社会发展中协调推进太湖水资源的开发、利用、节约、保护工作，促进团结治水、合力兴水，实现互利共赢、和谐发展。

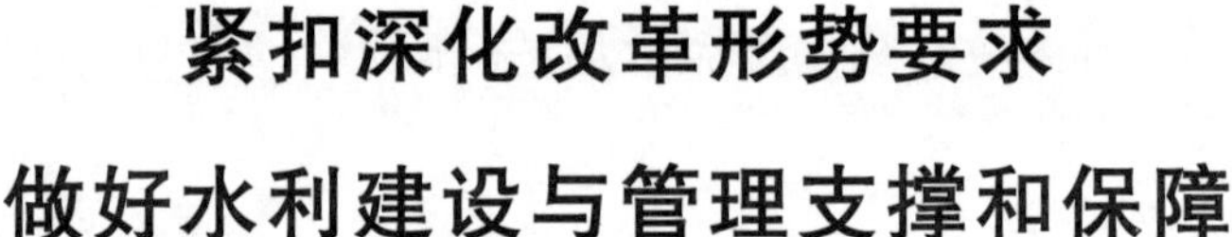

紧扣深化改革形势要求
做好水利建设与管理支撑和保障

水利部建设管理与质量安全中心主任　段红东

党的十八届三中全会通过了《中共中央关于全面深化改革若干重大问题的决定》，总目标是完善和发展中国特色社会主义制度，推进国家治理体系和治理能力现代化。习近平总书记多次就治水发表重要论述，提出了“节水优先、空间均衡、系统治理、两手发力”的新时期治水战略思路，为推进新“四化”和生态文明建设，保障国家水安全，国务院确定在继续抓好中小型水利设施建设的同时，集中力量有序推进 172 项涉及全局性、战略性的节水供水重大水利工程建设，使我国骨干水利设施体系显著增强。水利部为全面落实中央关于水利改革发展的决策部署，出台了《水利部关于深化水利改革的指导意见》，从 13 个方面全面部署了深化水利改革工作。当前和今后一个时期，水利改革、水利建设与管理的任务仍将十分繁重和艰巨，我们必须按照陈雷部长在2014年全国水利厅局长会议上的重要讲话精神和要求，狠抓改革促发展，加强队伍建设，创新工作方法，完善技术手段，规范工作程序，拓展监管内容。针对水利工程建设与管理点多面广线长量大、实施责任主体基层化等新特点，以及前期工作深度不够、工程质量控制不严、监管能力不足、建后管护不到位等突出问题，不断强化水利建设稽查、质量与安全监督和运行管理督查等事中事后监管工作，为水利建设与管理提供强有力的支撑和保障。

一、继续加大水利建设稽查工作力度

保持较大稽查规模。要在2013年稽查数量比2012年翻番的基础上，针对今后一个时期水利工程大规模建设的新形势，根据稽查队伍建设情况，逐年适当增加，每年完成的稽查、复查项目最终应保持在500个左右。

突出稽查工作重点。要以工程质量与安全、资金使用管理和基层建管力量较薄弱等问题为导向，重点加强节水供水重大水利工程、重要水利枢纽、病险水库除险加固、农村饮水安全、大型灌区建设与改造、中小河流治理等项目的稽查工作。

创新稽查工作方式。要在以项目稽查为主的基础上，不断创新稽查工作方式，深化稽查内容，大力推行“工作督察”，重点稽查省、市、县级水行政主管部门在责任制落实、工作机制建立、前期工作

管理及进展、资金筹措与管理、建设管理、监督检查和绩效评价等工作情况。同时，采取有力措施，建立稽查整改落实工作台账，督促地方和被稽查单位切实落实整改意见，不断提高稽查成果整改落实率。

二、努力实现工程建设质量全面监督

加大行业质量监督巡视检查。针对水利工程建设质量管理的薄弱环节，紧紧围绕共性问题或突出问题，每年选取一定比例的具有高度代表性的、由流域机构或省级、市级水利工程质量监督机构实施质量监督的水利工程建设项目开展质量监督巡视检查，对全国水利建设项目质量进行有效监管，努力消除水利工程建设质量监督管理工作漏洞。

全面推动质量监督机构考核。在积极开展水利工程质量监督机构考核试点的基础上，结合水利建设管理实际，深入研究新时期水利行业质量监督管理新要求，通过全面开展质量监督机构考核工作，推动和督促地方切实加强水利工程质量监督能力建设，尤其是县级监督能力建设。

继续做好项目站质量监督。在重点水利工程设立的质量监督项目站，加派驻站监督人员实施工程现场质量监督，开展参建单位资质和人员资格复核、工程实体质量监督检查、工程项目划分确认、施工质量等级核定（备）等日常监督工作；加大建设高峰期项目质量监督巡查力度，同时增加工程实体质量监督检测的数量和频次。

三、着力抓好安全生产监督工作

全面夯实安全生产监督管理工作基础。完善安全生产监督管理制度，形成覆盖广、内容全、措施实的水利安全生产监督管理制度体系；开展安全生产技术标准研究，逐步完善水利安全生产标准体系；启动水利生产经营单位安全生产标准化评审，促进安全生产标准化建设；认真做好安全生产“三类人员”考核管理，努力打造一支技术过硬、敢于担当的水利工程施工现场安全生产管理队伍。

积极探索开展行业安全生产监督工作。开展水利安全监督管理工作情况考核，对流域机构和地方各级水利系统安全监督管理情况进行全面考核，必要时对流域机构和地方各级水利系统管辖的水利工程安全生产管理情况进行抽查；启动水利工程安全验收评价报告审查工作，进一步落实安全生产“三同时”要求。

继续做好重点项目安全生产监督巡查工作。对有关水利工程建设参建单位的安全生产管理制度体系建设与执行、安全人员资质与数量、安全设施设备配备与使用、安全隐患的排查与防范等情况进行全方位、多角度监督检查。

四、尽快实现水利工程运行管理督查范围全覆盖

继续增加督查项目数量。在2013年比2012年督查规模增加近一倍的基础上，按照水利工程运行现代化发展方向和要求，继续增加督查数量，争取在2015年后达到100个以上，并持续维持这一规模。

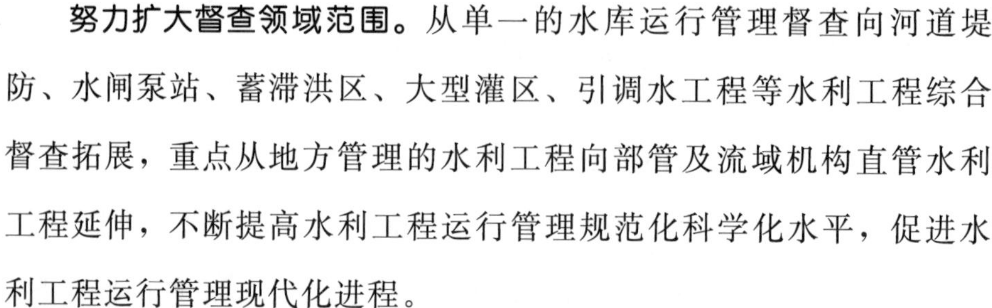

努力扩大督查领域范围。从单一的水库运行管理督查向河道堤防、水闸泵站、蓄滞洪区、大型灌区、引调水工程等水利工程综合督查拓展，重点从地方管理的水利工程向部管及流域机构直管水利工程延伸，不断提高水利工程运行管理规范化科学化水平，促进水利工程运行管理现代化进程。

五、努力做好水利建设与管理技术服务和支撑

组织编制好水利工程运行现代化建设“十三五”规划。水利工程运行现代化是水利现代化的重要组成部分。2014—2015 年，要在深入调研的基础上，分析研判水利工程运行管理存在的主要问题和面临的新形势、新要求，研究提出水利工程运行现代化建设规划思路报告，编制完成《水利工程运行现代化建设“十三五”规划》，重点提出水利工程运行现代化建设的发展方向、总体思路、发展目标、指标体系、总体布局、主要任务、实施步骤和保障措施。

抓紧开展河湖水域岸线登记和水利工程确权划界工作。《水法》《防洪法》《河道管理条例》等法律法规都规定要划定河道管理范围及水利工程管理和保护范围。一个时期以来，由于种种原因，河湖水域岸线登记及水利工程确权划界工作明显滞后于河湖管理和水利工程安全运行的需要，甚至出现一些侵占河湖与堤防、违章建设等现象，危及防洪安全和人民生命财产安全。贯彻落实好水利部《关于加强河湖管理工作的指导意见》，水域岸线登记工作要统一标准、统一平台、统一发证，尽快研究提出河湖水域岸线登记办法；水利

工程要按照“先划界、后确权”“土地权属无争议的确权，有争议的划界”等原则，在调研的基础上，抓紧制定水利工程确权划界工作实施方案，争取在2020年前完成水域岸线登记和水利工程确权划界工作，为河湖和水利工程依法管理和规范化建设创造基本条件。

合理划分中央与地方质量与安全监督管理事权。要按照工程规模和重要程度划分水利工程质量与安全监督管理事权，进一步明确中央事权、中央与地方共同事权、地方事权，严格落实各级水行政主管部门的质量与安全监督管理责任制。同时，进一步加强地方水利工程质量与安全监督管理机构和能力体系建设，重点是加强县级水利工程质量与安全监督管理机构和能力建设。

研究建立水利建设与管理动态监控体系。根据第一次全国水利普查结果，我国流域面积50平方公里及以上河流45203条，常年水面面积1平方公里及以上湖泊2865个，水库98002座，水电站46758座，过闸流量不小于1立方米/秒水闸268476座，装机流量不小于1立方米/秒或装机功率不小于50千瓦泵站42445座，农村供水工程5887.16万处，塘坝及窖池1145.82万处，灌区206.597万处，地下水取水井9749万眼，堤防总长41.368万公里，淤地坝5.845万座。面对我国水利工程类型与数量多，建设与管理监管任务重的局面，如何利用卫星、遥感、GIS、网络等先进技术和手段，增强河湖及水利工程建设与管理监控能力，是当前及今后一个时期的重大课题，必须以水利信息化促进水利现代化，着手研究并建立水利建设与管理动态监控体系，真正做到工程建管并重、分门别类实施动态监控。

突出重点　有序推进
深化水利改革工作取得积极进展

黑龙江省水利厅厅长　陆　兵

为全面落实中央和我省决策部署，推进水利重要领域和关键环节改革攻坚，按照水利部和我省关于深化改革的精神和要求，我们从实际出发，准确把握深化改革、经济转型升级、新型城镇化、农业现代化、生态文明建设、创新社会治理、实施“五大规划”和整合涉农资金对新时期水利工作提出的新要求，着眼于为促进全省经济持续健康发展与社会和谐稳定提供有力水利保障，统筹兼顾，科学安排，突出重点，有序推进，深化水利改革工作取得积极进展。

一、基层水利服务体系建设取得良好成效

2011年以来，我省按照中央一号文件和省委一号文件的要求，

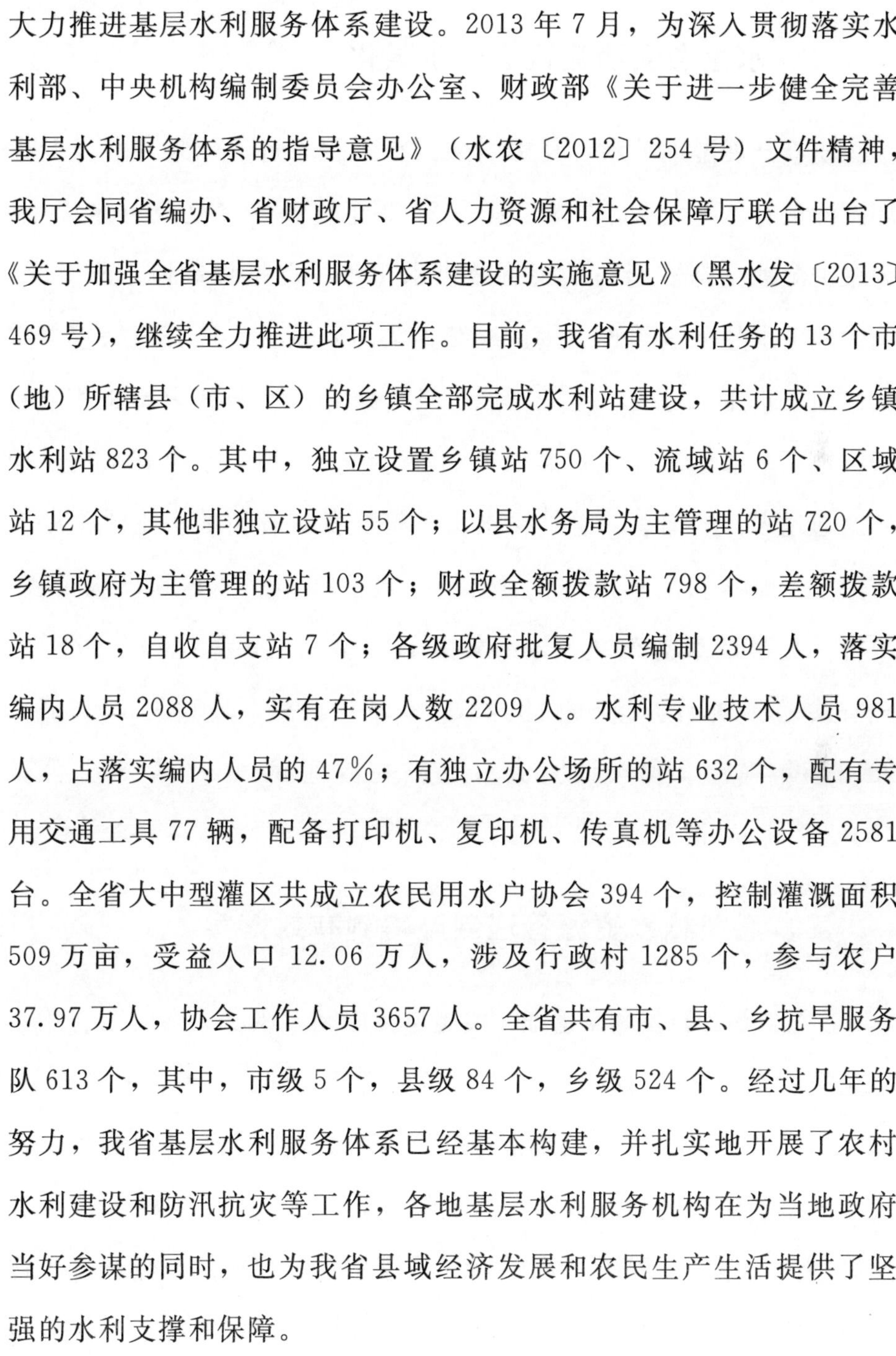

大力推进基层水利服务体系建设。2013 年 7 月，为深入贯彻落实水利部、中央机构编制委员会办公室、财政部《关于进一步健全完善基层水利服务体系的指导意见》（水农〔2012〕254 号）文件精神，我厅会同省编办、省财政厅、省人力资源和社会保障厅联合出台了《关于加强全省基层水利服务体系建设的实施意见》（黑水发〔2013〕469 号），继续全力推进此项工作。目前，我省有水利任务的 13 个市（地）所辖县（市、区）的乡镇全部完成水利站建设，共计成立乡镇水利站 823 个。其中，独立设置乡镇站 750 个、流域站 6 个、区域站 12 个，其他非独立设站 55 个；以县水务局为主管理的站 720 个，乡镇政府为主管理的站 103 个；财政全额拨款站 798 个，差额拨款站 18 个，自收自支站 7 个；各级政府批复人员编制 2394 人，落实编内人员 2088 人，实有在岗人数 2209 人。水利专业技术人员 981 人，占落实编内人员的 47%；有独立办公场所的站 632 个，配有专用交通工具 77 辆，配备打印机、复印机、传真机等办公设备 2581 台。全省大中型灌区共成立农民用水户协会 394 个，控制灌溉面积 509 万亩，受益人口 12.06 万人，涉及行政村 1285 个，参与农户 37.97 万人，协会工作人员 3657 人。全省共有市、县、乡抗旱服务队 613 个，其中，市级 5 个，县级 84 个，乡级 524 个。经过几年的努力，我省基层水利服务体系已经基本构建，并扎实地开展了农村水利建设和防汛抗灾等工作，各地基层水利服务机构在为当地政府当好参谋的同时，也为我省县域经济发展和农民生产生活提供了坚强的水利支撑和保障。

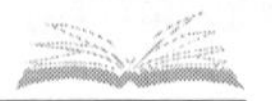

二、水生态文明建设进一步强化

积极开展湿地补水，利用引嫩渠首工程，近5年来为扎龙及连环湖湿地补水12亿立方米，其中2012年度补水2亿立方米以上，为维护湿地生态安全提供了有效供水保障。严格控制地下水开采，加大地下水超采区治理力度。继续推动哈尔滨、大庆等超采较严重城市地下水压采计划，组织开展了地下水超采区复核评价工作，超采区地下水降落漏斗影响面积得到较大缩减，地下水位有了明显回升。通过多年的治理，总结探索出了符合我省省情的水土流失综合防治技术路线和治理模式，建立了一批治理精品工程和样板工程，取得了显著的生态效益、经济效益和社会效益。据统计，5年来，全省共完成水土流失治理面积7349.96平方公里（1102万亩）。截至2013年年底，全省累计完成水土流失治理面积29280平方公里（4392万亩），治理率为31%。

三、最严格水资源管理制度得到有效落实

加强水资源开发利用管理，实施总量控制。在已提出的全省用水总量控制指标分解到市（地）并协调分解下达到县（市）的基础上，积极组织开展用水总量控制指标分解、协调和细化工作。目前，已完成了全省四级区套地级市的水资源配置初步成果，同时完成了五级区划分工作。开展了乌裕尔河、讷谟尔河、双阳河、牡丹江、倭肯河等江河水量分配工作。编制完成了《黑龙江省实施最严格水资

源管理制度考核办法》，并由省政府颁布实施。进一步加强建设项目水资源论证、取水许可管理，严格水资源费的征收管理，完善了取水许可台账建设。

继续推进节水型社会和节水型企业建设，提高用水效率。哈尔滨市、大庆市节水型社会试点通过水利部组织的终期验收，全面完成了节水型社会建设规划目标，同时均被推荐为“全国节水型社会建设示范市”。此外，以重点用水工业行业开展节水型企业建设为抓手，评出中国石油哈尔滨石化公司等8家节水型企业，向全省推广，引导工业企业加强节水管理和技术进步。在此基础上，继续推动公共机构节水工作，配合省直机关事务管理局开展了公共机构节水型单位建设工作。

严格水资源保护，完善水资源保护规划体系。组织开展了《黑龙江省水资源保护规划》的编制工作，提出水资源保护的重点工作任务，完善水资源保护的顶层设计。加强水功能区监督管理，组织对水功能区和入河排污口进行监测，完成全国重要水功能区基础信息调查工作，定期发布水功能区水质情况通报。核定水功能区纳污能力，完成全省44条河流193个水功能区纳污能力核定工作，并提出水功能区限制排污总量意见。开展重要饮用水源地达标建设，定期对国家重要饮用水源地进行达标建设评估，制定了《黑龙江省水利系统突发性水污染事件应急预案》。

加强依法治水，完善地方水法规体系。修订的《黑龙江省实施〈中华人民共和国水法〉条例》已经通过省人大常委会审查并公布，

并于2014年1月1日开始正式实施。通过地方水法规的修订，将最严格水资源管理制度上升为法律层面，为深入推进依法治水提供了法律保障。

健全水资源有偿使用制度。根据国家发改委、财政部、水利部《关于水资源费征收标准有关问题的通知》（发改价格〔2013〕29号），按照“十二五”末水资源费调整要求，积极配合省物价监督管理局、财政厅开展水资源费调整工作，拟定了水资源费初步调整方案。探索建立水权交易制度，初步选定五常、兰西、绥棱、庆安、宝清5个县（市）开展水权交易试点调研。

在上述几项改革任务取得良好成效的同时，我们还积极推进水行政审批制度改革、水利工程管理体制改革、小型农田水利产权制度改革、水利工程建设体制改革、农村水电管理创新改革等工作，并已取得一些初步成效。下一步，我们将继续加大力度，深化各项水利改革，加快建立有利于水利科学发展的制度体系，为推动我省水利跨越式发展和“五大规划”顺利实施发挥重要作用。

深化河湖管理改革　维护河湖健康生态

江苏省水利厅厅长　李亚平

党的十八届三中全会作出全面深化改革决定以来，江苏省水利厅紧紧围绕水利部和省委部署，出台了《关于深化水利改革的实施方案》，制定了全面深化水利改革总体目标，成立了深化水利改革领导小组，明确了11个方面35项改革任务。河湖管理改革作为其中一个重要方面，涉及对水流等自然生态空间统一确权划界，列入了省委改革目标任务。为此，我厅重点围绕河湖管理与保护制度等开展了许多积极有益的探索，特别是在完善河湖管理体制、建立河湖空间利用约束机制、健全河湖管理法治保障机制等方面取得了重要进展。

一、注重科学管理，加快形成河湖空间利用约束机制

江苏素有“水乡”之称，境内河湖众多，水网密布。10万平方

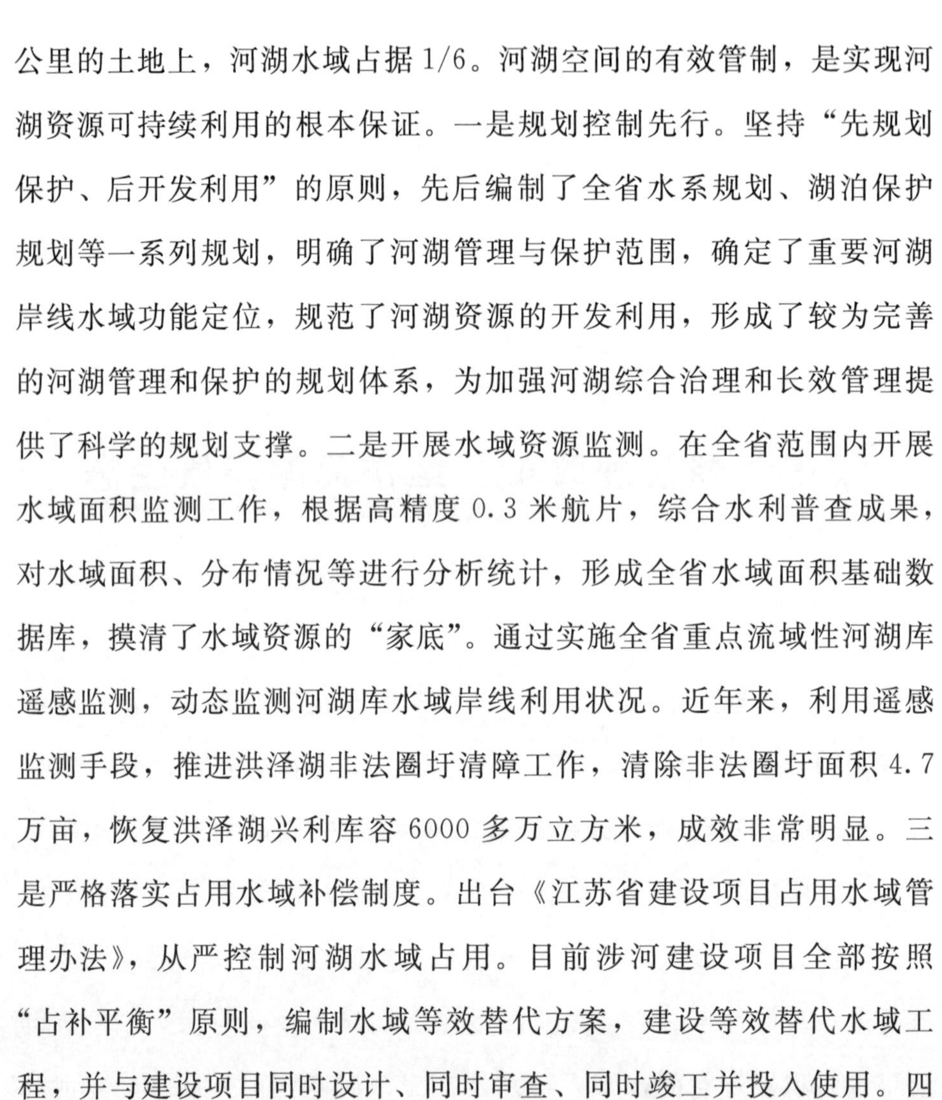

公里的土地上，河湖水域占据1/6。河湖空间的有效管制，是实现河湖资源可持续利用的根本保证。一是规划控制先行。坚持“先规划保护、后开发利用”的原则，先后编制了全省水系规划、湖泊保护规划等一系列规划，明确了河湖管理与保护范围，确定了重要河湖岸线水域功能定位，规范了河湖资源的开发利用，形成了较为完善的河湖管理和保护的规划体系，为加强河湖综合治理和长效管理提供了科学的规划支撑。二是开展水域资源监测。在全省范围内开展水域面积监测工作，根据高精度0.3米航片，综合水利普查成果，对水域面积、分布情况等进行分析统计，形成全省水域面积基础数据库，摸清了水域资源的“家底”。通过实施全省重点流域性河湖库遥感监测，动态监测河湖库水域岸线利用状况。近年来，利用遥感监测手段，推进洪泽湖非法圈圩清障工作，清除非法圈圩面积4.7万亩，恢复洪泽湖兴利库容6000多万立方米，成效非常明显。三是严格落实占用水域补偿制度。出台《江苏省建设项目占用水域管理办法》，从严控制河湖水域占用。目前涉河建设项目全部按照“占补平衡”原则，编制水域等效替代方案，建设等效替代水域工程，并与建设项目同时设计、同时审查、同时竣工并投入使用。四是积极实施退圩还湖，恢复湖泊有效空间。全省已有东太湖、滆湖、白马湖、长荡湖、固城湖等8个退圩还湖规划获省政府批复，规划新增湖泊自由水面达138.84平方公里，计划总投资近160亿元。其中东太湖、白马湖等湖区已通过规划实施，有效改善了水生态环境。

二、突出创新管理，建立健全河湖管理体制机制

江苏乡级以上河道2万多条，其中省级骨干河道727条，总长度2万多千米；0.5平方千米以上的湖泊137个，总面积6260平方千米，在册水库908座。得天独厚的河湖资源优势，在我省经济社会发展中发挥了重要作用。实践表明，理顺和落实体制机制是管好河湖的重要前提。一是不断完善湖泊管理与保护联席会议制度。近期，经省委常委会研究同意，我省在已建立7个湖泊管理与保护联席会议制度基础上，进一步建立了分管副省长为召集人的省级湖泊管理与保护联席会议制度，联席会议由省水利、国土、环保、海洋渔业等部门以及沿湖市、县（区）地方政府组成，有效提升了统筹协调湖泊管护的力度和效能。同时成立省洪泽湖管理与保护委员会，突出强化对洪泽湖的管理和保护。二是深入推进骨干河道管理“河长制”。省政府出台河道管理“河长制”工作意见，明确属地政府领导或水利部门负责同志，分别担任727条省级骨干河道1212个河段的“河长”。目前，1176个落实了“河长”，1190个落实了管理单位，1184个落实了管护人员，581个实行政府购买公共服务的社会化管护方式，省财政安排2014年“河长制”引导奖补资金6000万元，全省骨干河道基本实现组织、机构、人员、经费“四落实”，权责清晰、运转顺畅、管理高效的河道分级管理模式初步形成。三是试点推进水库“四线”管理。启动全省河湖管理范围线、水利工程管理与保护范围线划定工作，开展调查摸底和技术方案论证。目前

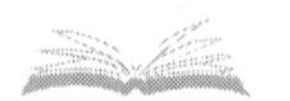

已针对大型水库，在横山水库试点“四线”管理（即水库管理范围线、大坝保护范围线、生态保护带范围线、集水区域外包线），完成了“四线”划定，开始了部分区域的定桩工作。

三、坚持依法管理，不断完善河湖管理法治保障机制

河湖管理是水利社会管理的核心内容，是确保河湖资源可持续利用的重要方面，必须坚持依法治水、依法管水。一是完善政策法规体系。近年来，江苏围绕涉河建设项目管理、采砂管理、水域和岸线保护、水域占用补偿等方面，先后出台了《江苏省河道管理实施办法》《江苏省湖泊保护条例》《江苏省水库管理条例》等一系列法规，为规范和指导河湖管理提供了重要的政策法规支撑。同时还陆续建立了河湖信息公报制度、河湖健康评估报告公开制度等，定期向社会公布全省重要河湖、重要水功能区水量水质等信息。二是推进水利综合执法监管。出台《江苏省水利厅关于全面推进水利综合执法实施意见》，积极探索建立水利系统内部流域与区域、区域与区域之间、水利部门与其他相关部门之间的联合执法机制，大力开展河湖巡查和专项执法。2014 年，省水利厅联合交通运输、公安、海洋渔业部门联合发布禁止在洪泽湖水域采砂的通告，召开全省长江河道采砂管理联席会议，共同推进水利治安，依法查处涉河违法水事行为，有力地维护了水事秩序。三是加强执法能力建设。合理划分省、市、县三级水行政执法事权，明确水政监察队伍统一承担行政处罚、行政征收、行政强制职能，不断强化基层水政监察执法

队伍建设，确保执法范围全面覆盖涉水各个环节和领域。大力推行通信技术、物联网技术、遥测遥感技术等在河湖管理中的运用，建立全省河湖库基础数据库，开展省管湖泊及重点流域性河道卫星遥感和无人机监测，河湖管控能力不断提升。

河湖管理改革是一项复杂的系统工程，需要全面深入地把握，持之以恒地推进。我省将在治水实践中不断深化改革，努力构建河湖管护的长效机制，为建设美好江苏提供更加坚实的水利保障。

以党的十八届三中全会精神为引领 奋力实现广西水利改革发展新跨越

广西壮族自治区水利厅厅长　杨　焱

党的十八届三中全会作出的《中共中央关于全面深化改革若干重大问题的决定》，在新的历史起点上对全面深化改革作出战略部署。全面落实好十八届三中全会精神，既是水利工作全局的重大任务，也是推动水利事业发展的内在要求。我们必须全面审视水利发展实际，遵循水利发展规律，破除体制机制障碍，打好水利改革攻坚战，不断激发水利事业的生机与活力。

一、立足区情水情实际，把深化改革作为推进广西水利科学发展的强劲动力

党的十八届三中全会以来、习总书记新时期治水思路提出后，

广西水利系统坚持把保持水利投资规模、推进水利工程建设作为重中之重的工作来抓，大规模推进水利建设，大力度深化水利改革，大范围加强水利管理，水利改革发展取得了显著成效，为经济社会发展提供了强有力支撑。但从总体上看，我区水利处于“补欠账、强基础”的发展阶段尚未改变，必须坚持“大投入、大建设、大发展”，才能不断提升水利支撑和服务经济社会发展的能力；我区水利可持续发展的体系尚未完善，必须坚持“一张蓝图绘到底”，才能真正落实治水兴水决策的总体部署；我区依法治水管水的局面尚未形成，必须坚持深化水利改革，才能促进依法治水、依法管水。

二、坚持完善体制机制，着力深化广西水利“五项改革”

坚持深化水行政管理体制改革。要转变政府职能，简政放权，减少和下放水行政审批事项。要依法行政、依规履职，简化审批程序，明确办理时限，公开办理流程，接受社会监督。要创新水利公共服务提供方式，引入竞争机制，逐步推行工程建设管理、运行管理、维修养护、资金监管、技术咨询等水利公共服务向社会购买，推动水利公共服务承接主体和提供方式多元化。要推进水行政综合执法，强化水政执法队伍和能力建设，建立健全联合执法机制，加大现场执法力度，做到严格规范公正文明执法。

坚持深化水资源管理体制改革。要执行最严格的水资源管理制度，健全自治区市县三级“三条红线”控制指标考核体系，在水资源供需矛盾突出、水污染频发的地区发挥倒逼推动作用。要实施城

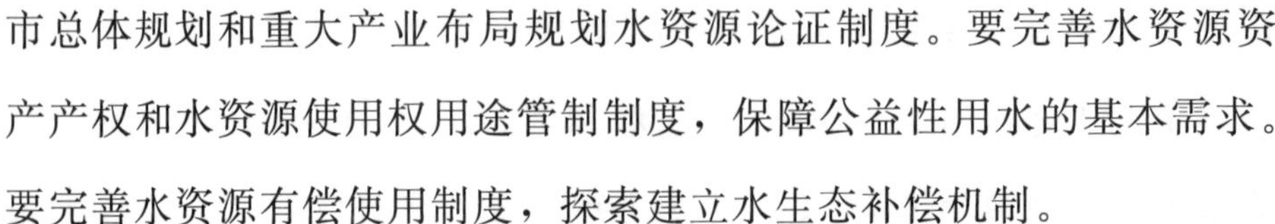

市总体规划和重大产业布局规划水资源论证制度。要完善水资源资产产权和水资源使用权用途管制制度，保障公益性用水的基本需求。要完善水资源有偿使用制度，探索建立水生态补偿机制。

坚持深化水利工程建设管理体制改革。要创新水利工程建设管理模式。因地制宜推行大中型水利工程代建制、BT、设计施工总承包等建设管理模式。对中小型水利工程建设，推行集中建设管理模式，按区域或项目类型集中组建项目法人，实行专业化建设管理。对比较分散的小型水利工程建设项目，在统一规划和建设标准的前提下，积极推行由受益村民集体、用水户协会等专业合作组织通过“一事一议”“民办公助”等方式来实施。要确保水利工程的质量安全。加强市级水利工程质量与安全监督管理机构和能力建设，鼓励有条件的县设立水利工程质量与安全监督管理机构，按照工程类别和规模划分水利工程质量与安全监督事权，严格落实各级质量与安全责任制，实行工程质量终身制。

坚持深化水利工程运行管理体制改革。要巩固和提高国有水利工程管理体制改革成果，全面落实公益性、准公益性水利工程管理单位基本支出和维修养护经费，并纳入同级财政预算。要加快小型水利工程管理体制改革，出台《关于深化小型水利工程管理体制改革的实施意见》；完成列入全国小型水利工程管理体制改革试点县任务，市、县两级相应推开改革试点工作；推进小型水利工程产权制度改革，明确工程所有权和使用权，落实管护主体、责任和经费，让已建成的水利工程长久发挥效益。

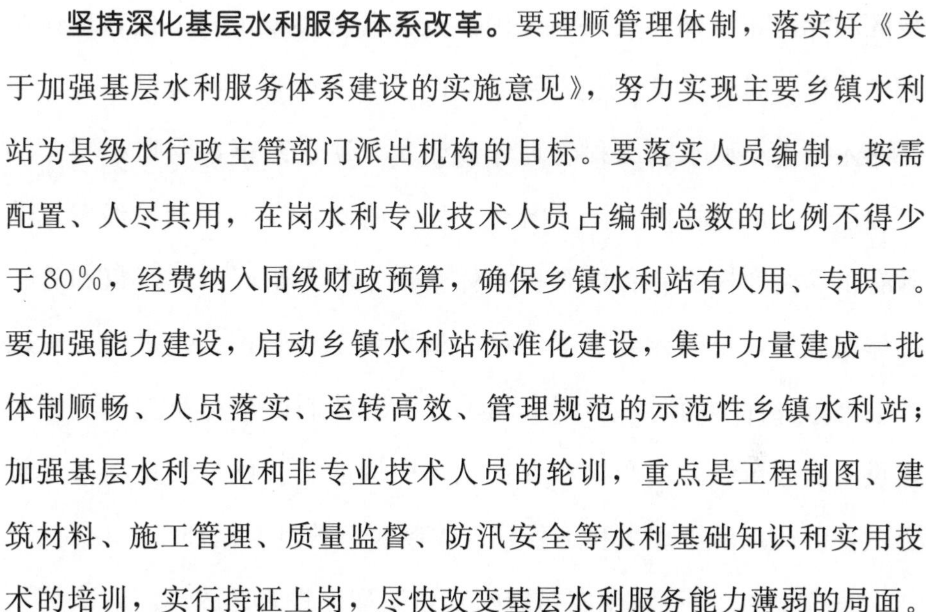

坚持深化基层水利服务体系改革。要理顺管理体制，落实好《关于加强基层水利服务体系建设的实施意见》，努力实现主要乡镇水利站为县级水行政主管部门派出机构的目标。要落实人员编制，按需配置、人尽其用，在岗水利专业技术人员占编制总数的比例不得少于80%，经费纳入同级财政预算，确保乡镇水利站有人用、专职干。要加强能力建设，启动乡镇水利站标准化建设，集中力量建成一批体制顺畅、人员落实、运转高效、管理规范的示范性乡镇水利站；加强基层水利专业和非专业技术人员的轮训，重点是工程制图、建筑材料、施工管理、质量监督、防汛安全等水利基础知识和实用技术的培训，实行持证上岗，尽快改变基层水利服务能力薄弱的局面。

三、下功夫抓好迫切需要破解的难题，有序有力稳步推进广西水利改革

全面深化改革是一项长期任务，通过分析研判我区水利工作当前实际，我们以推进农村小型水利工程管理体制改革、深化农村饮水安全工程建设管理改革、全面提升基层水利服务能力3个方面为突破口，稳步推进水利改革工作。

因地制宜，全面推进农村小型水利工程管理体制改革。抓好农村小型水利工程管理，确保农村水利设施长期发挥效益，是保障农业发展、农民增收的重要基础。2014年10月，广西壮族自治区人民政府办公厅印发《关于深化小型水利工程管理体制改革实施方案》，标志着我区深化小型水利工程管理体制改革工作全面展开，贺州市八

步区和北海市合浦县被列为全国试点县开展小型水利工程管理体制改革工作。同时，我区还先后确定了16个县为自治区级试点县，全面深入推进小型水利工程管理体制改革。通过改革，明晰小型水利工程产权，落实管护主体。国有工程由财政落实工程管护经费，非国有工程由产权所有者即管护主体落实工程管护经费。产权和管护主体明确后，吸引社会资本，对小型水利工程管护，使水利工程的效益充分发挥。同时，小型水利工程管理体制改革与小型水利工程建设制度改革结合，产权和管护主体明确的工程优先安排项目建设资金，形成推动小型水利工程管理体制改革的良性循环。

保障民生，全面深化农村饮水安全工程建设管理改革。解决好群众饮水安全是硬任务。“十二五”以来，我区大力推进农村饮水安全工作，2011—2014年共分解下达投资95.79亿元，其中中央资金59.3亿元，自治区本级配套资金13.81亿元，市县投资22.68亿元，安排解决1439.3万人的饮水安全问题。在“十三五”规划中，计划深入开展“饮水净化”活动，解决好新出现的农村饮水安全问题，着力实施农村饮水升级改造、联通并网工程。通过合理选择工程模式，按照先生活、后生产的原则，优先满足农村饮水安全工程水源需求；多渠道增加投入，积极引入市场机制，采取代建制等建设模式，引导组织受益群众筹资投劳参与工程建设；建立完善农村饮水安全工程运行管理体制、机制等措施有序推进项目建设，使农村供水“质”和“量”显著提升，让人民群众喝上干净水。

强化服务，全面提升基层水利服务能力。基层水利服务能力强弱，决定了水利工作密切联系服务群众水平。广西共有14个设区市1127个乡镇已实现基层水利服务机构全覆盖。我们将继续加大基层水利服务体系建设投入力度，争取自治区财政加大水利本级预算中基层水利服务体系建设项目投资，对基层水利服务体系建设的人、财、物3方面重点扶持；继续探索农民用水合作组织发展机制，鼓励社会各界加大对合作组织的政策、资金扶持力度，鼓励合作组织通过开展多种经营、进行自主创收等形式解决运行经费问题，调动合作组织兴建水利的积极性，实现可持续发展；继续加快改进农村水利建设管理方式，完善建设管理机制，积极探索小型农村水利工程建设管理模式，通过项目资金带动，充分运用“一事一议”财政奖补、项目带动等方式，突出专业化管理和农民主体地位。

创新思路抓改革　攻坚克难见成效

——贵州省小型水利工程管理体制改革取得阶段性成果

贵州省水利厅厅长　黄家培

2014年以来，贵州省把深化小型水利工程管理体制改革作为加强水利管理、提高工程效益的突破口，按照“试点先行、典型引路、分类实施、全面推进”的总体要求，采取有力措施，加快推进改革，取得了初步成效。

一、改革的基本思路

20世纪90年代末，贵州省曾在习水县等地开展小型水利工程产权制度改革试点工作，但由于当时的改革没有统筹考虑工程相关者的利益，简单地“一拍了之”，拍卖之后容易引发新的用水矛盾，工程管理主体和管理责任也难以落实到位。新一轮改革启动后，贵州省坚持问题导向、需求倒逼，进一步理清改革思路，为顺利推进改革奠定了基础。

明确改革方向。针对小型水利工程管理存在的管护主体缺失、管护责任难以有效落实等问题，贵州省明确改革以工程安全运行和效益充分发挥为目标，通过改革实现资源变资产，资产变资本，资本变资金，良性运行，滚动发展。

厘清权利义务。统筹考虑工程涉及的各方利益，调动资产所有者、经营管理者等各方面参与改革的积极性，通过明晰所有权、界定管理权、明确使用权、搞活经营权，落实管护主体和责任，实现权责统一。

壮大集体经济。根据十八届三中全会提出的壮大集体资产和让农民拥有更多财产权利的要求，在改革过程中赋权让利，强村惠民，让小型水利工程成为增加村级集体经济收入、解决“空壳村”问题的有效资产。

二、采取的具体措施

强化顶层设计。省人民政府将小型水利工程产权制度改革纳入农村产权制度改革试点的重要内容，省人民政府办公厅制定了《关于深入推进农村小型水利工程产权制度改革的意见》，省水利厅、省财政厅联合印发了《关于深化小型水利工程管理体制改革的实施意见》，一系列的顶层设计文件明确了改革的指导思想、基本原则、具体措施和时间表、路线图。

加强组织领导。省长陈敏尔、副省长刘远坤多次对此项改革作出重要批示。省水利厅成立了以厅长为组长的专项改革领导小组，各市（州）、县（市、区）党委、政府主要领导亲自抓，各有关部门齐抓共管、层层抓好落实。

扩大改革试点。为进一步发挥试点带动作用，我省将8个试点增加到了12个（含2个全国示范县），确保每个市（州）和贵安新区都有省级改革试点。同时，各个市（州）也结合本地实际确定了12市（州）级改革试点。

抓好督促检查。省水利厅成立了以分管副厅长为组长的指导督促工作组，集中精力和时间在全省各地巡回指导，在12个试点县（镇）蹲点指导，近半年来共巡回督导30余次，召开改革工作协调会20余次。加大对小型水利工程管理体制改革在全省水利改革发展考核中的权重，通过激励机制推动改革。

搞好宣传培训。省水利厅向各地印发《小型水利工程管理体制改革宣传手册》5万余册，并在“贵州水利”网上开设改革宣传专栏。各地充分利用媒体、标语、广告牌、动员会等形式广泛开展宣传活动，让改革政策和具体内容家喻户晓。省市县3级共组织培训100余期，培训人员万余人次。

坚持透明改革。按照“公开、公平、公正”的原则推进改革，改革方案充分征求意见，改革过程保证利益各方参加，改革事项“一事一议”民主讨论，改革结果做到透明公开，确保改革得到大多数利益相关者的认可。

做好确权颁证。改革结果公示无异议后签订租赁、承包、转让等合同，以合同的形式明确相关权利与义务，并由县级人民政府颁发工程所有权证、水权证和使用权证，切实维护产权人的合法权益。

三、取得的初步成效

推动了试点工作。息烽、雷山两个全国示范县基本完成了改革任务，2014 年年底前将全面完成确权颁证等各项工作。其中，息烽县成立了 4 个片区供水服务公司，推进集镇供水向周边乡村延伸，进一步提升工程管理效益；雷山县探索成立了全省首家水务管理物业公司，对小型水利工程实现物业化、专业化服务。此外，我省还整合 1.2 亿元资金在息烽县红岩葡萄沟等 4 个试点实施现代水利示范工程，探索建立水利工程“建、管、养、用”一体化的新机制。

明确了产权主体。2014 年以来，全省已有 52176 处小型水利工程明确了产权，其中国家所有的 7183 处，农村集体经济组织所有的 10714 处，农民用水合作组织所有的 241 处，受益户共同所有的 1894 处，社会投资者所有的 29 处，个人所有的 8199 处，维持原有产权归属关系的工程 10700 处，已颁发产权证书的工程 14565 处。

落实了管护责任。全省小型水利工程有 30464 处小型水利工程建立了管护制度，落实了管护主体和管理责任。各地积极结合水价改革、农业结构调整，推行“公司＋协会＋用水户”的管理模式，提高工程经营管理效益，通过以水养水落实管护经费。对于新建项目，按照“先建机制、后建工程”的要求，凡是没有建立管护机制、落

实管护主体和管理责任的新建项目一律不予审批。

强化了监督管理。结合小型水利工程产权制度改革，各地整合基层水利站所机构、编制，增强技术和管理力量，以流域或片区为单位成立了水利（水务）分局（站所、服务中心），加强对改革后小型水利工程运行维护的监督、管理和服务。

增加了集体经济收入。对有经营效益的小型水利工程，通过所有权或使用权的拍卖，盘活存量资产，拍卖所得的资金主要用于水利滚动发展和增加村级集体经济收入。

贵州省深化小型水利工程管理体制改革工作探索了一些经验，取得了一定成绩，但离水利部的要求还有较大差距，与做得好的省份相比还需努力，全面完成改革任务任重道远。省水利厅将继续努力工作，力争提前3年全面完成改革任务。

明确目标 深化改革
全面促进西藏水利可持续发展

西藏自治区水利厅党委书记 李文汉

西藏自治区水利厅认真贯彻落实党的十八届三中、四中全会精神和习近平总书记系列重要讲话精神，以构建水安全保障体系、提升水利社会公共服务水平、促进水生态文明建设、建立完善事权清晰运转协调的水资源管理机制、建成与“中国特色、西藏特点”相适应的现代化水利为改革目标，以水利部关于深化水利改革指导意见和区党委关于全面深化改革的总体要求，明确目标，落实责任，重点突破，全面推进，有效地促进了西藏水利可持续发展。

一、改革机制加强前期工作，简政放权服务基层水利

在第一轮简政放权的基础上，自治区水利厅根据进一步下放行

政审批权限要求，按照不同投资规模划分水利项目审批权，将投资3000万元以下水利项目的立项、审查、审批权下放到地（市），从而简化了审批程序，提高了工作效率。同时，水利厅强化监管和指导，将落实简政放权纳入年度综合目标责任书严格考核，提升了各级水行政部门审批效能。

改进水利前期规划管理，将规划编制、项目前期工作完成进度和质量与岗位目标任务考核挂钩，严格执行月通报和调度会制度。2013年以来，全区先后启动了44条重要中小河流流域综合规划和38条中小河流水能资源开发规划编制工作，完成了《西藏自治区“十三五”水利发展规划思路报告》和“十三五”重点水利建设项目的筛选工作。

创新水利公共服务方式。继2013年自治区农、林、水部门携手在全区组建了74个乡镇农牧综合服务中心的基础上，2014年又组建了279个农牧综合服务中心，明确了水利管理职能和岗位，组建农牧民用水户协会2000个，会员近1万人，管理各级各类水利工程8000个。山南地区试点建立“农牧民＋用水户协会＋工程管理单位”三位一体的灌区供水管理体制，探讨建立和完善基层水利服务体系。

二、强化水资源严格管理，推进水生态文明建设

按照党的十八大建设生态文明的总体目标要求，自治区水利厅坚持以落实最严格水资源管理制度为抓手，加快推进西藏水生态文

明建设。一是修订实施了《西藏自治区实施〈中华人民共和国水法〉办法》和《西藏自治区实施〈中华人民共和国水土保持法〉办法》的地方法规，为深入推进水资源管理制度改革，认真实施取水许可和水资源论证制度，为增强水资源管理和水生态文明建设提供了法律保障。二是自治区政府批准了《西藏自治区实行最严格水资源管理制度考核办法》以及《西藏自治区重要江河湖泊水功能区纳污能力核定和分阶段限制排污总量控制方案》，将“三条红线”指标分解到县。三是编制了仲巴等 6 个县水生态补偿奖励试点方案，自治区财政预算列出专款，用于水生态文明建设试点的“以奖代补”。四是起草了《西藏自治区水土保持补偿费征收标准与使用管理办法》《西藏自治区关于对水力发电企业征收水资源费的通知》，正在征求有关部门意见，力争 2014 年内完成。同时，开展了《西藏典型冰湖机理研究及水灾害风险评估》《藏东南水灾害危险性评估及减灾对策研究》2 个研究项目的调研工作。

三、加快农电体制改革，全面实行政企分开

按照自治区政府关于深化农村水电管理体制改革方案的总体要求，自治区水利厅 2014 年加大了农村水电管理体制的改革力度，一是完成了丁青县等 15 个县的农村水电国有资产的清产核资工作，组建了具有国有独资公司法人地位电力有限公司，建立了职能清晰、权责明确、制度健全、管理规范的农村水电管理体制。二是在当地政府的支持下，按照现代企业制度的要求，清理供、用电市场，建

立健全规章制度，采取竞争上岗、规范用工、绩效考核等措施加强农村水电资产的经营管理。三是重视基层农电管理人员技术培训工作，在水利部的大力支持下，先后举办了3期农村水电技术培训班，使基层农电管理人员的技术水平有了明显提高。

四、探索水利投资体制，拓宽水利投入渠道

针对西藏水利建设投资渠道较窄，资金结构单一的实际情况，水利厅积极探索新型水利投资体制，一是编制完成了《西藏自治区水务投资集团有限公司组建方案》，已上报区政府。二是各级财政部门按照区党委、区政府《关于加快水利改革发展的意见》要求，进一步加大地方财政投入并从土地出让收益中提取不少于15％的资金专项用于农田水利和防洪工程建设。三是各级水利部门积极协调援藏资金用于水利建设，不断拓宽水利投资渠道。

五、加强工程建设管理，开展体制改革试点

2014年以来，自治区水利厅进一步重视水利工程建设管理工作，一是会同自治区财政厅制定了《西藏自治区深化小型水利工程管理体制改革工作实施方案》，在贡嘎、林周县开展了小型水利工程管理体制改革试点、尼木县开展了水利设施产权制度改革和创新运行管理机制试点工作。二是为健全水利工程建设管理制度，促进管理工作规范化、制度化，新制定和印发了6项水利工程建设管理规定。三是严格执行水利建设市场准入和退出制度，强化项目法人管

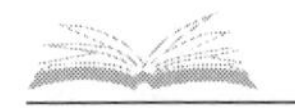

理，提高监理履职能力。四是开展了全区水库建设年活动，进一步加强大中型水库运行管理，开展了工程管理机构的定岗、定员、定编工作。

六、推动行业能力建设，促进水利可持续发展

加强水利队伍建设，不断增强水利行业能力。一是抓紧筹建自治区水政监察总队和自治区水信息中心，组建方案已上报区编委审批。二是尼木县“水务一体化”改革试点工作有序推进。三是积极同自治区有关部门协商，开展从内地高校引进水利专业人才试点工作。四是加强水利基层干部的培训工作，在水利部支持下，2014 年共举办各类水利培训班 15 期，培训基层水利干部近 1000 人次。

进一步增强改革的紧迫感
积极稳妥推进深化水利改革重点工作

陕西省水利厅厅长　王　锋

水是生命之源、生产之要，生态之基。2014 年是全面深化改革的开局之年。深化水利改革，对破解水利发展体制机制障碍，促进水利持续快速发展，加快水生态文明建设、促进“三个陕西”建设具有至关重要意义。

一、充分认识全省推进深化水利改革的紧迫性

党的十八届三中全会《关于深化改革若干重大问题的决定》，是我党站在新的历史起点上全面深化改革的科学指南和行动纲领。陕西省委《关于贯彻落实党的十八届三中全会精神全面推进各项改革的意见》，为全省全面深化改革、加快生态文明建设描绘了蓝图。

近年来，我省水利改革不断深化，水利体制、机制逐步完善，保障了水利建设的持续快速发展。但随着全省经济结构深刻调整和社会发展持续转型，水利体制机制仍存在与经济社会可持续发展不协调、不适应等诸多问题，水资源对转变经济发展方式的倒逼机制尚未形成，水价在资源配置节约保护中的杠杆作用还没有充分发挥，全社会投入水利基础设施建设的活力需要进一步激发，有效保护水生态水环境的社会管理体制尚不完善，农田水利建设管理体制与农业经营方式变化还不适应。

解决我省水的问题，不仅要靠加快工程建设、靠水利科技支撑，更要靠深化水利改革。为此，我们根据水利部《关于深化水利改革的指导意见》，结合我省实际，制定了《关于深化水利改革的实施意见》，要求各级水利部门要充分认识深化水利改革的紧迫性，进一步增强责任感和使命感，加大重要领域和关键环节的改革攻坚力度，为促进水利持续快速发展、服务“三个陕西”建设作出贡献。

二、重点突破，积极稳妥推进深化水利改革工作

深化水利改革要认真贯彻落实习近平总书记提出的“节水优先、空间均衡、系统治理、两手发力”的重要治水思想，重点突破，稳步推进。

加快水行政管理职能转变。按照精简、统一、高效的原则，进一步转变水行政管理职能，科学合理划分水利事权、创新水利改革服务方式，积极推进事业单位和社团改革，精简合并行政审批事项，

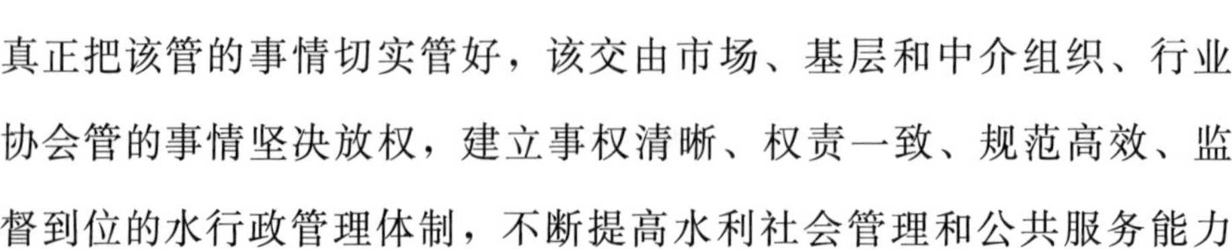

真正把该管的事情切实管好，该交由市场、基层和中介组织、行业协会管的事情坚决放权，建立事权清晰、权责一致、规范高效、监督到位的水行政管理体制，不断提高水利社会管理和公共服务能力和水平。

坚持节水优先，全面落实最严格的水资源管理制度。水资源管理是水利行业立身之本，要善于运用系统思维统筹水的全过程治理，分清主次、因果关系，坚持以水定发展、以水促经济结构调整，从观念、意识、措施等各方面把节水放到优先位置。全面落实最严格水资源管理制度，加强水资源论证、取水许可、水资源费征收管理，对取用水总量达到或超过控制指标的地区，要暂停审批建设项目新增取水，用红线、底线思维考量水资源管理成效。

坚持空间均衡、系统治理，加强水生态文明建设。面对我省水安全的严峻形势，要树立起人口经济与资源环境相均衡的原则，加强需求管理，把水资源、水生态、水环境承载能力作为刚性约束，贯彻落实到改革发展稳定各项工作中。坚持把治水与治山、治林、治田有机结合起来，不断强化河湖生态空间用途管制，加快构建江河湖库水系建设，加强水土保持和坡耕地治理，强化地下水保护与超采区治理，统筹协调解决水资源、水环境、水生态、水灾害问题。

坚持两手发力，建立水利投资稳定增长机制。要充分发挥市场和政府的作用，在加大公共财政投入力度的同时，充分利用水权水价水市场优化配置水资源，让政府和市场“两只手”相辅相成、相得益彰。加大水价改革力度，积极推进农业综合水价、城镇两部制水价改革，建立健全符合市场导向的水价形成机制。鼓励和支持信贷资金、社会资金参与水利建设，积极培育完善水市场。建立以政府投入为主体、市场投入为补充的多元化投资稳定增长机制。

三、切实加强对深化水利改革的组织领导

深化水利改革涉及面广、任务艰巨。各级水利部门要切实加强组织领导，充分发挥总体设计、统筹协调、整体推进、督促落实的作用，深入研究改革举措，落实改革各项任务，坚持督促检查、动态跟踪、分析研判，确保改革有计划、有重点、有步骤扎实推进。要围绕深化水利改革重大问题，深入实际、深入基层、深入群众开展调查研究，找准问题症结所在，提高水利改革的针对性和实效性。对已经推出的改革举措，要加强跟踪了解，及时推广经验，推进改革步伐；对新启动的改革举措或改革试点，要加强组织协调，大胆探索前进，确保取得实效；对需要长期抓好落实的任务，要以抓铁有痕、踏石留印的劲头，坚持不懈地抓下去，确保“改一项、成一项”，取得实实在在的效果。

靠改革求突破　促进农田水利建设

甘肃省水利厅厅长　魏宝君

农业是国民经济的基础，农田水利是农业的基础。持之以恒地加强农田水利基本建设，对于促进甘肃农业生产、增加农民收入、推进扶贫攻坚、实现经济社会转型跨越发展和全面建成小康社会具有十分重要的意义。在《水利部关于深化水利改革的指导意见》出台后，甘肃省深化改革，创新机制，促进新时期甘肃农田水利建设健康发展，为粮食安全、农业增效提供有力保障。

一、对甘肃农田水利建设“怎么看”

甘肃十年九旱，虽经多年努力，农田水利基础设施建设取得了成效，但农业抵御自然灾害的能力不强、建设滞后依然是影响农业发展的最大“瓶颈”，其主要表现在以下几方面：

现有灌溉渠系经过几十年的运行，大部分到了设计年限，工程老化失修，致使全省有近60%的农田得不到有效灌溉，局部地方靠天吃饭的问题还没有解决。

虽然现有万亩以上灌区的灌溉面积占全省有效灌溉面积的79%，这几年也进行了节水改造，但末级渠系仍未配套，实施大规模高效节水灌溉助推现代农业发展仍存在阻力。

中东部旱作农业区粮食增产和农民增收八成依赖梯田建设，但与之相配套的农田水利基础设施还很薄弱，建设标准低，不能留住“天上水”，用好“地表水”，阻碍了旱作农业和特色农业的进一步发展。

农田水利建设组织难、投入难、管理难的问题依然突出，传统的农田水利组织形式、分散的项目建设模式、粗放的配水设施，不适应规模化推动现代农业发展的需求。

因此，我们要从战略和全局的高度，充分认识加强农田水利基本建设的重要性和紧迫性，切实把农田水利基本建设工作摆在突出位置，抓紧抓好。

二、如何推进甘肃农田水利建设

随着工业化、信息化、城镇化和农业现代化的不断推进，当前甘肃省农村经济结构正发生着深刻的变化，必须从省情、水情和农村实际出发，研究解决农田水利建设中出现的新情况、新问题，找准突破口和着力点，切实把农田水利基本建设这项强基础、惠民生、利长远的工作抓紧抓好，使水利成为经济社会发展的重要保障、改善民生的重要依托、扶贫攻坚的重要载体、生态建设的重要基础。

要综合施策，在农田水利建设机制上求突破。紧抓政策机遇，以党的十八大、十八届三中全会和甘肃省委十二届六次会议和《水利部关于深化水利改革的指导意见》精神为指导，按照服务现代农业和区域经济社会发展的总体要求，政府主导、部门联动和上下互动，将工程建设与水权划分、土地集中流转、农业产业布局、农田节水措施、建立新型农村合作组织、水价和小型水利工程产权改革等相结合，形成多元化农田水利建设投入和整体推进机制，引导新型农村合作组织参与工程的建设与管理，建管结合，以建促管，以农田水利建设助推高效节水灌溉和现代农业发展。

抢抓机遇，在农田水利项目建设上求突破。将项目建设这一载体贯穿于农田水利建设的整个过程。立足区域特点，在兴建区域性水资源配置工程的同时，大规模因地制宜建设小水窖、小水池、小泵站、小塘坝、小水渠“五小水利”工程。精心做好规划，把“五小水利”工程与现有水资源工程的配套有机结合起来，把工程建设与区域特色产业发展结合起来，建成一处带动一片，在推动干旱山区产业结构调整、加快群众脱贫致富中发挥应有作用。同时，要创新建设管理机制，培育和发展农民用水者协会，履行小型水利工程项目法人职责，建立和推行村民自建自管体制，减少中间环节，提高项目实施效果。

创新机制，在农田水利工程管理方式上求突破。农田水利量大面广、点多线长，是农民增收和农村发展的生命线，要按照“渠道不

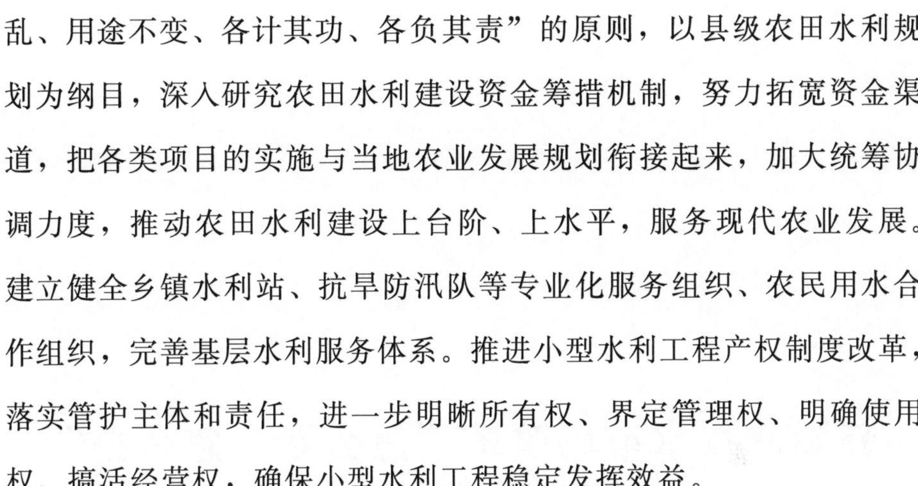

乱、用途不变、各计其功、各负其责”的原则，以县级农田水利规划为纲目，深入研究农田水利建设资金筹措机制，努力拓宽资金渠道，把各类项目的实施与当地农业发展规划衔接起来，加大统筹协调力度，推动农田水利建设上台阶、上水平，服务现代农业发展。建立健全乡镇水利站、抗旱防汛队等专业化服务组织、农民用水合作组织，完善基层水利服务体系。推进小型水利工程产权制度改革，落实管护主体和责任，进一步明晰所有权、界定管理权、明确使用权、搞活经营权，确保小型水利工程稳定发挥效益。

攻坚克难，在农田水利改革上求突破。落实最严格的水资源管理制度，深入推进水权改革，建立归属清晰、权责明确、监管有效的水资源资产产权制度和用途管制制度，在总量控制的基础上，按照水利工程的实际供水量、作物种植结构、灌溉轮次定额、法定土地面积等深入推进水权改革，将水的使用权逐步确权到户。培育和建立水市场，促进水权合理流转，合理配置生活、生产、生态用水。按照“小步快走”的思路和促进节约用水、降低农民水费支出、保障水利工程良性运行的原则，深入推进农业水价改革，用价格杠杆促进节约用水、合理用水，逐步改变农业水价长期倒挂的现状。

新疆水权水市场改革“怎么看　怎么办”

新疆维吾尔自治区水利厅厅长　覃新闻

水资源是新疆经济社会可持续发展的短板。近年来，自治区用水总量和农业用水量出现了双增长，用水结构不合理、用水效率和效益低下的局面倒逼我们必须要深化水利改革，积极开展水权交易、转让试点工作，稳步推进水权水市场建设。

一、新疆维吾尔自治区水权水市场改革历程

第一阶段（2001—2005年），学习阶段。在国家作出了开展水权水市场研究与探索的相关工作部署之后，自治区积极开展了对水权水市场理论的学习、研究和认识。

第二阶段（2006—2009年），个别探索阶段。自治区个别县市根据市场发展需求，开始积极尝试水权交易。2006年，昌吉州木垒县西吉尔镇西吉尔村和果树园子村，通过民主协商确定初始水权，并

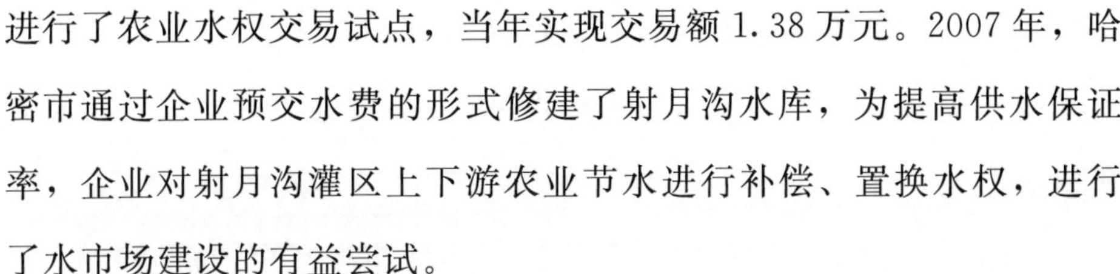

进行了农业水权交易试点，当年实现交易额1.38万元。2007年，哈密市通过企业预交水费的形式修建了射月沟水库，为提高供水保证率，企业对射月沟灌区上下游农业节水进行补偿、置换水权，进行了水市场建设的有益尝试。

第三阶段（2010年以来），加速推进阶段。新党发〔2011〕21号文件为我区深化水权水市场改革指明了方向。各地认真贯彻落实自治区党委、人民政府关于加快水利改革发展的决策部署，积极开展水权交易试点。呼图壁县启动了军塘湖河流域水资源优化配置试点工作，将初始水权确认到户并发放水权证书，通过红山水库调节向工业园区供水87万立方米。吐鲁番地区出台了《水权转让管理办法（试行）》，明确新增工业用水一律通过购买水权的形式取得水资源使用权。巴州、哈密等地以预缴水费的形式建设了多座重点水利工程，在拓宽水利建设资金渠道方面进行了有益尝试。各地的积极探索，勾勒出自治区水权水市场改革的雏形，并为下一步深化改革奠定了良好基础。

二、新疆维吾尔自治区水权水市场改革面临的总体形势

水资源是自治区经济社会可持续发展的短板，对于自治区稳定与发展具有重要意义。当前，最需要深入思考的问题是，自治区用水总量和农业用水量出现了双增长，用水总量达到590亿立方米，超出国家下达自治区526亿立方米的用水总量控制红线指标，用水结构不合理、用水效率和效益低下的局面仍然没有得到扭转。如何在国家确定的用水总量范围内，满足不断增长的经济社会发展用水

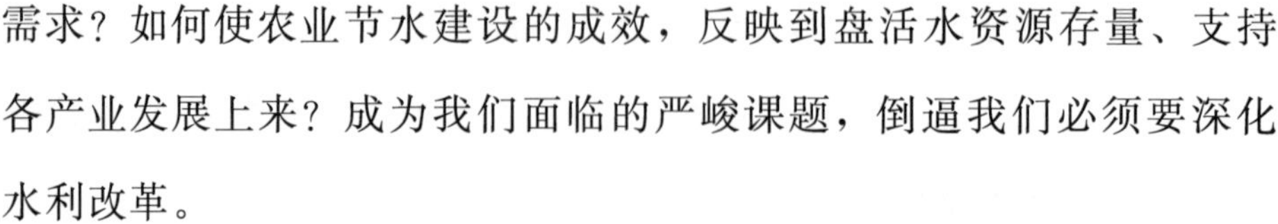

需求？如何使农业节水建设的成效，反映到盘活水资源存量、支持各产业发展上来？成为我们面临的严峻课题，倒逼我们必须要深化水利改革。

2013 年党的十八届三中全会作出了“使市场在资源配置中起决定性作用”的重大决策之后，自治区党委八届六次全委（扩大）会议、自治区党委经济工作会议、农业农村工作会议等根据自治区水利工作实际，要求积极开展水权交易、转让试点工作，为自治区深化改革指明了方向。

三、新疆维吾尔自治区水权水市场改革“怎么办”

（一）明确改革顶层设计

全面推进水权水市场改革，要深入贯彻落实党的十八大、十八届三中全会、第二次中央新疆工作座谈会精神和习近平总书记关于“节水优先、空间均衡、系统治理、两手发力”的治水思路和自治区党委提出的“水利兴则新疆兴”的治水理念，以及中央、自治区关于加快水利改革发展的决策部署，以实现水资源开发可持续和生态环境可持续为目标，坚持社会主义市场经济改革方向，正确发挥市场机制和政府作用，通过不同类型水权改革试点，建立以优化配置水资源、节约用水、提高用水效率和效益、促进水资源健康可持续利用为核心的水价形成机制和水价体系，促进水利工程良性运行和长效运营，不断提高供水服务能力和管理水平，为支撑自治区“五化同步”协调发展、维护社会稳定和实现长治久安的总目标提供坚强有力的水资源保障。

（二）坚持改革基本原则

坚持深化改革与社会稳定、长治久安相结合的原则。大胆尝试，稳妥推进，立足当前，着眼长远，既注重解决当前制约水权水市场发展的突出问题，又要把握阶段性特征，着力构建科学规范的水权制度和水市场体制。

坚持更好地发挥政府作用与发挥市场机制相结合的原则。既要发挥政府在用水总量控制、水量分配、水资源确权登记、用途管制、水市场培育与监管等方面的作用，更要充分发挥市场在资源配置中的决定性作用，运用市场机制，体现水的商品属性，促进水资源优化配置、高效利用、有效节约和保护。

坚持顶层设计与实践探索相结合的原则。既要加强对水权水市场改革理论框架、制度等问题的研究，广泛凝聚改革共识，提高改革决策的科学性，增强改革的综合配套和保护措施，又要突出实践探索、典型示范与整体推进有机结合，因地制宜，分类指导，增强改革的针对性和有效性，发挥基层首创精神，实现重点突破，注重实践、总结和推广。

（三）把握改革重点工作

深化水权水市场改革，关键一步在于要打通水资源由农业向工

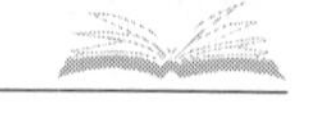

业流转的通道，真正实现水资源的优化配置，提高用水效率和效益，充分保障农民用水权益，形成用水户、协会、水管单位、企业、生态多赢的局面。

第一，全面推进初始水权确权登记试点工作。确权登记是建立归属清晰、权责明确、保护严格、流转顺畅的现代水权制度的基础和前提。一是要将水资源总量控制指标分解细化到乡镇、村，逐级确认用水总量和权益；二是完善取水许可制度，对已经发放的取水许可进行规范，强化计划用水和定额管理，科学确定许可水量。在用水总量超指标的地州、县市，对新增用水原则上通过市场购买取得水权；三是以二轮承包地、牧民定居兴牧饲草料地、移民安置土地等基本农田为基准确权，同时要妥善解决好农村防风林、公益林用水确权问题；四是参照《自治区农业灌溉用水定额》标准，根据各地农业生产情况和土壤、气候等自然条件，在满足当地主要作物的正常用水需求的基础上，合理确定本地的农业灌溉定额。在确权过程中，不得人为压低定额，损害农民利益；五是初始水权一定要确认到户、到人头，要发放水权证书，让农户明明白白用水；只有将初始水权确认到户、到人头，让农民尝到节水受益的甜头，才能从真正意义上推进节水工作向长远、纵深发展。

第二，积极推进水市场建设。水权交易流转是利用市场机制优化配置水资源的关键环节。要根据实际需求，重点探索多种形式的水权流转方式和交易平台建设、水权交易运行机制和监管体系。

一是各地要以流域或区域建立水权交易中心，借鉴土地交易、林权交易、排污权交易等平台建设经验，建立水权交易平台；二是通过水库等调蓄性水利工程建立“水银行”，对节约水量进行调蓄，供水工程系统完备，为水权交易提供基本保障；三是要体现公平、公正、公开的原则，尊重水权转让双方的意愿，以自愿为前提进行民主协商，充分考虑各方利益，并及时向社会公开水权转让的相关事项；四是坚持有偿转让和合理补偿相结合，水权转让双方主体平等，遵循市场交易的基本准则，合理确定双方的经济利益。因转让对第三方造成损失或影响的必须给予合理的经济补偿。探索包括水权交易的动力机制与定价机制、交易平台的运作方法、政府作用和市场机制的耦合机制等。交易水量挂牌出售，在水权交易初期，应当制定较高的最低保护价等政策，鼓励和保护用水户水权交易的积极性；五是要以市场为手段，以利益为导向，实现水权交易各相关方的均衡受益；六是尽快制定水权交易管理办法，鼓励引导区域间、用水户间的水权交易。

加强直管河湖采砂管理
服务流域水生态文明建设

——沂沭泗直管河湖采砂管理的实践探索与对策思考

水利部淮河水利委员会沂沭泗水利管理局副局长　阚善光

河湖采砂自20世纪90年代末特别是2000年以来，已成为社会的热点、媒体关注的焦点、河湖管理的难点问题。2005年11月28日，中央电视台《焦点访谈》栏目曾以“被蹂躏的大运河”为题，报道了中运河非法采砂的情况，从一个侧面反映出沂沭泗直管河湖也成为非法采砂的“多发区”，并引起各级对这一问题的高度关注。对此，沂沭泗局高度重视，采取多项措施，进一步强化采砂管理，结合直管河湖实际进行了有益探索。

一、采砂管理工作的实践探索

多年来，沂沭泗局通过科学规划，编制年度实施方案，严格许可审批，加强监督检查，推行精细化管理。积极探索“联合执法、综合管理”的管理模式，下大力气整治直管河湖采砂秩序，定期开展专项整治行动，严厉打击河湖非法采砂行为，经过坚持不懈的努力，直管河湖采砂管理秩序持续向好。

科学规划，完善制度，为规范管理提供制度保障。2004 年沂沭泗局组织编制《沂沭泗水系主要河湖、湖泊采砂规划报告》（以下简称《规划报告》），2011 年对《规划报告》进行了修改完善并上报。按照《规划报告》已初步划定的可采区组织编制采砂年度实施方案，按规定的程序实施采砂行政许可。2009 年沂沭泗局研究出台了《沂沭泗局直管河湖采砂管理办法》，直属各单位也结合各自实际细化了相关规定。

严格审查，公开透明，做好采砂许可受理和审查工作。根据《淮委实施水行政许可工作管理办法》的规定，直属相关单位分别成立了采砂管理领导小组和河湖采砂许可与监督管理工作小组，重大问题经过领导小组集体研究决定，在许可前将相关材料在办公区、办公网站及集中受理现场公示，依法进行听证，接受社会监督。为妥善处理群众涉砂信访，对每一件信访事项，都严格按照信访程序及时办理。

加强调研，转变观念，积极探索解决突出问题的新途径。借鉴河湖采砂先进管理经验，积极探索流域与行政区域“联合执法、综合管理”的模式，逐步建立流域机构主导、地方有关部门紧密配合的工作机制，努力构建流域与区域“思想统一、目标明确，责任共担、

利益共享”的工作格局。从2006年起不断加大对采砂管理的投入，配套了一批采砂管理设施设备，2011年起又对许可砂场实施远程监控推动采砂精细化管理。

严格执法，强化监管，严厉打击非法采砂行为。立足于“早发现、早处理”的原则，开展采砂管理执法巡查，力争将涉砂矛盾化解在基层、把问题消灭在萌芽状态。积极转变思路，加强纵、横向联合，局属单位之间开展内部联合，在省界开展联合执法，与相关地方人民政府初步建立了联合执法机制，相继组织开展了“闪电—2007”“曙光行动”“春雷行动”等大规模集中采砂专项整治行动行动，始终保持对非法采砂的高压严打态势，直管可采河道基本实现汛期“零采砂、零船只”，直管河湖采砂管理秩序基本可控。

二、采砂管理面临的严峻形势

虽然，沂沭泗直管河湖采砂管理取得了一定成效，采砂管理秩序持续向好，但由于种种不利因素的影响，监管难度依然很大，巩固治理成果的手段仍很脆弱，执法成本高的问题仍没很好的解决。

社会经济快速发展，对砂石需求仍不断增加。优质砂资源的存在和市场的巨量需求，决定沂沭泗直管河湖的采砂活动将长期存在。同时，由于河湖采砂具有高额利润，投入少，产出多，违法成本低，采砂逐渐成为一些“能人”迅速发家致富的“捷径”，巨额利润的驱使是非法采砂难以根除的要因之一，非法采砂对防洪工程、生态环境的不利影响已日益凸现。

管理体制不顺，重收费、轻管理的问题较为突出。《水法》规定国家实行河湖采砂许可制度，《矿产资源法》规定采砂要办理采矿许可证，多头管理导致管理体制不顺。加之，个别地方或部门利用行政手段越权组织、参与采砂活动，只收费不管理或以罚代管，将应上缴国库的采砂管理费强行划归地方财政；更有甚者参与非法采砂、介入砂场经营或买卖采砂许可证，替非法采砂提供保护伞。

采砂法规体系不健全，采砂规划缺失，导致监管困难。一些非法采砂者之所以敢于“明知故犯”，其重要原因就是按现有水法规的规定进行处罚，存在行政处罚不力、处罚太轻，难以起到惩戒和震慑的作用；依据《刑法》的规定追究非法采砂者的刑事责任，又存在对非法采砂价值鉴定、取证困难的问题，实践中难以操作；日常监管手段单一、专项治理成果难以长期巩固、非法采砂屡禁不止的局面仍将存在。缺少规划影响到年度实施方案的编制。

水行政执法能力不足，强制性不够，严重影响执法效果。由于河湖采砂点多线长，水上流动性大，水政监察队伍担负较为繁重的采砂管理、河湖清障、涉河建设项目监督检查、水资源管理和查处其他水事违法行为等任务，执法能力远不适应管理工作的需要。加之，河道主管机关对非法采砂缺乏必要的强制执行权力和手段，严重影响执法效果，实践中行政复议、行政诉讼不利风险不断增加。

涉砂信访频发，影响社会和谐稳定。个别沿河（湖）村镇违反国家法律法规将河滩私自出租或承包给采砂者，严重扰乱正常河道管理秩序，一些经过许可的砂场也时常逃避监管超范围、超量开采，

导致非法采砂屡禁不止。由此引起乡镇、村边界矛盾和涉砂信访、上访事件频发。直管河湖有些区域采砂已形成有势力的“能人”在前、个别公职人员在后、普通百姓谋生其中的复杂局面，已演变成群体性、社会性综合问题和隐患。

三、实现长效管理的对策思考

河湖采砂管理河道管理单位是一项长期，复杂而艰巨的工作，因涉及面广、管理难度大，应坚持“标本兼治，重在治本”的原则，多措并举，研究建立“责任明确，分工协作，利益共享，责任共担”的管理体制与运行机制。

建立健全河湖采砂管理法规体系。呼吁尽快出台《中华人民共和国河道采砂管理条例》等相关法规体系；同时，研究对非法采砂入刑或由“两高”出台司法解释，实现水法律法规与刑法的无缝对接，从根本上解决水法律法规强制性不够的问题。

督促尽快批复淮河流域河湖采砂规划。推动尽快批复《淮河流域河湖采砂规划报告》，目前，可以申请启动淮委直管河湖采砂专项勘探项目，开展河湖砂源的勘探、测量、评估以及直管河湖采砂规划等前期工作，对所辖区域的砂源储量和可采量、可采年限进行科学的技术分析与论证。

试行采砂可行性论证报告及采砂后评价制度。参照涉河工程建设防洪影响评价的做法，对开采砂场进行可行性论证，研究分析采砂对河段河势、河床演变及防洪、水生态、工程设施的影响，对采砂

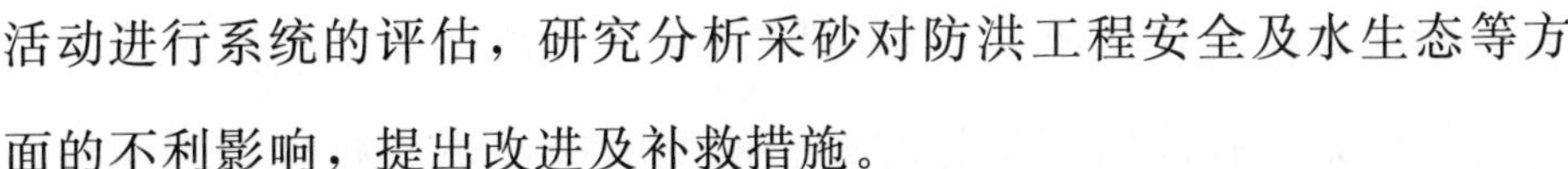

活动进行系统的评估，研究分析采砂对防洪工程安全及水生态等方面的不利影响，提出改进及补救措施。

积极推行更加科学合理的砂场出让方式。积极推行招标、拍卖方式等公平竞争的方式，让公共资源配置实行市场准入，打破某些“能人”的垄断，逐步实现对这一有限资源的合理有序的开发利用。同时，采用先进的设备技术手段强化监管，完善精细化管理相关内容；参照阶梯水价的思路，对超量采砂的予以加价收费；研究建立非法采砂“黑名单”制度。

探索建立采砂管理地方行政首长负责制。因直管河湖采砂管理有其特殊性，涉及地方政府及其相关部门，要克服“收费争先恐后，监管推诿扯皮”的现象，应研究建立采砂管理的责任体系，完善对非法采砂打击的联合执法机制，实行联席会议制度，明确各方责权，消除采砂管理中的各种阻力，实现集中打击、综合整治和长效管理相结合。同时，进一步推进管理单位“四专”建设。

建立健全采砂规避滋生腐败风险防控机制。研究建立“采砂管理风险防控机制”，健全采砂管理工作保障机制、采砂管理责任追究等管理制度。对采砂管理任务完成较好，治理效果明显的应予以奖励；对开“人情砂场”“关系砂场”，或工作不力，监管不到位，非法采砂严重影响工程安全的进行责任追究。定期开展采砂费收支审计工作，严格规范采砂管理费的使用、收取和缴存。

采砂管理工作是一项十分重要、非常复杂、极其敏感的长期性工作，是河湖管理的重要内容。充分认识采砂管理工作面临的新形

势、新问题，准确把握采砂管理的新要求、新任务，拿出解决问题的对策措施，有计划有步骤的逐一研究解决，切实履行好国家赋予流域管理的各项职责，努力实现直管河湖采砂管理的规范化，为维护河湖的健康生命与生态文明建设做贡献。

加强流域机构能力建设 推进流域综合管理

水利部淮河水利委员会副总工程师　储德义

由于水资源具有流域性、循环性、稀缺性和不可替代性，推进以流域为单元的综合管理，强化流域机构在流域规划、防洪和水资源统一调度、河湖管理、‘三条红线’控制指标考核评估、流域水行政综合执法等方面的职能，是贯彻落实十八届三中全会和《水利部关于深化水利改革的指导意见》精神，推进水利改革的重要任务之一。针对在流域综合管理改革中如何加强流域机构能力建设谈一谈个人看法。

一、淮河流域管理的经验启示

中华人民共和国成立后，中央人民政府于1950年批准成立治淮

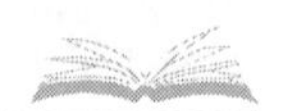

委员会，对治淮工作实行统一领导和管理；1958 年经中央书记处批准，治淮委员会撤销；1971 年国务院成立治淮规划小组办公室，1977 年在治淮规划小组办公室的基础上，恢复组建治淮委员会，1990 年治淮委员会改名水利部淮河水利委员会（以下简称“淮委”）至今。

淮委作为流域管理机构，曾经历高度集中管理、撤销、重新组建的历史沿革，探究其中复杂的历史、社会背景，可以得到以下启示：一是流域与区域管理相结合的管理体制符合我国国情。流域管理是由水的自然属性决定的，没有流域机构统一协调的流域管理，水利建设与管理难以达到预期的效果。实践证明流域与区域管理相结合的管理体制能够更大程度地发挥水管理的功能，更有效地治水害、兴水利。二是统一的流域规划是流域管理的基本任务。新中国治淮 60 多年来，在党中央、国务院领导下，按照“蓄泄兼筹”治淮方针，多次编制淮河流域规划，科学指导不同时期的治淮工作，为推进流域管理和治淮建设奠定了坚实基础。三是行政区域管理与流域管理相辅相成。20 世纪 50 年代，淮河的流域管理便注重调动区域管理的积极性，像开挖五河泊岗引河、颍河整治、淮河中游干支流复堤、导沭导沂工程等许多重大治淮工程和中小工程，均由地方政府组织实施；淮委组织实施的大型工程、控制性工程，也得到地方政府的有力支持和配合。四是协调、指导和监督是流域机构的基本工作方法。按照我国行政分级管理的原则，地方各级政府及部门能够实施管理的事务都可由地方管理；地方实施管理有困难、存在缺

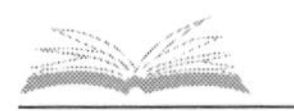

失、需要中央政府协调的事务，应该由流域机构或国家水行政主管部门管理。流域机构与地方省市水行政主管部门不存在隶属关系，主要采用协调、指导和监督等方法对整个流域水事活动进行管理。五是流域管理机构应对重要水事矛盾敏感区域实施直接管理。历史上沂沭泗水系省际水事矛盾多发，严重影响了水利建设以及区域的和谐稳定。1981 年国务院批准成立沂沭泗水利工程管理局（现更名为沂沭泗水利管理局），对主要河道、湖泊和枢纽实行统一管理和统一调度。30 多年实践表明，流域机构必要的直接管理可有效缓解敏感地区的水事矛盾，维护了稳定，保障了发展。

二、流域机构能力建设亟待加强

尽管《中华人民共和国水法》（2002 年修订）从法律层面上确立了流域机构管理地位，但其仍然面临下述问题，能力建设亟待加强。

流域机构职责不清晰。《水法》（2002 年修订）在涉及流域管理机构与地方政府及其水行政主管部门管理关系的法律条文，多是“会同”“和”“或”，流域机构宏观管理和必需的一些微观管理职能不够清晰，导致管理错位、重叠和缺失。因地方行政管理具有事实上的管理权和调度权，流域统一规划、调度在实际执行中经常遇到困难，削弱了对区域管理的指导和调控作用。此外，流域机构作为水利部的派出机构，在协调流域管理涉及的国土、环境、住建、交通、农林渔业等多个部门时，普遍缺乏切实可行的协调机制，工作难免处于被动地位。

流域机构缺乏法律的有效保障。借鉴世界各地的流域管理成功经验，各类流域管理模式都有相对应的流域管理法律体系。而我国至今还没有一部流域管理法律。2002年《中华人民共和国水法》修订后，与流域管理有关的配套法律文件制定工作迟缓，使流域机构在管理实践中得不到法律的有效保障，且现行法律法规执行也存在一些问题。如国务院、水利部明确规定直管河湖段取水许可管理由流域机构实施，但个别地方从本区域利益出发，制定地方法规和制度实行地方管理，造成无序取水和水事矛盾。

流域机构统一管理能力仍然较弱。第一，流域机构的权威性不够，协调难度大。防洪、水资源、河湖水域及水利工程等方面的管理常涉及局部利益的调整，而流域机构作为水利部的事业单位，难以与各省政府及其相关部门协调问题，往往与水利厅协调达成一些共识后，因省政府及其相关部门异议，不得不由水利部、国务院及相关部门再协调，降低了行政效率。第二，监督管理能力比较弱。近几年各流域机构作了大量的能力建设工作，但在水资源配置、水生态和水环境保护等方面的监管仍显不足。第三，缺少对违反流域统一管理行为的处罚权力。有关法律法规对流域机构在涉水事务处置时缺乏必要的处罚授权，或授权不明确，使流域机构难以有效行使流域管理的职责。

三、加强流域机构能力建设，推进流域综合管理

《水利部关于深化水利改革的指导意见》中明确指出，要“健全

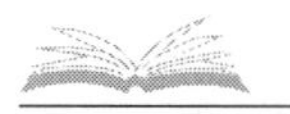

流域综合管理体制、机制，推进以流域为单元的综合管理，强化流域机构在流域规划管理、防洪和水资源统一调度、河湖管理、‘三条红线’控制指标考核评估、流域综合执法等方面的职能”，应当从以下几方面为抓手推进工作。

（一）尽快推进流域立法

应当尽快出台专门规范流域管理的法律法规。流域立法应当在进一步明确流域管理的目标、原则以及流域管理的任务基础上，创新体制、机制，理顺流域和行政区域（中央和地方）及各部门之间在洪水管理、水资源管理、水利工程管理等方面的事权划分，授予流域机构恰当的仲裁处罚权以及涉及水管理相关的调查、监测、预报预警、应急处置等职责和权力。流域机构是流域江河湖泊的代言人，代表全流域公共利益，监督、制止流域内涉水的违法行为，使流域各方享受公平的权利和义务。

（二）提升流域机构级别，拓展管理职能

参照国外流域管理的成功经验，建议成立类似于三峡、南水北调工程建设委员会那样的流域管理委员会，现有的流域机构既是水利部的派出机构，也作为流域管理委员会的办公室，接受国务院有关部委的业务指导，级别宜恢复到 1970 年淮委重新组建时的水平。这将有利于协调形成统一的治理规划和目标；有利于流域机构与省政府及涉水相关部门沟通顺畅；有利于管理体制与机制上的协调；

有利于水事矛盾解决和水事纠纷调处；有利于涉水事务全方位的流域执法与监督；有利于提高流域管理效率，减少行政管理成本。

（三）加强流域机构自身建设

流域管理能力建设主要包括下面几个内容：一是提高规划制定者的自身素质，更加注重流域发展规划的公平性和规划的科学性。二是建立和完善流域水资源监测站点和监测系统，以防洪、除涝、抗旱、水资源管理等实际需要，补充、调整、完善各类监测站网。三是加强流域水政执法基础设施建设、流域水政执法队伍建设和制度建设，提高水政执法的专业化水平。四是加强水旱灾害和突发事件的预测预警能力建设，编制应急预案，提高应急专业化水平。五是加强科学研究支持系统建设，开展与流域管理相关的科技和制度研究，建立健全科技和制度创新体系，加速培养高素质人才队伍。六是加强流域层面参与机制和自我管理组织建设，从国家层面完善法律制度、保护社团权益。七是建成集防洪、除涝、抗旱、水资源管理等多位一体的流域综合管理平台。

（四）完善信息公开和公众参与机制

一方面，要大力加强流域防汛抗旱指挥系统、水资源监测系统、水污染监测系统和水土保持监测系统建设，以现有流域信息网络为基础，全方位构建流域水利信息系统。另一方面，可由流域管理机构牵头，从信息的搜集、整理、分析与评价、信息的公告等方面入手，整合水利、环保等系统监测资源，建立流域水资源监测站网，统一监测与评价方法，统一发布水资源信息，提高信息资源利用水平。

加快建立流域管理中的公众参与机制，增加透明度，使公众获得流域规划、水资源状况、重大项目进展等必要的信息；在流域规划或政策的制定过程中，征求公众的意见；建立一套引导和激励群众积极主动地参与水资源节约、保护的制度，培养企业、用水户及利益相关者参与水资源管理的意识；在各种涉水行政审批程序中设置公告和公众参与环节；推动环境公益诉讼。

经验做法

浙江省景宁县：山塘产权证变“活钱”

谢根能　郑盈盈　毛红芬　叶兴炎

2014年7月10日，浙江省景宁畲族自治县澄照乡三石村天堂湖山塘人头攒动。映着粼粼的波光，村主任陈后青从副县长郑建强手中接过了农村山塘产权证——天堂湖山塘产权证。随后，三石村经济合作社法定代表人刘承勇以天堂湖山塘产权证为抵押，与景宁县农信联社签订《流动资金最高额抵押借款合同》，完成农村小微型水利工程抵押贷款，获贷100万元！

据悉，景宁县信用社计划2014年完成水利工程贷款500万元。3个月来，继天堂湖山塘获贷百万后，景宁又颁发了12本农村水利工程产权证，且又有3笔贷款达成意向。借着新一轮改革的春风，农村水利工程产权制度改革在浙江景宁率先破茧，试水先行。

借“试点”东风

景宁县是浙江省唯一的少数民族县，也是全国唯一的畲族自治县。这个只有十多万人口的小城，因其独特的体制优势，成为一片改革创新的热土。

2014 年中央一号文件吹响了新一轮农村改革的号角，景宁同时成为“全国农村产权制度改革试点县”和“全国农村金融创新改革试点县”。

面对“试点”机遇，当地党委、政府深思熟虑：“农村产权制度改革的首要目的是破解农村融资难题，发展农村经济。两项改革应当统筹部署，联合推进。”景宁成立了农村产权制度改革暨金融服务创新工作领导小组，确定了试点镇、村，联合推进两项改革试点工作。

然而，面广量大、情况复杂的水利工程并没有列入景宁县农村产权制度改革的最初目录。景宁县副县长郑建强认为，景宁作为“中国农村水电之乡”，水资源丰富，农村水利工程众多，这些水利工程就是“沉睡”在这个欠发达山区县的宝贵资产，它们应当参与改革，服务“三农”。

经过当地水利部门的积极争取，2014 年 6 月 30 日，《景宁畲族自治县农村水利工程产权制度改革实施方案》出炉，“农村水利工程产权证”成为继“股权证”“土地承包经营权（流转）证”“林地承包权（流转）证”“集体土地使用权证”“房产证”之后，当地农村产权制度改革任务的“六证”之一。

从“天堂湖”起步

景宁农村水利工程产权制度改革从三石村天堂湖山塘起步，是偶然，也是必然。

澄照乡三石村共有1800多人口，人均收入达8000多元，年均村集体收入约160万元。小水电是该村集体经济的主要来源，茶叶是该村的支柱产业，建设“景宁城郊第一村”，则是三石人的奋斗目标。

2014年6月，因为急需修复水毁水利工程，村主任陈后青找到了乡政府。听说可以用水利工程“确权贷款”，先修复水毁设施，再等上级补助之后，陈后青想到了村里的天堂湖。天堂湖山塘是20世纪60年代村民投工投劳建成的，2013年7月刚刚完成山塘整治。这个库容不到5万立方米的屋顶山塘，是村里3000多亩茶叶的灌溉水源，陈后青认为确权贷款肯定能得到村民的同意。

然而，确权过程并不像陈后青想的那样一帆风顺。三石村共有16个村民小组，而当年投工投劳兴建天堂湖山塘只有石灰炉、樟树湾和小余山3个小组。将3个小组兴建的山塘确权给整个村，这3个小组的村民心里肯定不平衡。

镇里多次召开小组协调会，最终由村里与3个村民小组签订协议，约定同意确权给村，但3个小组有优先收益权。之后，村里以最快的速度召开了村民代表大会，在征得村民同意和乡镇同意后，

最先向当地水利局提出了确权申请。

景宁县水利局农水站站长毛红芬告诉笔者："我们按照'谁投资、谁受益、谁所有'的原则，制定了完善的确权流程。县水利局根据申请材料是否完整来确定是否受理，受理后组织人员对水利工程实际情况进行审核，然后将符合工程确权条件的、审核通过的农村水利工程的确权信息交由乡镇（街道）进行公示。最后，由县水利局对水利工程确权进行存档并向产权所有者颁发产权证书。"

一步步走完流程，三石村终于拿到了山塘产权证。这本蓝皮的农村水利工程产权证明确"天堂湖山塘产权权利人为三石村村民委员会"。

"并不是所有的水利工程都能确权，也不是所有已经确权的水利工程都能贷款。"景宁县水利局副局长梅荣柱直言，"面广量大的农村水利工程大多建于20世纪五六十年代，投资形式多样，情况相当复杂。景宁的改革没有'一刀切'，而是'先易后难'，将已建设并投入使用的由乡镇（街道）及以下所有和管理的农村小型水利工程列入改革范畴。天堂湖山塘能先走一步，一是当年山塘投资兴建情况相对清晰，二是该村村集体经济相对较强，再有是该村有一个相对团结的村班子。"

变"资产"为"资本"

"我们申请确权的目的就是为了贷款。"三石村村主任陈后青告诉笔者，“除了急需资金修复水毁工程，茶叶市场建设也还有50万元的缺口。”

那么，如何评估资产价值？如何确定贷款金额？如何规避贷款风险？一系列新问题摆在了当地金融机构面前。

“农村水利工程贷款，我们是第一个吃螃蟹的金融机构，之所以能大胆迈出第一步，得益于农村金融创新改革试点的机遇。”景宁信用社理事长陈小玲同时坦言，“作为‘农’字头的金融机构，金融支农责无旁贷。然而，信用社也是企业，企业要讲求效益，我们在贷款时最关心抵押物的流转和变现问题。事实上，水利工程存在着流转和变现的难题，我们主要考虑的是借款主体的预期收入、借款用途以及能还款的来源和期望。以天堂湖山塘为例，三石村的村集体年均收入约160万元，山塘整治一次性投入200多万元，景宁水利电力勘测设计所对天堂湖山塘资产评估价值为217.6万元。而且贷款的主要用途是水利工程和茶叶市场建设，这些项目将来都有可能争取到政府补助，我们对这样的贷款相对是放心的。”

景宁信用社参考该县的林地、土地等贷款制度，专门制定了《水利工程信贷管理办法》。依据此办法，景宁县农村信用联社鹤溪信用社与三石村经济合作社签订了贷款合同，合同约定，抵押人为三石村委，贷款金额为100万元，贷款期限为3年，贷款利息为基准利率，其中政府贴息50%，贷款在最高额度内可随借随还，循环使用。

景宁县水利局局长毛南荣说：“我们鼓励水利贷款尽量用在水利

建设上，为此我们要求所有用在水利上的贷款资金必须经过水利部门备案，将来才有可能获得水利部门补助。我们还鼓励水域开发利用，提高水域流转和变现能力，力争2014年农村水域开发利用率达到40%以上，2015年则要达到50%以上。”

解燃眉之“急”

三石村天堂湖山塘获贷的100万元，目前已经全部到了三石村的账户。村里利用这笔钱，花20多万元修复了3条水毁渠道，又花10万元修复了小翁边自然村的防洪堤，还花了七八万元用于“五水共治”的河道清理。剩下的钱，主要用于村里茶叶市场的建设。

陈后青告诉笔者，三石村山多地少，土地资源十分宝贵，而另一方面，三石村又是个移民村，水库移民人口占全村总人口的1/3。如果不及时修复移民群众的水毁设施，很容易引发矛盾。但是走正常的水利项目申报程序，至少要等一年到一年半，就算是快一点的水毁工程修复，资金到村里至少也要等半年以上。“现在用水利工程贷款来的钱，先把水利工程干起来，再去水利局备案等补助，真是解了村里的燃眉之急。”

同样受益的还有景宁县沙湾镇旺水村。在这个隐藏在大山深处的小山村里，全村998人的饮用水就依赖村里的大降湖山塘。然而村民吃水用的这个“大水缸”，后方却是大片农田，老百姓的饮用水安全面临着农药、化肥污染的威胁。村主任吴其水一次次赶到镇政府，希望镇里能够支持在大降湖山塘四周修建一个截水沟，预算近

10 万元。

面对村民的请求，分管副镇长陈孟嘉百般无奈："这项目，目前既搭不上'饮水安全'项目的边，又不能放到'山塘整治'的筐里。"可是老百姓的健康等不起。正在大家束手无策之时，旺水村所在的沙湾镇被列为农村水利工程产权制度改革试点镇。改革试点给万水村送来了"及时稻草"。经过镇里的协调帮助，旺水村马上行动。目前，该村已经拿到了大降湖山塘产权证，并与信用社达成了10 万元贷款意向。

尽管钱还没下来，但是村民已经趁着晴好天气，先把工程干起来了。就在笔者去村里采访的那一天，村里的老百姓正在热火朝天地干活。一位参加过当年大降湖山塘建设的老村民告诉笔者："好像又回到当年修建山塘的时候。"

沙湾镇副镇长陈孟嘉说，目前镇里已经颁出了 10 本农村水利工程产权证，还有两个村都已经与信用社达成了贷款意向。

"牵一发而动全身"

在沙湾镇林斜村，村里 2013 年建了 200 亩茶叶基地，可刚建起来就遭遇了罕见的高温干旱天气。村里急着建设一个微喷灌工程，确保茶叶丰收。目前村里的积极性很高，正和信用社商量贷款事宜。

陈孟嘉认为，农村水利工程产权制度改革最重要的作用是调动了农民的积极性，变"要我干水利工程"为"我要干水利工程"，在政策处理上实现"零处理""少处理"，加快了农村水利工程建设进

度。在建设过程中，村民自觉投工投劳，也保证了工程的质量。

县水利局局长毛南荣则认为，通过水利工程确权贷款，实现了农村小微型水利项目“先建后补”，把水利工程的建设基本程序倒置过来，摆脱了一系列弊端。先建后补，想干的事情马上就能干成，避免了很多申报积极性高的项目到最后不能“落地”的尴尬情境。

说起农村水利工程产权制度改革的意义，在景宁县副县长郑建强看来，是“牵一发而动全身”。他说：“水利产权制度改革按照‘谁投资、谁受益、谁管理’的原则，明确了责任主体，破除了政府大包大揽的恶性循环。”

毛南荣表示：“我们将积极探索，把河道管理等纳入水利工程产权制度改革范畴。把河段经营权通过承包的形式出让给经营者，用于发展特色养殖等实体经济，壮大农村集体经济，增加农民收入。同时把责任落实给经营者，由经营者对河段进行管理，实现‘以水养水’。”

让民生工程长久惠民

——山东省探索农村饮水工程管理体制机制纪实

赵 新 刘吉贵 孙国臣

农村饮水安全是最大的民生工程。近年来，山东省在不断加快农村饮水工程建设的同时，围绕破解农村饮水工程“管理最后一公里”难题，强化顶层设计，拓宽投资渠道，完善管护机制，确保饮水安全工程良性运行和群众长期受益。

定规矩，做到有法可依有章可循

“农村饮水工程，让老百姓长期受益，建好是前提，管好是关键。近年来，结合开展农村水利管理提升年活动，我们着力在健全完善工程管理机制上下功夫，求实效。”山东省水利厅厅长王艺华说。

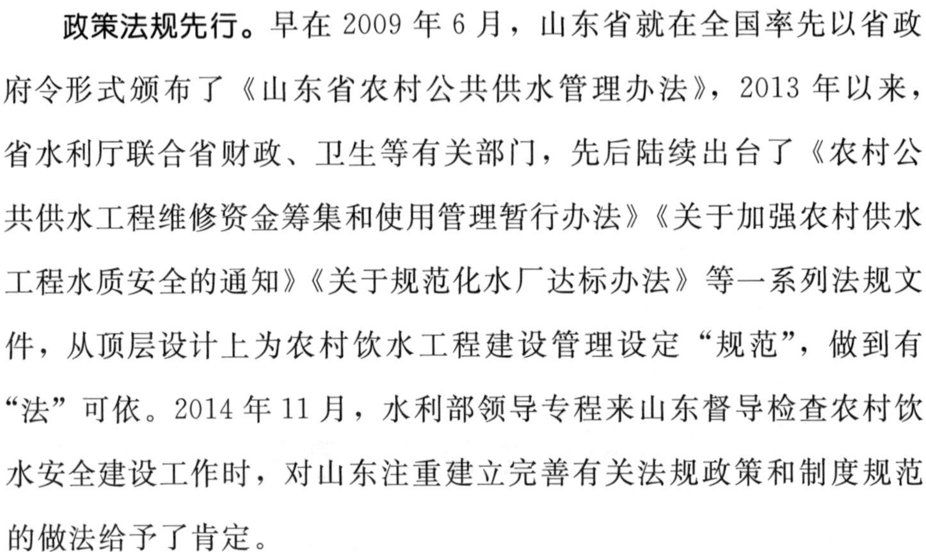

政策法规先行。早在2009年6月，山东省就在全国率先以省政府令形式颁布了《山东省农村公共供水管理办法》，2013年以来，省水利厅联合省财政、卫生等有关部门，先后陆续出台了《农村公共供水工程维修资金筹集和使用管理暂行办法》《关于加强农村供水工程水质安全的通知》《关于规范化水厂达标办法》等一系列法规文件，从顶层设计上为农村饮水工程建设管理设定“规范”，做到有“法”可依。2014年11月，水利部领导专程来山东督导检查农村饮水安全建设工作时，对山东注重建立完善有关法规政策和制度规范的做法给予了肯定。

创新体制机制。“农村饮水工程必须与新农村和小城镇建设结合，统筹城乡，科学布局，规模发展，做到管建统筹，未建工程，先建机制。”山东省水利厅副厅长曹金萍介绍说，按照山东确定的农村饮水工程建设的这一基本思路，各地打破城乡分割，大力推广规模化发展模式，凡是城市自来水能辐射到的农村，不再单独建设供水工程，主要通过城市供水管网延伸解决；新建农村供水工程充分考虑和城市自来水工程衔接，从而为建立完善农村供水工程管护机制提供了基础条件。

地处山东半岛中部的潍坊市，按照“建管并重、保障长效运行”的原则，积极推进各项规章制度建设，不断完善农村饮水工程建管政策和保障措施，为农村饮水安全建设的顺利开展和工程长效运行提供了政策支撑。潍坊市政府于2010年7月在全省率先出台《潍坊市农村公共供水管理办法》，2012年、2013年又连续制定印发《关于加强农村饮水安全工作的意见》《关于健全农村饮水安全工作体制机制的意见》《关于加快水利公共服务体系建设的意见》《关于做好小型农村饮水工程长效运行保障工作的通知》《关于加强基层水利服务体系建设的实施意见》《实施农村饮水安全工程水质检测方案》《潍坊市农村饮水安全工作验收办法》等8个文件，对健全农村饮水安全工程运营、服务、监管体系，完善管理体制、机制提出明确要求。

“到2013年底，全市规模化集中供水工程达到70处，其中，千吨万人以上规模化集中供水工程50处，全市农村规模化集中供水人口覆盖率由2011年底的45%提高到94.6%。”潍坊市水利局副局长王元昆介绍。

开财源，做到有钱办事稳定渠道

业内人士知道，资金匮乏是水利工程建设的最大短板，而工程运行管护资金缺乏，更是个“老大难”。农村饮水工程也不例外。

针对农村饮水安全工程管护维修资金无规范渠道的现状，山东省水利厅积极争取省财政等部门的支持，2014年出台了《山东省农村公共供水工程维修资金筹集和使用管理暂行办法》，明确农村饮水安全工程维修资金主要由水费计提和财政资金两部分构成，水费计提按农村供水水费收入的10%提取维修资金，财政按照1∶1的比例配套，明确了维修资金的使用范围和管理办法。各供水企业在财政部门建立专户，专账储存，专款专用，工程维护有了稳定的经费来

源渠道。

潍坊昌邑市昌南水厂建设于2013年，是采用BOT模式建设的，由明河水业供水有限公司运营管理，从2013年开始，昌邑市积极落实公共供水维修资金管理办法，从水厂的水费收入中提取10%，财政按照1∶1的比例配套，建立专户，专款专用，共积累工程维修专项资金140.2万元，2014年明河水业就利用维修资金对部分老旧支管网进行维修改造，提高供水保证率，尝到了专项资金的甜头。

德州市也出台了农村供水工程维修基金管理使用办法等制度，制定了农村供水工程应急预案。按照生活用水“保本微利”的原则，组织专业技术人员对供水成本进行测算，明确供水成本、运行成本，水费收取率，然后根据不同用途定价，生活饮用水按“保本微利”的原则核算，生产及经营用水按成本加合理利润的原则核定。该市水利部门还联合发改、财政、国土、税务等部门出台了电价、土地、税收三项优惠政策，降低供水成本，维护群众利益。同时全市所辖各县市区对农村供水价格还制定了最高限价，确保农村水价低于城市水价，减轻了群众负担。

管长远，做到有人理事优质服务

建设农村饮水工程，说到底是为广大人民群众提供便捷高效优质的供水服务，而提供这种社会公共服务，理应是地方各级政府的职责所在。

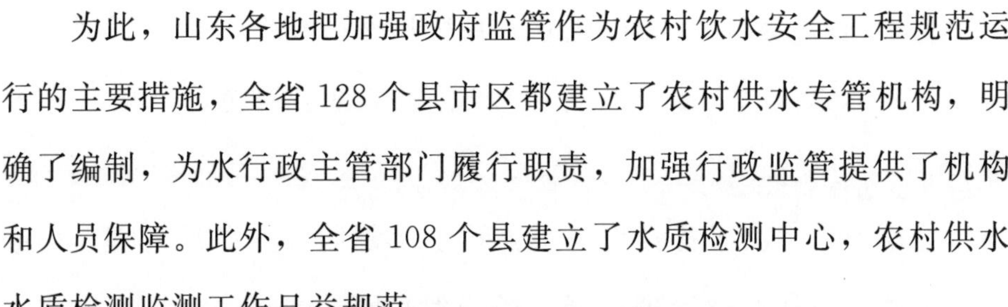

为此，山东各地把加强政府监管作为农村饮水安全工程规范运行的主要措施，全省128个县市区都建立了农村供水专管机构，明确了编制，为水行政主管部门履行职责，加强行政监管提供了机构和人员保障。此外，全省108个县建立了水质检测中心，农村供水水质检测监测工作日益规范。

2014年，山东省又出台了农村饮水工程管理“绩效考核”办法，制定具体的奖惩措施。在完善考核奖惩制度的同时，还创新实行农村饮水工程管护第三方评估制度。“农村饮水工程建得怎么样，运行情况好不好，群众满意不满意，不仅仅是政府有关部门说了算，通过实行第三方评估，增加了公信力和透明度。”山东省水利科学研究院农水所所长吕宁江说。

探索多种管护模式。山东推广公司化运作、协会管理、多方（公司＋乡镇水利站＋村水管员）协作管理、公司托管等多种模式。对城乡一体化的供水工程，由城市自来水公司统一管理；供水公司直接管理模式，是由公司直接管到村庄、用水户，如潍坊安丘市华安供水有限公司，直接管理到村庄、用户，减少中间环节，降低供水成本，减轻农村群众负担，提高了工作效率，群众反映效果很好。此外，“供水公司＋乡镇水利管理机构＋村水管员”模式，如潍坊市寒亭区采取供水公司将处理好的水卖给乡镇水利站，乡镇水利站负责管理所辖村庄的供水，每个村设一名村水管员，具体负责村内管理和维护，层层落实责任，出现问题能够及时解决。还有，对单村供水工程和小型联村工程，确定了专业公司代管模式，或者成立供

水协会管理。目前，潍坊市成立了县级供水公司7家，以工程为单位成立供水公司27家，农村供水管理实现了规范、高效、良性运营。

在德州市，由于各县自来水公司统一划归县水务局管理，理顺了管理体制。他们像管理电网一样管理水网，把每一个村庄当作一个社区、把每一个农户当作一个居民点，做到从水源头管到水龙头管理“一条龙”，实现了“农村供水城市化、城乡供水一体化”。到2013年底，德州全市建成平原水库5座，新建改造水厂6处，铺设干支管道34081公里，城乡供水一体化率由38％提高到93％，530万城乡居民喝上了“同源、同网、同质”的安全水，成为全国第一个整建制实现城乡供水一体化的地级市。

强化社会监管，畅通民意渠道。2013年以来，结合开展群众路线教育活动，山东省水利厅借助大众网、山东广播电视台、大众日报、山东水利网等社会媒体和门户网站，开通专栏或热线电话，畅通社会监管渠道，广泛征集群众诉求，厅农水处工作人员还建立了联系基层单位制度。

德州市宁津县在全省率先成立了6支供水“110”维修服务队，配备工作人员26人，皮卡车6辆、送水车2辆。老百姓家中自来水发生问题，只需要拨打一个电话，维修服务队30分钟内就能到达现场，小问题15分钟内解决。村外主管道出现破裂、施工损坏等严重问题，最长半天内就能解决，让老百姓切实得到了快捷周到的服务。德州陵县正式开通水利服务热线电话0534—8677116，由1个总服务中心，4个中枢，2支服务队及村水管员组成，集中受理群众反映的各类涉水问题，在电视台黄金时间进行广泛宣传。自2013年10月陵县116热线开通以来，共受理群众反映问题41件。

在潍坊市水利局农村供水管理办公室主任张国友的办公室里，他向记者展示了摆放在档案柜上的用户意见处理单和转办情况记录表。他介绍，2013年饮水安全热线电话开通以来，市局供水办共收到县区群众来电64次，全部受理，并实行电话“回访”，了解用户问题处理解决结果及群众的满意度。记者发现，用户意见处理单上注明了来话者姓名、联系方式和具体时间，反映问题的主要内容，供水办初步意见、领导批示等项目，在转办情况记录表上，则写明了接话时间、承办人、承办单位意见、调度落实情况、处理结果、办结时间、群众反映等项目。目前，潍坊市全面建立了“水利116”服务体系，成立了13个县级“水利116”服务指挥中心，全市成立了65个专业维修队，9325个村都设立了村水管员，以农村供水设施运行管理服务为核心，逐步建立起县级水行政主管部门为中枢，以水利服务专业队或工程运营单位为主体，以村水管员为补充的市县乡村四级联动、职能明确、服务到位、运转高效、保障有力的农村供水服务网络体系基本建成。

完善应急响应机制，运用信息化技术，实现管理手段升级。德州市建立农村饮水工程信息化管理系统，农村饮水安全信息调度中心与千吨万人以上供水工程联网，实现工程运行自动化、数据采集

信息化、工程监管智能化；建立水质检测中心，配备专业检测人员，检测能力达到GB 5749—2006中的42项常规指标要求；该市还制定了《实施农村饮水安全工程水质检测方案》，建立了常态化的水质检测机制，做到了水厂日检测、县级水行政主管部门月抽检、市水行政主管部门季抽检的水利行业内部检测常态化。

从“一枝独秀”到“百花齐放”

——陕西省多元化融资推动水利发展纪实

王辛石　汤少林

逆水行舟，一篙不可放缓。

滴水穿石，一滴不可弃滞。

2010年以来，陕西省着力改革水利投融资体制，通过财政主导和金融贷款、民间投资等“八方引资”的方式，做大水利建设投融资蛋糕，水利投资聚合效应凸显。到2013年，陕西省水利建设投资达到224亿元，创历史最高水平，而其中信贷资金10亿元，民间投资26.8亿元，占到了水利投资的接近20%。水利投资从单一政府渠道到多元化结构，为水利发展注入了强劲动力，使陕西水利步入了持续快速发展轨道。十大水利工程陆续开工，民生水利蓬勃发展，一个纵跨南北、横贯东西、覆盖全省、支撑陕西可持续发展的现代

水利格局初具规模，成为了陕西经济社会发展的最重要支撑力量。

这其中，多元化投资体制的形成与作用发挥功不可没。

海纳百川　整合资源拓渠道

海纳百川，有容乃大。

2014年，陕西成功启动实施了陕西省水利系统首个亚行技术援助项目——陕西省渭河流域管理模式研究，首次利用外资研究探索渭河流域可持续发展的新模式。

而从20世纪80年代开始，陕西已经开展了水土保持、城乡供水、灌区改造等领域的多边、双边援助项目及外国政府贷款等外资、外援项目，与多个国家部门和国际机构建立了深厚的友谊，累计引进外资达20多亿元。其中，“陕西省城镇供水日元贷款项目”在绩效评估中被财政部评定为优；“陕西水土保持世行贷款项目”被世界银行誉为全球农业项目的旗帜工程；“联合国儿童基金会供水与环境卫生援建项目”连续执行了5期。

“陕西在中欧流域管理项目、水土保持领域利用外资上做出了突出成绩，在水利利用外资上重视生态、水土保持，省级重大工程引智聚力项目的做法与国际金融组织贷款投向地区发展方向吻合，是全国水利系统利用外资的典范。”水利部外资办主任于兴军说。

在破解水利建设资金瓶颈过程中，陕西通过加大宣传力度、强化财政管理、收费直接入库、实行专户储存管理、建立激励机制等措施，使以水利建设基金、水资源费和煤油气资源开采水土流失补偿费征收等为主的水利建设筹资得到充分保障。煤油气资源开采水土流失补偿费征收，开了全国此类工作先河。

2011 年，陕西仅省级水利建设投资就达 39 亿元，比前一年多 12.3 亿元。2012—2014 年，陕西省级水利建设投资逐年攀升。稳定、持续的投入，确保了工程建设有力有序推进。

根据 2011 年中央一号文件精神，陕西先后进行了土地出让金计提农田水利建设资金等相关政策的调研和前期工作，积极完善和落实公共财政投入政策。

在水利项目建设中，陕西省充分发挥政府主导作用，积极整合各方资金投入水利建设。2011 年以来，陕西从以工代赈、扶贫开发等财政项目资金中整合资金 7 亿多元，从小农水财政专项、产粮大县农资补贴、省级新增建设用地出让金等专项资金中整合资金近 20 亿元。

外资项目引进、“外资”项目整合已成为助推陕西水利事业发展的“助推剂”，不仅促进了陕西的水利建设，还向中外友好国家展示了陕西水利建设的积极成果，成为陕西水利和陕西对外的“窗口”。

搭建平台　金融资金走上前台

虽然 2011 年中央一号文件发布以来，陕西省加大了财政投资力度，但与陕西水利建设巨大的资金需求相比，投资仍显得杯水车薪。陕西省上下“八仙过海、各显神通”，努力弥补建设资金缺口。

2011 年年初，陕西省成立了具有独立法人资格的陕西省水务集

团公司，加强全省水利国有资产运营管理，为水利投融资搭建平台。在2011年4月召开的第十五届中国东西部合作与投资贸易洽谈会上，陕西省水务集团与国家开发银行陕西分行等6家金融机构签订了600亿元的金融合作意向，支持陕西的农灌设施改造、引汉济渭工程、东庄水库建设和渭河综合整治等重点水利工程建设项目。

根据2011年农业灌溉设施建设项目任务繁重的情况，陕西省水务集团不断创新贷款模式，与国家开发银行陕西分行合作开展贷款业务。2012年，国家开发银行陕西分行向陕西投放水利建设资金36亿元，其中作为债券承销商为陕西募集水利建设资金5.5亿元，支持了渭河流域综合治理、西安市辋川河引水李家河水库工程、陕西省农业灌溉设施项目等一大批重大水利项目建设。

2012年11月6日，陕西省农业灌溉设施建设项目启动仪式举行。该项目估算静态总投资55.74亿元，建设资金由政府投资和银行贷款两部分组成，其中计划利用国家开发银行贷款38亿元。

渭南市政府注资2.6亿元，成立了水务投资建设总公司，负责水利项目建设投融资事宜，为渭河综合整治顺利实施提供了资金保障。西安市水务集团公司利用土地质押金贷款，保证了李家河水库建设资金的足额到位……

目前，陕西13个市供水单位有7个亏损，84个县城供水单位有63个亏损。13个市级供水单位均资不抵债，县级供水负债超5亿元，维系自身经营都很困难，更谈不上对管网的升级改造。

据省水利厅和住建厅共同编制的《陕西省城镇供水2020年发展

规划》，供水总投资约需100多亿元。仅县城需55亿元，而当前中央和省里每年县城供水投资不足3亿元，国家投入只占总需求的15%，投入严重不足。除西安、榆林、延安三地市可为县城供水配套外，其余市县均没有能力配套，各县建设只能依托中央和省级投资，给多少建多少工程，实际建设和规划相差甚远。

把县城供水市场化，理顺体制机制，破除产权不清、责任不明、投资需求大、资金来源单一等问题，正是陕西水务集团通过借鉴外省成功经验所进行的一项改革。

2013年10月10日，陕西省水务集团与工商银行陕西省分行、中信银行西安分行、浦发银行西安分行签订县城供水金融合作协议，三家银行将为水务集团提供180亿元融资贷款，用于全省县城供水水源、水厂和管网建设、信息化改造等，以满足县城发展的用水需求，确保水源量足质优。

据省水务集团负责人介绍，目前陕西已经和20多个区县签订了合作协议，运用政府主导下的市场化供水模式，为陕西84个县城彻底破解县城供水难题。

牵手市场　社会资金青睐水利

在金融贷款有限的情况下，陕西充分发挥市场机制，推动社会资金与水利项目“联姻”，取得巨大成效。

陕南丰富的水资源，不仅为水电开发建设创造了条件，还吸引了众多民间资金进行水电建设。2011年、2012年，陕西省民间投资

小水电建设资金分别达到1.8亿元和5.7亿元，分别占陕西省当年水电投资的85.7%和73%。

总投资24.8亿元的咸阳亭口水库，是陕西“十二五”十大重点水利工程之一。咸阳市按照“政府控股、企业参与、市场运作”的原则，组建了陕西彬长煤田水务有限责任公司，吸引北京德源投资有限公司、陕西彬长矿业集团有限公司、大唐陕西发电有限公司等用水企业参与水库工程建设，4家用水企业作为股东单位均等出资，筹集工程资本金7.44亿元，化解了工程建设的“燃眉之急”。吃到了“大螃蟹”的咸阳市，在渭河综合整治中采用“企业投资建设，政府验收回购”的BT建设模式，吸引上市公司安徽水利股份有限公司融资6.65亿元开展渭河治理。

2012年2月，西安市政府出台《关于金融支持水利建设的指导意见》，鼓励通过信托贷款、信托股权投资、其他权益类投资和商会、重点企业等民间资本进入水利建设领域，通过参股、控股、BOT、TOT等多种方式参与水利建设。据了解，这是陕西省第一个出台金融支持水利建设指导意见的城市。

西安市在第一污水处理厂二期工程和第二污水处理厂二期工程建设中采用BT模式，引进成都某公司，共投入建设资金12.6亿元；通过土地储备平台，融资6亿元开展汉城湖水环境治理。渭南市与煤化工集团开展合作，融资4.8亿元启动实施了抽黄供水蒲城煤化工基地支线工程……

2011年，陕西某公司投入资金，开始建设三原县东沟水土保持示范园。累计投资5000余万元，按照新的生态建设理念，大力度投入，高标准建设，目前已建成生态旅游示范区、水保经果林示范区、水保林草生态修复示范区，形成了较为完善的水土流失防治体系，成为渭北“旱腰带”上水土保持生态建设的一颗耀眼“明珠”。公司每年吸纳400多名当地农民就近入园务工，增加了群众收入，带动了当地群众致富。

自1998年以来，陕西民间资本投入水保工程已达18亿元，相当于全省国家水土保持重点项目投资的1/10。在国家政策的引导下，陕西民间资本已经登上了水土保持工程建设的大舞台，逐渐成为治理水土流失的又一支生力军。

“用好市场的，调动社会的。这种资金筹措机制，使社会游资青睐水利建设，是陕西省探索出的一条多元化筹资进行水利建设的新路径，在陕西各地发挥了巨大的经济和社会效益。”陕西省水利厅厅长王锋说。

新疆玛纳斯县农户尝到了水权交易的甜头

年自力

“节水可以卖钱，卖的钱抵完水费还挣钱了，这在过去连想都不敢想的事情，今天让我们给碰上了，水权改革就是好啊。”这是2014年9月25日在新疆维吾尔自治区玛纳斯县水权交易中心兑现全年水权交易费用现场，领到交易费的农户马贵杰发自内心的感慨。马贵杰是玛纳斯县包家店镇塔西河六村村民，全家耕地面积10.32亩，核定水权水量4180立方米，全年实际用水量3179立方米，节约并出售水量1001立方米。水管单位水价0.077元/立方米，应缴水费244.78元，水权交易净收益300.60元，水权净收益折抵水费后，还结余55.82元。

2014年年初，新疆在昌吉州等地开展水权水价综合改革试点。昌吉州全面推进农业初始水权分配，每个县市确定1个乡镇或者村、灌区作为试点项目区，其中，玛纳斯县确定在塔西河灌区包家店镇塔西河六村、冬麦地村，乐土驿镇上庄子村、三个庄子村、乐源合作社共计5个项目区同时试点，试点面积共计6496.4亩。5个项目区以二轮土地承包面积为基准，已完成初始水权确权登记并向农户发放了水权证书，农户可通过水权交易中心，交易节约水量。

水权改革，让农户切实受益

目前，玛纳斯县5个试点项目区已累计向工业用水户转换80万立方米水权水量，完成水权交易总额36.96万元，平均亩交易额56.89元，实现水权净收益24万元，平均亩净收益37元。

包家店镇塔西河六村试点面积1368亩，涉及农户109户，560人，灌溉用水定额405立方米/亩，确权总水量553967立方米。项目区今年全部种植番茄，截至目前，实际用水量421289立方米，出售水权水量132679立方米，实现水权交易总额6.13万元，平均亩交易额44.8元，实现水权净收益3.98万元，平均亩净收益29.13元，户均水权交易增加净收入365.53元，人均水权交易增加净收入71元。塔西河六村实际应交水费3.27万元，出售水权净收益3.98万元，抵顶应交水费后还略有结余。

多管齐下，规范水权交易

玛纳斯县专门成立了水权改革领导小组，采取多种办法保障农户切身利益，确保水权交易的规范性和可持续性。

确定初始水权。玛纳斯县出台了《初始水权划分管理办法》，县

水权改革领导小组统一将全县水资源总量控制指标分解到乡镇、村，组织县国土、农业、水利等相关部门对二轮承包土地进行核查登记，并经农户签字确认，确定基准数据。玛纳斯县将二轮承包土地、牧民定居兴牧饲草料地、移民安置土地、村集体不超过10%的预留机动地作为初始水权确权对象，以县人民政府发布的农业综合灌溉定额为依据（对采用高效节水技术降低灌溉水量的，保持灌溉定额不变），由流域管理单位将水权划分到农民用水户协会，由协会细化水权到农户，并由水行政主管部门发放水权证书。

建立水市场。玛纳斯县完善了水权交易制度，制定了《初始水权交易管理办法》《塔西河流域水权交易实施方案》。一是搭建了水权交易平台，成立了塔西河流域水权交易中心，由塔西河流域管理处通过石门子水库建立“水银行”，设立水权交易信息化管理平台。二是做好组织引导，规范水权交易流程。依托基层组织、能人带动，以农民为主体提出书面申请，协会出面与交易中心协商，交易中心回购转换水量，通过“水银行”及输配水系统向企业供水。

建立水权流转激励机制。一是以条田、首部、用水小组等为节水单位，以水权交易中心为载体，协会为主体，完成水权转换预约、审查、交易、收益分配，农业灌溉定额内节余水量交易所得归水量出让方所有。二是建立公开、公平、透明、高效的水市场运行机制，坚持市场化运作，探索建立水银行调蓄、水权有偿流转机制，规定水权交易价格为正常水价的6倍，调动广大农民节水积极性。作为项目区水权转换主要对象的塔西河工业园区，供水主要依托石门子水库，供水水价 1.5 元/立方米。由于园区现有取水许可的水量不能满足企业正常的用水需求，不足用水量必须通过农业节水转换来解决。在利益的驱动下，逐步形成了农户节水，协会牵头，交易中心回购，企业买水，“水银行”调蓄，适时配水的市场化水权交易链条。

建立收益分配制度。水权交易中心制定节水回购价为现行水管单位水价的 6 倍，即 0.462 元 / 立方米，扣除水管单位水价后剩余 0.385 元 / 立方米，扣除 2%的水权交易中心交易费用（0.385×2%＝0.0077 元 / 立方米）、20%的农民用水者协会提留（0.385×20%＝0.077 元 / 立方米；20%比例中的 2%为协会的运行管理费用，18%为节水工程首部、条田等设备部分抢修、应急维护经费提留），农户最终净收益 0.3003 元 / 立方米。

目前，玛纳斯县通过水权交易改革，探索形成了归属清晰、权责明确、保护严格、流转顺畅的水权流转机制，使农户由单一的用水户变成了水权出让方，成为水市场交易的主体和受益者，水权交易激发了农户自主节水的积极性，变“要我节水”为“我要节水”，使节水成为一种自觉的经济行为，实现了用水户、水管单位、企业多赢的局面，三方各取所需，为可持续节水建立了一种长效机制。同时，水权交易还打通了水资源由农业向工业流转的通道，实现了水资源配置由低效转向高效，提高了用水效率和效益。这一探索为新疆维吾尔自治区推进资源领域市场化改革进行了有益尝试，提供了可资借鉴的经验。

山西：以“两权”改革为切入点 扎实推进水利改革

吴勇峰 李 伟 张闻笛

20 世纪 80 年代以前，农村小型水利工程均为村集体所有、集体使用、集体管理。随着农村土地经营体制的转变，出现了土地承包到户后农村公共水利设施管理缺失、工程老化失修的问题。为此，从 90 年代后期开始，山西省实施了农村小型水利工程产权制度改革，鼓励通过拍卖、租赁、承包等方式，确定工程的所有人和管理者。这一改革确实改变了农村水利工程无人管、老化失修的状况，取得了较好的成效，但随之也出现了农村用水价格大幅攀升的现象。农村饮用水价格最高达到每立方米 5 元，个别经济条件差的村民因用不起水而重新饮用不达标的河塘水；部分县区的灌溉用水最高曾达到每立方米 3 元左右，导致农业灌溉出现了“浇经济作物、不浇

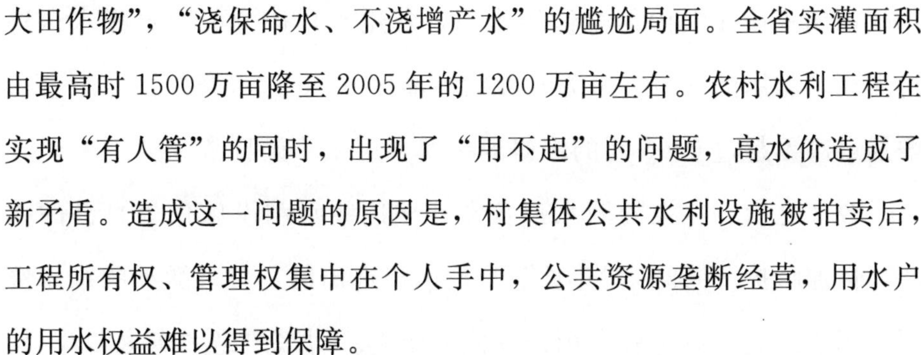

大田作物”，“浇保命水、不浇增产水”的尴尬局面。全省实灌面积由最高时1500万亩降至2005年的1200万亩左右。农村水利工程在实现“有人管”的同时，出现了“用不起”的问题，高水价造成了新矛盾。造成这一问题的原因是，村集体公共水利设施被拍卖后，工程所有权、管理权集中在个人手中，公共资源垄断经营，用水户的用水权益难以得到保障。

针对以上问题，此次农村水利改革既要解决工程的产权、农户的水权问题，更要解决工程产权和农户用水权相分离的问题。因此，山西省确定了“两权”（产权、水权）改革同步进行。

农村小型水利工程产权制度改革

对已有的老工程倡导“谁受益、谁管理；谁使用、谁维护”，对新建工程则实行“谁受益、谁投资；谁投资，谁管理”。同时明确凡国家补贴资金建设的农村小型水利工程归受益农户集体所有。山西省鼓励和支持受益的用水户成立“用水协会”，由“用水协会”制定各自的规章制度，通过用水户民主选举产生斗长、渠长或者水管员等民选“水官”，对其使用的工程依规实施管理和维修养护。

以山西省夹马口灌区为例，灌区面积90万亩，共有干支渠55条，斗渠1316条。根据国家现行水利工程管理体制，干渠、支渠由灌区管理局直接管理，斗渠归村集体所有。改革中，夹马口灌区打破行政村的界限，由各斗渠的用水户组建成立“斗渠管理委员会”，在用水户当中选举产生“斗长”，对斗渠实施管理。斗渠的产权、使

用权都属于该斗渠内的全体用水户，各用水户按分配的定额水量进行灌溉，超用的加价。每方水除缴纳灌区 0.25 元水费外，斗管会再增加最高不超过 0.05 元的维修养护费，用于斗渠日常维护。

改革之后，斗渠的用水户自觉地把这些水利设施作为自己的财产，倍加呵护。同时，“斗长”是用水户选出的，各户缴纳的维修费用由用水户集体讨论确定用途并监督使用。用水户是“东家”，斗长向用水户负责。夹马口灌区共成立 166 个“斗管会”，用水户民主选举产生了 550 个“斗长”，灌溉范围 60 万亩，受益村庄 250 个、农户 68643 户。灌区受益农户每年自行投资 200 余万元，已对 300 多公里斗渠进行了防渗处理，全灌区斗渠防渗率由以前的 16%提高到 40%，亩次用水量由改革前的 71 立方米降低到现在的 56 立方米，灌区年节约用水 1350 万立方米。夹马口灌区管理局也由此减少了 200 多人的常年用工。

目前，山西全省已组建成立农民用水合作组织 1156 个，灌溉面积达到 529 万亩，占到全省水浇地面积的 25%。这些农民用水者协会，有效弥补了农田水利工程“最后一公里”的管理缺位，极大地激发了农民投资办水利的热情和用水积极性。加上省政府出台的灌溉电价水价补贴、灌区末级渠系补贴、民办公助等多项惠民政策，以及新开工建设的大型水利工程，我省近年来每年新增 100 多万亩农田实灌面积，到 2013 年底达到了 2009 万亩，净增 800 万亩。“十二五”末，我省将力争实现全省农村人口人均一亩水浇地的目标。

农村水权制度改革

山西省在实施农村水利产权制度改革的同时，推进了水权制度改革。按照水利部的要求，将全省用水的宏观指标分配到市县，由县水利局将可用水量分配到村，再由村委会按照耕地面积分配到户，各户按照分配的用水量持卡购水，户与户之间可以进行水权转让。

以清徐县高花村为例，该村的生产生活和农业灌溉都依靠地下水，改革前由于是“大锅水”，跑冒滴漏严重，全村地下水年开采量高达74万立方米，地下水位以年均1.6米的速度下降。水权改革中，高花村实行了“包水到户”：把经过县里分配的、总量40万立方米的地下水使用权，除留足村民的生活用水外，其余按每年每亩170立方米分配到户。全村20眼机井全部安装了具有计量功能的控制器，由村民代表大会选出的“用水协会”统一管理。用水户按照分配到的水权，先持卡购水，后刷卡浇地。分配给各户的水量节约归己、累积使用，也可在一定范围内相互转让，如种植大秋作物的农户可将自己没用完的水权，转让给用水量较大的蔬菜种植户。明晰水权，加上精确计量、小范围内“市场交易”以及县水利局的远程监控，让农户有了很强的节水意识。目前，高花村每年地下水开采量控制在40万立方米的水权限额之内，其中农业灌溉用水量控制在31.2万立方米。

高花村只是山西省各县实施水权制度改革的一个缩影。高花村所在的清徐县188个行政村已全部落实了各家各户的初始水权，并

成立了“水委会”。在水权“包干”机制的倒逼之下，管灌、喷灌、滴灌等高效节水方式在清徐县得到广泛应用，农业灌溉用水量逐年下降。2013年，全县农村地下水开采量3913万立方米，比改制前减少了2029万立方米，相当于节省出一个中型水库的水量，2013年全县地下水位回升了1.76米。清徐的历史名泉——平泉也在断流十余年后重新复流。山西全省2005年的地下水用量为40亿立方米，到2013年已下降到32亿立方米。全省地下水位每年上升1米，生态环境已经开始恢复。

在农村水利改革过程中，山西省重点抓了3个关键点：

农村小型水利工程产权改革必须和水权改革同步进行。水随地走，以亩定水，按农户的灌溉面积分配水量，确定用水权益，确保耕者有其田、也有其水。同时强调小型水利工程的产权和管理权跟着水权走，和水权相一致。让具有水权的农户共同拥有供水工程的产权，共同约法管好工程、用好工程，让农户按自己的意愿支配和安排好土地、水及水利工程等生产要素，使生产力进一步得到解放。

水权明晰后，必须搭建水权交易平台，通过水权交易平台实现水权的原始交易。水量富余的农户卖出水权获得经济补偿，水量不足的农户则买入水权保障高收益作物的用水需求。这种自发的原始交易，有效实现了水资源的优化配置，发挥了水资源最大综合效益。水权分配到户后，农民对水的权属感也更加强烈，主观认为这部分水就是自己的，因此也更愿意在农业节水和水资源保护上下功夫、多投入，从根本上改变了对农业节水“用水户不关心、政府一头热”

的局面，以最有效的方式破解了农业节水的投入难题，用水农户逐步成为农业节水的主体。

在坚持受益群众是改革主体的同时，加强政府的引导和监督。在水权配置上，坚持政府主导，明确不同行政区域的可用水量，保护各用水户及农村居民的基本用水权益；在小型水利工程产权制度改革上，坚持完善程序，加强改革过程中和改革之后的监督，防止政府补助经费、农民集资和收取的水费被截留挪用，防止垄断公共资源，防止侵害农民利益等情况发生。

下一步，山西将以大水网建设为龙头，以民生水利为重点，以“两权”改革为主线，全面实施山水林田湖生态环境综合治理，为建设人水和谐、生态良好、山川秀美的新山西不懈努力。

做大做强投融资平台　助推水利跨越发展

——甘肃以全新的理念推进水利投融资体制改革

汪　栋　魏殊辉

甘肃是全国最缺水的省份之一，水资源总量小、时空分布不均。长期以来，受制于地方财力制约，全省水利基础设施建设投入不足，历史欠账较大，资源性、区域性、工程性缺水问题突出，水资源供需矛盾严重制约着全省经济社会的跨越式发展。为彻底打破水利建设资金投入不足的瓶颈，提速水利改革发展，缓解“陇原之渴”，甘肃省按照中央关于全面深化改革的要求，以打造省级水务投融资平台为核心，深化水利投融资改革，拓展水利投融资渠道，探索建立起多元化投入机制，为全省水利改革发展提供了重要资金保障。

以全新的理念推进体制改革，打造新型水利投融资平台

思路决定出路。要打破水利发展的“瓶颈”，唯有深化改革。为

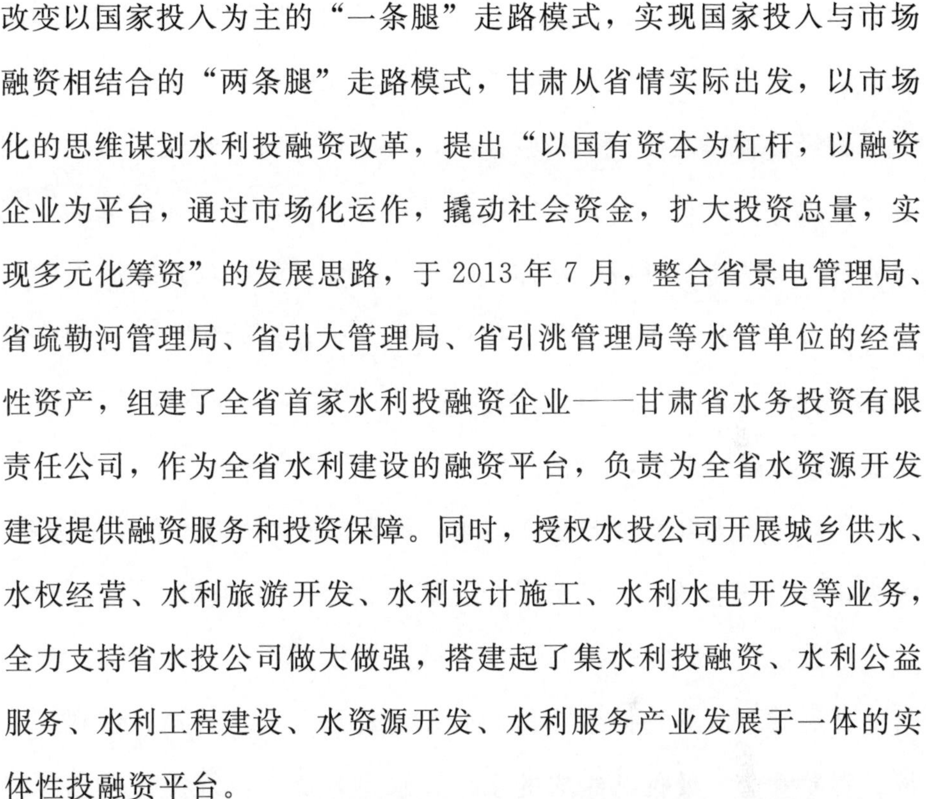

改变以国家投入为主的“一条腿”走路模式，实现国家投入与市场融资相结合的“两条腿”走路模式，甘肃从省情实际出发，以市场化的思维谋划水利投融资改革，提出“以国有资本为杠杆，以融资企业为平台，通过市场化运作，撬动社会资金，扩大投资总量，实现多元化筹资”的发展思路，于2013年7月，整合省景电管理局、省疏勒河管理局、省引大管理局、省引洮管理局等水管单位的经营性资产，组建了全省首家水利投融资企业——甘肃省水务投资有限责任公司，作为全省水利建设的融资平台，负责为全省水资源开发建设提供融资服务和投资保障。同时，授权水投公司开展城乡供水、水权经营、水利旅游开发、水利设计施工、水利水电开发等业务，全力支持省水投公司做大做强，搭建起了集水利投融资、水利公益服务、水利工程建设、水资源开发、水利服务产业发展于一体的实体性投融资平台。

多措并举壮大资产规模，提升水务企业融资能力

为使省水投公司真正成为全省水利改革发展的助推器，省政府和省水利厅通过授权水投公司项目法人资格、特许经营权和资产无偿划转等方式，全力壮大国有投资企业资产规模，为市场化融资创造条件。一是盘活存量划转资产。省水利厅将水利系统50.73亿元经营性资产及厅属的水利水电设计、水利工程施工、水保设计咨询公司等水利优良资产无偿划转给省水投公司，以扩大公司资产经营规模。二是实施项目增资产。按照建管合一体制，省政府授权省水

投公司建设总投资 73.74 亿元的引洮供水二期工程、总投资 11.66 亿元的兰州新区高窑水库工程等一批骨干水利工程，并负责工程建成后的经营管理，授予水费收益权，这些重大项目建成后将使公司资产规模成倍增长。三是面向市场找资产。省水投公司成立后，充分发挥市场功能，以城乡水体一体化为载体，积极与地方政府和企业寻求合作，通过直接投资、控股投资、合作经营等方式，积极吸引社会资本、兼并重组省内中小企业，发展混合所有制经济实体，拓宽水利投融资渠道，增强企业对各类资金的吸附力。

2014 年 3 月组建领导班子以来，省水投公司以时不我待的闯劲，大力拓展水务市场，积极扩张企业规模。与天水市政府合作，控股建设的总投资 18.25 亿元的天水市城区供水工程已开工建设；与山丹县开展城乡水务一体化合作，兼并山丹县自来水公司、水利工程局、青龙管业，吸收已建成的水厂、水库等资产，筹资建设和经营水源工程、供水管网及污水处理系统；与兰州新区签署了战略合作协议，由省水投公司筹资建设的兰州新区水源工程已开工建设；以山丹县为模板，省水投公司还积极参与庄浪、灵台、秦安等县的水务一体化建设经营。与地方政府一个个合作项目的成功落地，极大地扩张了省水投公司的资产规模，增强了公司融资能力，提高了公司支持重点水利项目建设的实力。

积极拓展社会融资渠道，形成多元化融资格局

为开拓多途径的融资渠道，形成良性资金链条，甘肃省充分发

挥省水投公司的投融资平台作用，以政府信用为基础，以财政投入资金为引擎，撬动银行贷款等金融资金，着力构建“政府引导、市场运作、社会参与”的多元化投融资格局。省水投公司引入银行服务竞争机制，通过市场化的运作，择优选取融资成本低、服务好、效率高的金融机构进行战略合作，先后与中国银行、招商银行、兴业银业、交通银行等金融机构建立战略合作关系。同时，通过盘活现有经营资产、项目预期收益担保、银行授信担保等途径，开拓多途径的融资渠道，探索建立企债、租赁、银贷、流贷、预期收益等各种形式的融资机制，以市场融资保障水利投资。一是与政策性银行合作，与国家开发银行合作、为全省农村饮水安全项目落实贷款3.8亿元，有效弥补了农村饮水安全项目的资金缺口。二是与商业银行合作，以引洮二期工程、天水城区供水工程预期收益权为质押，争取到甘肃银行、招商银行、交通银行、浙商银行、中信银行等银行的项目贷款授信20亿元、流动资金贷款授信28亿元，用于水利重点工程建设和水务一体化业务的拓展。三是积极发行私募债，采取盘活存量、放大增量的方法，盘活省水利厅划入的经营性资产，与招商银行合作发行6亿元私募债，启动建设新建项目，以放大企业的经营性资产。

建立全方位政策支持机制，力促水利投融资健康发展

水利的特殊性决定了水利投融资改革必须在政府的行政监督和

政策支持下推进，并尽可能地规避金融风险，以保障水利投融资事业的健康发展。为加大对省级投融资企业的支持，甘肃省先后出台了一系列的扶持政策和机制，扶持国有水利投融资企业发展壮大，提高企业的融资保障能力。一是建立公益性项目补偿机制。对省水投公司因承担公益性建设项目融资任务而发生的亏损，通过公司经营性收入进行弥补后，不足部分以国有资本经营收入及政府购买服务补贴等渠道进行资金支持。二是建立长效稳定的资本金注入机制。政府授予省水投公司建设大中型水利水电项目法人资格，将省及省级以上的水利建设项目配套资金及投入到大中型水源工程、供水工程、水电开发工程等专项资金注入省水投公司。三是建立经营性项目经营权优先取得机制。支持省水投公司通过市场化方式取得景区经营、水产养殖、供水及水力发电等经营性项目的经营权，提高省水投公司的盈利能力和偿债能力。四是建立经营性项目收益权抵押担保机制。允许省水投公司以水利、水电、供排水资产及水利项目收益相关的权利作为还款来源和合法抵押担保物，允许水利建设贷款以项目自身收益、其他经营性收入作为还款来源。

2014 年 11 月 24 日，李克强总理在水利部考察时强调“水利工程建设不能光靠政府，还要发挥市场的作用，创新投融资体制、机制，推进 PPP、BOT、TOT 等投融资模式，更多调动社会资金的力量。”《国务院关于创新重点领域投融资机制鼓励社会投资的指导意见》（以下简称《指导意见》）指出“鼓励社会资本投资运营农业和水利工程”“培育农业、水利工程多元化投资主体。”这为甘肃推进水利投融资改革指明了方向。今后，甘肃水利投融资改革将认真贯彻李克强总理指示和国务院《指导意见》精神，大胆探索，主动作为，建立更加灵活多样的水利融资机制，积极发展 BOT、TOT、BT、PPP 等新型水利融资模式，不断做大做强水务投融资经营实体，建立更加科学、高效和稳定的水利投入机制，为甘肃水务事业健康快速发展提供坚强保障。

善用市场之手 助力节水压采

——河北省水价形成机制创新之路

齐 婕

2014 年，河北省正式启动地下水超采综合治理，汪洋副总理在河北考察时强调：地下水超采治理试点要高度重视体制机制创新。2014 年 6 月，河北省政府发布《关于创新水价形成机制利用价格杠杆节约用水的意见》，提出了涵盖农业、工业、服务业和城市生活四大领域的 11 项措施，以此为代表，一系列关于水价改革的省级意见、政策相继出台。河北以全面治理地下水超采为契机，在水价改革上再次迈出具有突破性的一步，用好市场之手，促进节约用水，助力压采之役。

发挥市场机制要善用价格杠杆

河北省多年平均水资源总量为 205 亿立方米，现状人均水资源量为307立方米，亩均水资源量211立方米，均为全国平均值的1/7，是全国最缺水的省份之一。

尊重市场规律，发挥市场作用，是调动用水者惜水、节水积极性和主动性的根本途径。发挥市场机制作用要善用价格杠杆来调节供求。多年来，河北始终把创新水价形成机制作为促进工程开发利用、合理配置水资源的重要抓手。

河北省水价改革最早在水利工程供水价格领域展开，经历了政策性有偿供水、水价改革起步、水价改革发展3个阶段。

据了解，早在1983年，河北省就在全国首个发布《水利工程水费征收使用和管理办法（试行）》，全省水价改革工作开始起步。虽然当时全省水利工程供水水费收入非常有限，但从此结束了喝“大锅水”的历史，开始进入政策性有偿供水阶段。

1990年，河北省依据国务院《水利工程水费核订、计收和管理办法》《中华人民共和国水法》，在重新测算全省水利工程供水成本的基础上，以1983《办法（试行）》为基础，修订而成《河北省水利工程水费计收管理规定》（以下简称《规定》），并发布实行。全省水价改革正式起步。《规定》在水费调整方面更具灵活性，为推进水价改革奠定了基础。一是农业水费可以以实物计价、货币结算，计收实物，使水费随粮食价格的提高而提高；二是新建扩建的水利工程和水利工程新增加的供水项目的水价标准，由水利工程管理单位，按供水成本核定，报水行政主管部门商物价部门核准后执行。据此，1993年，洋河水库向秦皇岛市供水后，水费标准核定为0.3元每立

方米；1994 年对农业水价进行了调整，较 1985 年翻了一番。

1997 年，在对各类供水工程进行成本核算的基础上，河北省发布实行了《河北省水利工程供水价格管理办法》（以下简称《管理办法》），并出台《实施细则》，为进一步推进水价改革奠定了基础，也有力地推动了全省节水事业的发展。此次出台的《管理办法》建立了以供水成本为基础，以促进节水为目标，符合市场经济规律的水价形成机制和灵活的调整机制，在全国首开先河，是水价改革的进一步深化发展。同年和次年，全省水利工程供水价格两次上调。

1999 年，河北省对水利供水工程供水价格进行了单独调整；2001 年，省物价局和省水利厅联合制定下发《全省水利工程供水价格调整方案》，并对工业和城市供水价格进行了调整；2004 年，省水利厅完成《河北省水利工程供水价格管理办法实施细则》的修订，同时开发了《河北省水利工程供水价格决策系统》；2005 年，河北省出台《关于深化水价改革促进节约用水保护水资源的实施意见》，制定了《水价改革“十一五”规划》，并完成邯郸、邢台、石家庄、保定和秦皇岛 5 个市水利工程供水的调价方案。

供水经济收益的显著增加，推进了水利工程保值增值，推动水利工程经营管理逐步向良性运行迈进；同时，以水价形成机制变革为引领的制度创新有力地促进了全省节水型社会建设。目前，河北省万元工业增加值用水量已由 1996 年的 110 立方米降低到 24 立方米，名列全国第四；工业用水重复利用率达到 82%，高于全国平均水平约 15 个百分点。农业灌溉水有效利用系数 0.662，在海河流域

仅次于北京和天津两市，高于海河流域平均水平。

农业水价改革的不懈探索

笔者在衡水市桃城区河沿镇盐堤口村见到的一份水价改革方案显示：深层水每立方米由0.4元提高到0.55元，浅层水每立方米由0.3元提高到0.35元，地表水每立方米0.14元，价格不变。深井水每立方米政府补贴0.05元。政府补贴的每立方米0.05元、深井水提取的每立方米0.15元、浅井水提取的每立方米0.05元全部作为节水调节基金，于次年8月15日按公示的承包地面积平均发放。这是桃城区在实践中探索形成的“一提一补”水价机制。

该机制于2006年8月在桃城区河沿镇盐堤口村正式施行，之后在包括6个纯井灌村在内的共9个试点村进行了推广。

数据显示，以2005年为基准年，试点实施前后的2006年、2007年、2008年3年，节水率分别为16.46%、19.04%和21.05%。

2010年，“一提一补”制度在桃城区麻森乡肖家村生活用水中得到应用，村内自来水价格由现状每立方米2元，提高到每立方米6元，提高的4元作为节水调节基金，每半年按公示人数发放节水补贴，补贴额度为每人每月5元钱。实践证明，同样有效。

桃城区水务局副局长常宝军说：“我们这个制度是经得起实践检验的。这个制度最大的特点，是在实践中形成了变化的水价，用水量多，水价高；用水量少，水价低；用好水，水价高；用劣水，水价低。”

中国工程院院士、中国水科院水资源所所长王浩说，“一提一补”这个制度核心是提高农业用水价格，然后按方收费、按亩返还，农民亩均用水越少收到的实惠越多。

农业水价与农业综合生产能力提高密切相关，和农民及相关水管单位的利益纠缠在一起，非常复杂。知难而退，还是迎难而上？河北选择了后者。特别是自2004年全省节水型社会建设启动以来，全省农业水价综合改革不懈探索，逐步深化，日益完善，形成了“一提一补”“定额管理、超额加价”“总量控制、水权交易”和灌区终端水价等多种可推、有效、科学的模式。

在成安县长巷乡万亩高产示范方，我们看到这里的每眼机井都配有一台节水灌溉智能控制柜，即智能井房；县水利局农田灌溉监测管理系统则可实时查询“村名、机井编号、总用水量、总用电量、灌溉面积、年允许取水量、年超采预警量、作物明细”等数据。

据成安县水务部门人员介绍，定额管理、超额加价的关键在“计量”，其总体思路是“总量控制、定额管理、协会运行、分水到井、一井一卡、超额征收”。

据了解，成安县“定额管理、超额加价”模式分3步运作：第一步，依据《河北省用水定额》，成安县可利用水资源量，结合农业灌溉用水量现状确定年度用水定额，将用水量按照耕地面积分配到村，村用水户协会按照机井控制面积分配用水量。第二步，为每眼机井安装智能井房，智能井房内安装的计量设施对用水量进行计量，计量数据通过智能灌溉管理系统传输到县水利局监控中心。第三步，以机井为单元，将年度用水定额输入磁卡，划卡取水，指标水量用完，须续费后方可继续取水，而超出定额部分的水量按照《成安县政府关于征收农业灌溉用水超限额水资源费》的规定，每立方米加征水资源费0.1元。

张家口市张北县结合该县蔬菜产业的发展和膜下滴灌技术的大面积应用，探索形成了“总量控制、水权交易”的模式。

“刘荣24亩地，用水定额2880立方米。刘志运14亩地，用水定额1680立方米……”在馒头营乡农业综合服务中心，笔者见到了豆腐窑村的用水定额分配表。

习惯了大水漫灌、随意用水的农民能接受定额管理吗?

站长王宇亮向笔者介绍了膜下滴灌预报系统测控采集终端。“这是张北县高效节水农业信息化管理系统的一部分”，说着他轻点鼠标，全乡各村土壤的温度湿度、不同灌溉机井的控制面积、每眼井的用水量用电量都一览无余。

“我们不仅实施了用水的智能化、信息化管理，对每个农户的用水量了如指掌，还实行了阶梯计价，用价格杠杆约束农民的行为，节奖超罚。”王宇亮说。

县里规定了不同灌溉方式每年的用水量，除膜下滴灌外，其他灌溉方式每年必须减少用水20立方米。定额用水范围内，不收水费，只交电费，超出定额用水加收阶梯水费。在引导农民“要我节水”为“我要节水”的转变中，制度的力量得以体现。

终端水价则是河北省石津灌区在实践中探索形成的一种适用于

地表水灌区的水价机制，即在完善末级渠系工程和强化用水户协会能力建设的基础上，斗（农）口计量、计时到户、按时收费的终端水价制度。执行终端水价制度以来，省石津灌区连年收费率100%。

衡水市深县位桥镇太古庄乡灌溉用水来自石津灌区四干渠二分干，目前共26个用水组。焦村用水组成员魏金川告诉笔者，用水组一共3人，负责安排浇地顺序，组织清淤、护渠和征收水费。

灌区管理局建管处副处长骆连强告诉笔者，工程条件的改善提高了用水计量准确率，为实现“斗（农）口计量”奠定了基础。“斗（农）口计量、计时到户、按时收费”就是以斗渠或农渠划分用水线，由斗长组织联户用水并管护工程，在用水户和灌区共同监督下，供用水双方测水并签字，用水结束后，根据实际用水量和已核定的取水口水价核定水费，多退少补。

水价机制创新整合再突破

2014年，河北省地下水超采综合治理工作正式启动，汪洋副总理在河北考察时强调，地下水超采治理试点要高度重视体制、机制创新。要积极推进水价改革，使水价反映水资源稀缺程度。要充分利用市场机制，调动社会力量参与地下水超采治理，促进各行各业节约用水，建设节水型社会。

理想的制度设计要考虑实现的条件，条件具备时可以往前推进改革；条件不具备时需要努力创造条件，逐步推进。河北省多年来在水利工程供水价格和农业水价领域开展的探索与实践，为全面深入推进水价机制体制创新奠定了良好的基础；而现在，地下超采综合治理工作的启动则为水价机制创新和全面深入推进提供了契机。

《河北省地下水超采综合治理试点方案》中就体制创新提出，“建立以农业水价改革为重点的调节机制”，包括：推广“一提一补”等农业节水机制，实行农业终端水价制度，推行工业差别水价制度，建立城镇居民阶梯水价制度。

此后，以《关于创新水价形成机制利用价格杠杆促进节约用水的意见》为代表的一系列省级政策意见出台，省级层面政策体系初具雏形。

《关于创新水价形成机制利用价格杠杆促进节约用水的意见》提出，河北将采取11项措施，加快建立符合市场导向、有利节约用水、提高用水效率的水价形成机制和取用水监管体系。2017年河北省用水总量控制在219亿立方米左右，地下水压采量39亿立方米，地下水超采得到有效遏制，非常规水回用率达到30%左右，工业用水重复利用率达到90%左右。

这11项措施涵盖农业、工业、服务业和城市生活四大领域，包括：逐步提高水利工程供水价格，积极推行节奖超罚的农业水价模式，实行城市居民用水阶梯水价制度，工商企业、服务业等用水实行超额累进加价制度，加大工业用水差别水价的实施力度，提高水资源费标准和收缴率，制定鼓励使用非常规水价格政策，严格落实污水处理收费政策，下放水价管理权限，科学制定南水北调工程供水价格，适时提高城市供水价格。

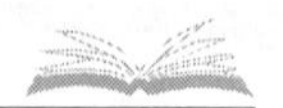

2014 年 6 月，省发改委、省住建厅联合印发《河北省加快建立完善城镇居民用水阶梯水价制度的实施意见》，全省设市城市在 2015 年 3 月底前全面实行阶梯水价制度。阶梯设置分三级，一、二、三阶梯水价级差按 1∶1.5∶3 的比例安排。

2014 年 8 月，水利厅、财政厅、农业厅、物价局四厅局联合印发《河北省地下水超采综合治理试点区农业水价综合改革意见》，提出要“加强基础管理工作，理顺水价形成机制”，重点推广衡水市桃城区、邯郸市成安县和张家口市张北县的水价模式，在地表水自流灌区借鉴石津灌区农业终端水价模式。

据悉，目前，河北省部分县（市）已经开展水量分配，建立市场化的灌溉服务队伍。2014 年 9 月，所有水利工程项目方案基本完成终审，进入招标施工阶段后，水量分配和水价改革将全面展开。

南通智慧破解资金“瓶颈”

程瀛 陈锋

如海运河、栟茶运河、北凌河等中小河流治理任务进展顺利，九圩港闸除险加固工程全面投入运行，北凌河疏浚、栟茶运河拓浚、如东东凌水库和东灶新河等一大批沿海重点水利项目相继开工，重点水利工程项目完成投资 5.1 亿元。疏浚县乡河道 128 条，整治村庄河塘 5107 条，新增健康饮水 86 万人，全市农村水利完成投资 7.98 亿元……2013 年，南通全市水利投入达 34 亿元，超出年初确定计划任务的 13%，再创历史新高。这是江苏省南通市水利局完成的 2013 年水利建设项目资金清单。

面广量大的水利建设项目相继上马，如何保障资金筹措到位成为摆在南通水利部门面前的一道难题。

面对问题，南通市水利部门创新思路、创新举措，创新方法，通过积极落实水利投入政策，采取“以开发促建设，以资源换资金”

的方法，吸引市场资金，充分调动社会资本投入水利建设，用南通智慧破解了水利投融资改革的难题。为南通水利的现代化发展进程打开了一片新天地，也为江苏水利建设与管理资金难题的解决提供了一个鲜活的样本。

政府资金添动力

2011年中央一号文件明确提出了水利是经济社会发展不可替代的基础支撑，具有很强的公益性、基础性、战略性地位。水利的公益性地位决定了政府公共财政投入是其投资的重要组成部分。

为加大公共财政投入，江苏省委、省政府2011年出台的《关于加快水利改革发展推进水利现代化的意见》明确提出，各级财政要确保当年可用财力的2%～4%用于水利工程建设。

为此，南通水利部门每年都积极主动向市政府主要领导汇报工作，尽可能争取加大政府公共财政对水利的投入。每年年初，市水利部门会对照水利规划和年度工程建设计划，详细分析地方水利建设项目投资需求，安排与地方经济发展迫切需要实施的项目，并紧密联系市财政局、市发改委等部门，及时与市政府做好沟通与协调，力争将项目列入同级财政预算，以确保项目配套资金的落实。南通市这两年稳定利用市本级财政预算资金每年均在6亿元以上，主要用于城市水利基础设施建设。

为了抢抓中央加快水利改革发展的机遇，南通市还积极争取上级部门对南通水利发展的支持。近两年，南通向上级争取的水利建

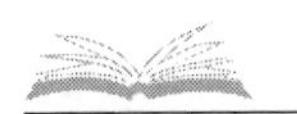

设资金达到 17 亿元左右。

除了市本级财政和上级下拨的资金，水利建设基金也逐步成为南通水利建设快速推进的坚强后盾。

根据《南通市水利建设基金筹集和使用管理实施办法》，城市基础设施配套费的 3%、防洪保安资金、用于水利部分的农业重点开发建设资金、城市维护建设税的 15%等全部用于水利建设。这使得 2013 年南通市水利建设基金共筹集落实 5.7 亿元，有力地支撑了南通水利工程建设。

政府资金注入在南通的水利建设中占据着主导地位，有了政府资金做保障，这也使得南通水利建设有了不断前行的动力。

借力金融助发展

在如东县港头村，村民缪秋云生告诉记者，“以前啊，我们这的自来水哪敢喝啊，听说很多指标都不符合标准，身上穿的白衬衫，用水一洗都成黄衬衫了，没人敢买白衣服。自从通了长江水，喝水放心了，现在通了长江水，连穿白衬衫的人都变多了。”

港头村位于如东西北角，自 20 世纪 80 年代以来，很多村民一直饮用咸涩的井水。港头村的饮水状况，只是如东沿海地区的一个缩影。

为了尽快解决农村居民的饮水问题，水利部门主动承担实施农村饮水安全工程。从 2009 年开始到 2012 年，工程投资 1.6 亿元，需要县级财政配套 32%，这对于本来就吃紧的县级财政来说，一下子拿出这么多钱是件不容易的事情。

“但这是事关老百姓的生活的民生问题啊，即使财政紧张，工程也要做啊。”如东县水利局局长说。

为此，如东积极筹措资金，利用金融部门对水利政策上的支持，通过水利项目包装，以政府兜底还款的方式，利用融资平台成功进行了融资，有效解决了建设项目资金需求。

通过工程的实施，解决了如东地区32万农村居民的饮水安全问题。

饮水安全、防洪安全、水环境整治……随着老百姓对水利工作的要求越来越高，不断推动着水利建设快速前进。钱从哪里来？仅仅依靠政府投资难以满足大量的水利建设需要，依靠金融资金支持，成为保证水利工程建设的一条重要途径。

党的十八大提出要正确处理好政府与市场的关系。江苏省水利厅厅长李亚平在谈到江苏水利改革发展时也提出，“既要坚持水利公益性特征，又要发挥好市场在资源配置中的决定性作用”。

为了创造更好的市场环境，吸引更多地金融资金支持水利建设。江苏初步建立了水利与银行的合作机制。南通对此也进行了大胆尝试。

目前，南通所有县市均搭建了投融资平台。通过积极发挥水利工程实施后所产生的土地、供水、水生态、水环境等方面的综合效益，充分利用融资平台，积极吸引银行贷款，每年南通重点水利工程建设资金投入不断增加。

民间资本增活力

在启东市长江口北支新村沙水域河道综合整治现场，南通市水利局局长刘新华告诉记者，原本这里是属于河口冲击岛，岛内遍布芦苇，杂草丛生，荒无人烟。通过综合整治后，这里将形成一个四面环江的14平方公里的岛屿。根据规划，这里以后将成为以休闲、居住、商务为主题，以文化、教育、医疗、观光为支撑，自身功能完善的、自我循环、自我独立发展的生态化岛屿小镇，该项工程计划总投资在30亿元左右。

在现场，看到一望无际的围垦区，感受到“沧海变桑田”的真切变迁。

正因为新村沙项目的良好前景，成功吸引了上海江洲等有实力的民营资本参与到这项水利工程建设中来，有效地解决了水利建设资金及配套资金不足的困扰。

为了鼓励和引导更多的民间资本参与到水利建设，充分发挥民营经济在水利现代化进程中的作用。近两年来，南通根据省有关政策规定，在全省范围内率先制定印发了《鼓励和引导民间资本参与水利建设的试行办法》，对民间资本参与水利建设的原则、范围、形式以及享受的扶持政策等作了明确规定。在此基础上，根据南通陆海统筹综合改革发展的要求，筛选一批适合社会民间资本投资和运作的水利项目，如沿江沿海开发项目、水利枢纽综合利用项目、污水处理等公用事业项目，明确准入门槛、投资形式、补助政策、产

权和收益的划分等，通过政府相关平台发布项目信息，并积极配合业务招商部门组织招商。

民间资本的投入为南通水利建设注入了活力。2013年，南通全市社会及民营企业直接投入参与水利建设资金达到11.8亿元。

农业水价综合改革的“民权样本”

董一鸣

整齐的渠道，醒目的量水标尺，成熟的玉米……走进河南民权县农业水价综合改革示范项目区，扑面而来的不仅有丰收的香甜，更有改革带来的喜悦。

2012年以来，在河南省水利厅、财政厅的支持和指导下，民权县以农业水价综合改革示范项目实施为平台，完善灌区末级工程配套和量测水设施，规范农民用水户协会建设，落实灌区末级渠系工程产权，在示范区推行农业终端水价制度，农业灌溉用水效率低、末级渠系管理主体缺位、工程老化失修等长期困扰水利改革发展的“最后一公里”难题，在这里得到渐次破解。

完善田间工程　破解灌溉用水浪费

我国水资源紧缺，农业用水总量占60%以上，灌溉用水又占农

业用水的90%左右。长期以来，由于田间大部分农渠和毛渠均为土渠，“跑、冒、滴、漏”现象严重，农业灌溉用水效率低下。

民权县在农业水价综合改革示范项目选择时，确定了基础设施相对完好的灌区作为示范区，重点建设和完善示范区末级渠系工程配套和计量设施，提高灌区末级渠系的引配水能力和供水保证率。通过配备和完善末级渠系量测水设施，为示范区实行计量收费打基础。

民权县水利局局长孙广平介绍，民权县2012年农业水价综合改革示范项目位于林七乡境内，涉及郭庄、蔡堂等8个村1.4万人，灌溉面积1.25万亩。项目改造衬砌渠道4.11公里，完成斗农沟渠清淤5.5公里；新建（改建）混凝土渠57条；配套桥、涵、闸、倒虹吸、用水者联合会管理所等各类建筑物270余处，完成工程总投资600万元。

孙广平说：“项目实施后，节水效果明显。共恢复灌溉面积0.44万亩，改善灌溉面积0.81万亩，末级渠系水利用系数由0.65提高到0.85，亩均灌溉用水量由385立方米降为294.12立方米。”

规范协会建设　破解管理主体缺失

我国农田水利工程长期以来存在重建轻管的问题，特别是末级渠系管理主体缺位，处于“农民管不了、集体不愿管、国家管不到”的被动状态，工程配套不完善，老化失修严重，灌溉面积萎缩，抗灾能力差。

在民权县农业水价综合改革示范项目区中，由于规范的农民用水户协会的存在，末级渠系管理难的问题得到了很好的解决。

与其他地方仅靠群众自发成立农民用水户协会不同，民权县在农业水价综合改革示范项目区中，按照“政府引导、农民自愿、依法登记、规范运作”的原则，帮助用水者联合会制定内部章程，完善协会的工程维护和灌溉管理、财务管理和水费收缴、协会奖惩、协会公示制度等一系列制度办法，使用水者联合会真正成为独立的法人并依法开展工作。

“我们协会不仅有专门的办公用房和办公设施，在民政部门正式注册登记，按时年检，还有政府部门颁发的小型农田水利工程权属证书，每年还要接受县水利局、审计局的财务审计，正规得很哪。”林七乡农民用水者联合会主席李超一自豪地说。

林七乡用水者联合会设主席 1 人，副主席 1 人，执委 7 人，下设 4 个用水者分会，负责 23 个村 23 个用水组 7506 个用水户的水费收缴，及示范区的农田灌溉工作。用水者联合会直接参与项目实施的监督与管理，并积极组织农民投工投劳；末级渠系工程产权移交后，用水者分会负责末级渠系工程的运行维护，保证末级渠系工程良性运行。

2013 年林七乡农民用水者联合会经费收支表显示，全年共收取水费 28 万多元，除去代表用水户向供水单位交纳的水费 18 万元，其余的水费主要用于末级渠系工程的运行维护及用水者联合会的正常运行。

林七乡乡长刘春涛介绍："目前，1万多亩项目区内的田间工程养护维修费用及用水者联合会正常运行所需经费，基本可以由收取水费解决。"此外，民权县每年补助用水者联合会5万～10万元，作为协会日常维护经费。

推行终端水价 破解农民水费负担

"我们这儿都是抢着交水费。为啥？原来水利设施不完善，浇地费时费力，一亩地要30多块钱。现在渠修到田里，老人、妇女一个人都能浇，按户计费，浇一亩地才七八块钱，划算得很咧。"林七乡林东村村民齐家平提起农业水价综合改革示范项目区带来的好处时赞不绝口，"原来以为灌溉水价涨了会增加生产费用，现在仔细一算，是政府给我们办了好事。"

根据水利部、财政部提出的"有利于节约用水、降低农民水费支出、保障灌排工程良性运行和促进农村水利工程管理体制机制创新"的要求，民权县在建立完好的农业灌溉工程体系和量测水设施的基础上，指导示范区农民用水者联合会通过用水户承受力调查，结合平时灌溉用水量、灌溉次数，合理测算末级渠系供水成本，推算末级渠系终端供水价格，上报县政府。县政府组织发改等部门对水利局上报的供水成本进行监审，并由发改部门批复终端水价。

终端水价批复后，项目区农民用水者联合会根据用水户的需求，统一调配供水，科学计量，按方收费，较好地发挥了价格杠杆的调节作用，避免了过去的大水漫灌现象，促进了水资源高效利用，降低了农民用水费用，保障了灌区工程良性运行。

“早在2008年，河南已经积极开展农业水价综合改革试点，目前已先后在多个县实施。”河南省水利厅厅长王小平说，“民权县农业水价综合改革示范项目开展以来，多措并举，成效显著，为破解河南水价改革难题，加快农业水价综合改革提供了有益借鉴。”

湖北宜都：引民资建水利“聚沙成塔”

李广彦

每口堰塘整治费少则八九千、多则几万元，农户每整治一口堰塘可获政府4000元补助，政府投入的引子，点燃了农民自己掏钱兴修家门口小水利的热情。

农村饮水工程点多面广，国家项目资金可丁可卯，地方配套资金有限，用到十几万农民身上如同撒胡椒面，而通过社会融资，企业参与管理，却实现了农村人口饮水工程全覆盖。

社会民间资本注入水利基本建设，成为湖北省宜都市水利强劲发展的一个有力支撑。

支起杠杆　形成合力

投入不足是制约农村水利的一个瓶颈。一个时期民间资本投向小水库，以期通过养殖获取经济回报，但随着污染问题出现，很多地方禁止了水库养殖。而农村塘堰、渠道等基础设施更是陷入政府投入有限、民资无人问津、农民不愿掏钱的怪圈。塘堰、渠道，如同长藤结瓜，塘堰无水，渠道形同摆设。

如何调动民资投入水利建设的积极性？宜都市有 10120 口塘堰，2006 年对其实施“产权制度”全面改革，出台政策，对农民自己出资整修堰塘的，每口按 1500 元的标准进行补助，在“四两拨千斤”的杠杆作用下，平均每年都超额完成堰塘整治计划任务。后来市政府又将塘堰整治补助标准逐步上升到现在的 4000 元/口。如果每口堰整修后按增加蓄水 2000 立方米算，100 口堰就有 20 万立方米，相当于一座小型水库的蓄水，而新修一座这样的水库需要投入 300 万元。政府有限投入带来互动效应，如同在一个支点上架起杠杆，带动民间资本跟进形成合力，产生更大的投入效应。

农田水利基本建设办公室副主任王家成介绍，今年全市整修 300 口塘堰，其中有 120 万元投入来自群众自发投入。农民直接投入扭转了过去小型水利工程“使用个个有份、管理人人无责”状况，堰塘成了名副其实的“当家堰”“责任田”，农村生态环境和农民生产生活条件也同步改善，呈现出“碧水新村”美丽景象。

企业参与　融资给力

宜都市地处鄂西山地向江汉平原过渡地带，地貌“七山一水二分田”，小型水利设施建设难度大。

2004 年，宜都市把解决农民饮水安全问题列为“民心工程”，因

指标有限，当时有19万人没能纳入国家农村人口饮水安全项目规划。农村人口饮水安全项目拼的是资金。市财政资金和群众自筹十分有限，能否用市场办法来解决？

宜都市供水公司“近水楼台”，把供水业务向农村延伸，投资1000多万元，利用水库水源，新建一座日供水5000吨的自来水厂，通过10.6公里长的输水管道，经过二级加压向周边农村供水，解决了3万多人的饮水问题。随后又通过银行贷款，投资2100万元，建设“陆城—枝城”双城供水工程，满足了17个村7500户约3万人的安全饮水需要。

市水利部门一方面鼓励引导供水总公司投入资金参与工程建设，一方面积极与保险公司合作，为饮水安全设施购买财产保险，提高饮水安全设施灾害损失恢复能力。截至2014年上半年，全市通过社会融资，完成农村供水工程投资8592万元。供水企业进军新的市场领域，农村饮水工程实行现代化管理，全市农村自来水覆盖率100%，实现了政府、企业、群众多赢局面。

营造氛围　众人拾柴

宜都市水行政主管部门组建水利融资平台，广泛宣传水利建设意义，营造热爱水利、保护水利、奉献水利的良好社会氛围，出台以奖代补优惠政策，通过直接、间接融资方式，吸引民间资本参与水利建设。一些民营企业出资助推小水利建设，天峡鲟业公司出资100万元整治南沙套排洪沟，科力生有限公司投入10万元用于泵站改造工程。涌现出民营老板投入生态水利、社会贤达捐助水利、国家干部义务贡献水利的喜人情景。一些能人投资荒山，建设水保苗木基地，发展立体循环生态养殖，以“固态水库”提高森林涵养水源的能力，呈现出云卷雾绕如诗画、风吹草低见牛羊的田园风景。民间“鲟王”蓝泽桥自主创新，通过工业化养殖与农民一家一户生产的巧妙结合，把江河库湖“搬”进农户地下室，其“地上新城镇、地下鲟鱼城”生态养殖模式不仅让农民养鲟增收致富，而且实现了零排放、零污染，确保了江河库湖水环境生态安全，成为全国新型城镇化十大推广案例。环保志愿者梁智博投入50多万元栽种了1650平方米水生植物，净化清江水质。原宜都市水利局长李传发退休后归隐家乡献余热，带领村民修建饮水工程，考虑到群众经济条件有限，管网维护没搞“平均主义”，20年来都是他自己垫钱，一根水管近百元，换一个接头20多元钱，至今耗去近万元的工资而无怨言。

创新模式　借助外力

生态文明建设需要大水利观。现代水利一方面要抓工程建设，一方面要开发利用保护水资源，这就需要水利建设融资须有海纳百川的开阔胸怀和大水利视野，只要与水沾边的，都应该视为水利引资范围。为此，宜都市开放水利投融资市场，建立多元化的投资体系，除国家明文限制的项目外，包括城乡供水、农村饮水，农业灌溉、水力发电、防洪、排污工程及水利旅游、水域养殖等与水相关的建设项目，都鼓励国内外自然人、法人和其他经济组织，以股份

制、独资、融资、合资、合作、联营等多种方式建设及经营管理。

宜都市采用BOT建设方式解决城市污水处理建设资金问题就是一个例子。随着企业增加，工业排水量也迅速增加，加之人口增长和城市化进程加快，大量污水直接排放，导致宜都的江河水资源受到不同程度污染，污水处理和水循环利用成为社会关注的焦点和政府亟待解决的问题。2006年，宜都市决定兴建日处理2.5万吨的城市污水处理厂。项目批复了，然而6000多万元的建设资金无着落。地方自筹资金困难，而依靠政府收取回用水建设增容费又有困难。经过深入调研，宜都市决定采用BOT建设方式来解决城市污水处理建设资金问题，鼓励有资质的企业通过公开竞标获取特许经营权。BOT（build - operate - transfer）即建设—经营—移交（转让），是指政府通过契约授予私营企业（包括外国企业）以一定期限的特许专营权，许可其融资建设和经营特定的公用基础设施，并准许其通过向用户收取费用或出售产品以清偿贷款，回收投资并赚取利润，特许权期限届满时，该基础设施无偿移交给政府。宜都市最后选定江苏和广东两家公司（联合体）采用BOT模式投资建设、运行管理，特许经营期限25年后移交宜都市政府。2007年11月底，总投资6274万元的宜都城市污水处理厂一期工程顺利建成并投入运营，其城市排水管网和污水处理厂的配套建设也同步进行。此举开湖北省县市级BOT项目建设先河，为保护长江做出应有的贡献。

一个水利项目动辄几千万，甚至上亿、十余亿元的资金，即便小渠道、塘堰，也是万元投入。宜都市平均每年从中央和省里争取到的水利资金约 1 亿元，加上地方 1∶1 财政配套，一年也不过两三亿元，而这些资金大部分用于江河堤防、病险水库的整治维修，农田水利基本建设、水环境治理等建设资金渠道捉襟见肘，必须广辟财路，缓解建设需要与资金不足的矛盾。宜都市多渠道利用社会资金发展水利事业的探索，值得学习借鉴。

“河长制”能否管住水利“三条红线”

章 轲

河湖流域的地方领导除了有书记、市长、县长等官衔外，今后还会有另一个“名号”——河长。

2014 年 3 月 21 日，水利部副部长矫勇在国新办新闻发布会上表示，“河长制”是地方创新的一条经验，水利部“准备把这一套成功的做法向全国进行推广”。

水利部建设与管理司司长孙继昌就此解读说，该制度旨在鼓励地方整合部门力量，对河湖的生命健康负总责。

目前全国 70％以上的河流湖泊受到不同程度的污染，《2012 中国环境状况公报》显示，长江、黄河、珠江、松花江、淮河、海河、辽河、浙闽片河流、西南诸河和西北诸河等十大流域的国控断面中，Ⅰ～Ⅲ类、Ⅳ～Ⅴ类和劣Ⅴ类水质的断面比例分别为 68.9％、20.9％和 10.2％。与此同时，违法围垦湖泊、挤占河道、蚕食水域、

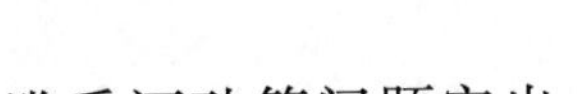

滥采河砂等问题突出。

2011年中央一号文件和中央水利工作会议明确要求实行最严格水资源管理制度，确立了水资源开发利用控制、用水效率控制和水功能区限制纳污“三条红线”。

“河长制”能否管住水利“三条红线”？能否挽救中国的水环境危局？仍有待观察。

因太湖水污染而起

“地方政府面对转方式、调结构、保护水生态环境这样一个艰巨的任务，必须把涉及水污染的方方面面管住。”矫勇对记者说，“2007年后，江苏、浙江都开始实践由地方政府首长负责制的河长制。这项制度确实发挥了非常好的效果。”

河长制最早因太湖水污染而起，由江苏省无锡市首创。当时的定位是由各级党政主要负责人担任“河长”，负责辖区内河流的污染治理。

环保部有关负责人解释说，这一制度是从河流水质改善领导督办制、环保问责制所衍生出来的水污染治理制度，目的是保证河流在较长的时期内保持河清水洁、岸绿鱼游的良好生态环境。

2007年5月底，无锡太湖暴发了全球瞩目的蓝藻事件，无锡市饮用水源地水质严重恶化，引发市民抢购纯净水狂潮。

当年8月23日，无锡市委、市政府办公室联合印发了《无锡市河（湖、库、荡、氿）断面水质控制目标及考核办法（试行）》。该

文件提出将河流断面水质的检测结果“纳入各市（县）、区党政主要负责人政绩考核内容”，“各市（县）、区不按期报告或拒报、谎报水质检测结果的，按照有关规定追究责任”，“河道水质的考核得分是干部选拔任用的重要依据，对考核得分靠后，且所属河道水质恶化的责任人，严格实行‘一票否决’”。

这份文件的出台，被认为是无锡推行“河长制”的起源。根据这一制度安排，无锡市党政主要负责人分别担任了64条河流的“河长”。

2008年，江苏省政府决定在太湖流域借鉴和推广无锡首创的“河长制”，对全省15条主要入湖河流全面实行“双河长制”。每条河由省、市两级领导共同担任“河长”。“双河长”分工合作，协调解决太湖和河道治理的重任。

与此同时，江苏省内一些地方还设立了市、县、镇、村的四级“河长”管理体系，通过大大小小的“河长”以实现对区域内河流的“无缝覆盖”。

这之后，“河长制”很快在各地推开。

浙江长兴县在“清水入湖”行动中全面推行“河长制”，全县所有党政一把手分别担任合溪港、夹浦港等4大入太湖水系、101条河流的“河长”，承担河道治污保洁的领导责任。

2008年下半年，沈阳市决定对全市重点河流实行“河长制”，8条主要河流的9个区、县政府、开发区管委会行政一把手分别担任辖区内河流的“河长”，对辖区内河流的污染治理负总责。

长兴县“河长制”分为四级：县委县政府主要领导担任一级“河长”，有关部门的主要领导担任二级“河长”，相关镇、园区的主要领导为三级“河长”，所在行政村的村干部为四级“河长”。两年之内河流治理不达标的“河长”将被问责。

同年，大连市对辖区内碧流河、复州河实行“河长制”。由大连市政府领导担任“河长”，对河流污染治理工作负总责，督办河流水质的改善工作。

河南省周口市也下发《周口市河流断面水质控制目标管理办法》，决定对辖区内河流实行属地行政首长负责制下的“河长制”，按河流的功能作用，由市长、副市长、人大和政协领导，以及县（市、区）政府领导分别担任“河长”，负责辖区内河流的污染治理。

滇池是中国有名的“污水盆”。2008 年，昆明市实行滇池流域内的 35 条入湖河道和一条出湖河道“河（段）长负责制”，由市级四套班子领导担任“河长”，河道流经区域的党政主要领导担任河“段长”具体组织实施，对辖区水质目标和截污目标负总责，实行分段监控、管理、考核、问责。严格按照以目标倒逼进度、以时间倒逼程序、以下级倒逼上级、以督察倒逼落实的工作方式开展河道综合整治。

形成治水“生态链”

“责任不明是制约河湖污染治理的一个重要因素。”环保部有关负责人对《第一财经日报》记者说，在水管理问题上，多年来，我

国一直存在着众多部门职能交叉、权责不清的问题，“九龙治水”就是鲜明的写照。

“一条河几个部门管理，水利部管水，我们管岸。他们上不了岸，我们下不了水。就像那首歌，‘妹妹坐船头，哥哥在岸上走’。大家都在抢权，但一出事儿就先找环保。”环境保护部副部长潘岳说。

在法律上，不同的法律法规也存在“打架”的现象。

如2002年修订的《中华人民共和国水法》第十二条规定“国务院水行政主管部门负责全国水资源的统一管理和监督工作”。在我国环境行政管理机构中，形成了三个“统管”部门：一是《中华人民共和国环境保护法》第七条授权的环保部门，对环境保护工作实施统一监督管理；二是1998年成立的国土资源部，主管全国土地、矿产资源、海域等自然资源的统一监督管理工作；三是水行政主管部门，负责全国水资源的统一管理和监督工作。这种多头“统管”的体制导致了大家都是“统管”部门，谁也不服谁。

而“河长制”的出现，把地方党政领导推到了第一责任人的位置，有效地落实了地方政府对环境质量负责这一基本法律制度，为区域和流域水环境治理开辟了一条新路。

环保部的一项统计显示，以江苏省实行的“河长制”为例：纵向从省委书记、省长开始，“系在一根绳上”的还有市委书记、市长、区委书记、区长，镇党委书记、镇长，村支部书记、村委主任，大大小小担任全省或全市各级“河长”的干部人数近几千名；横向从省委、省政府开始，发改、经贸、财政、规划、建设、国土、城管、工商、公安等12个部门都各有分工，“一荣俱荣、一损俱损”的治水“生态链”，让谁都不能在水环境治理上缺位。

记者从江苏省有关部门了解到，“河长制”实施5年多来，太湖流域河流水质不断改善，河道常年性黑臭现象已基本消除，原先脏乱差的面貌得到彻底根治，水环境治理呈现出良好的示范效应。

据记者了解，水利部力推“河长制”，主要是从资源管理、水量控制角度考虑的。

我国河湖众多，水系复杂，流域面积超过100平方公里的河流有22909条，水面大于1平方公里的天然湖泊有2865个。

“我国经济处于快速发展的过程，一产用水量很大，二产高耗水的产业也比较多，对水资源的需求量是非常大的。”矫勇对记者说，这导致我国许多地区流域水资源过度开发利用，也导致一些河流的河段出现了断流、湖泊出现了萎缩、湿地出现了退化等现象。

我国地表水资源量中有32%的水为基本生态用水，不能有效控制和利用的洪水量占40%，水资源可利用量仅占28%，水资源总量的约束日趋突出。

水利部统计显示，我国目前年用水总量已突破6000亿立方米，约占水资源可开发利用量的74%。水资源过度开发，已接近或突破水资源可以支撑的限度。

“实际上，2012年全国用水量已经到了6131亿立方米。”矫勇对记者说，像北方地区，水资源非常短缺。淮河流域人均水资源只有

300 立方米，这在国际标准上是绝对缺水的地区。

《全国水资源综合规划》公布的数据显示，目前全国多年平均总缺水量为 536 亿立方米。海河、黄河、辽河、西北和东部沿海城市等地缺水严重，缺水范围正在蔓延。如果不采取强有力的刚性措施，就难以扭转水资源严重短缺和日益加剧的被动局面。

根据我国政府提出的水资源管理目标，到 2030 年全国用水总量控制在 7000 亿立方米以内；用水效率达到或接近世界先进水平，万元工业增加值用水量降低到 40 立方米以下，农田灌溉水有效利用系数提高到 0.6 以上。

仍需体制机制创新

记者从江苏省有关部门了解到，近年来，该省环保厅在总结“河长制”管理经验的基础上，还在太湖流域建立了断面达标整治地方首长负责制，即在 65 个重点断面建立“断面长”制，这是对“河长制”的创新和延伸；有的地方则在实行“河长制”“断面长制”基础上，又创新了“浜长制”。

为了帮助河长更好地履行职责，江苏省太湖水污染防治办公室还建立了治太联络员制度，为 15 条主要入湖河流省市河长配备了联络员。

该省部分地方还设立了“河长制”管理保证金专户，实行保证金制度。

在无锡市惠山区，每个河长要在年初向专户缴纳每条河道 3000

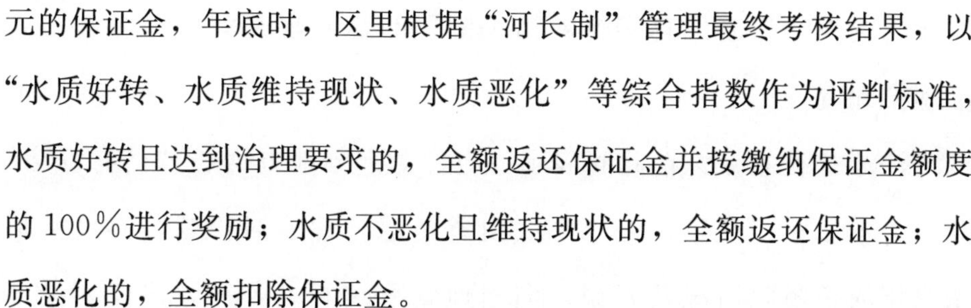

元的保证金，年底时，区里根据“河长制”管理最终考核结果，以“水质好转、水质维持现状、水质恶化”等综合指数作为评判标准，水质好转且达到治理要求的，全额返还保证金并按缴纳保证金额度的100％进行奖励；水质不恶化且维持现状的，全额返还保证金；水质恶化的，全额扣除保证金。

不过，在中国政法大学环境资源法研究所所长王灿发看来，“河长制”在本质上仍属于人治，而不是法治，其推行和实际的效果不是依赖于法律的规定，而是依赖于一个地方的党政领导是否对水环境保护给予重视，是否愿意当“河长”。

“其致命的弊端是决策的随意性和行为后果的不确定性，决定的作出和工作的开展在很大程度上要受领导人好恶的影响。”王灿发说，今天主要领导愿意当“河长”，河水变清了，明天主要领导不愿意当河长，河水可能又变污了；这一任领导愿意做“河长”，水质变好了，下一任领导不愿当“河长”了，水质就可能下降。

“而法治的最大优势就在于它的规范性、稳定性和程序性。”王灿发认为，在“河长制”的推行方面，最终还是要依靠制度建设，将《水污染防治法》关于地方政府对本辖区环境质量负责的要求通过立法加以制度化，制定完善的考核指标与程序。

中央党校政法部教授傅思明也认为，“河长制”要真正“问责”，实现治理水源污染的目的，并不是喊个口号、立个责任书那么简单。

傅思明说，按理县长、乡长、局长等本来就承担着河湖综合治理的相应职责，治理不力照样应该问责，何必非得要封个“河长”

才能问责呢？难道没有实行“河长制”的地方政府就可以对水污染治理推卸责任？

江苏省有关专家在此间表示，应针对部分地方河长“徒有虚名”和“力不从心”现象，每年年底由省河道管理“河长制”办公室根据当年河长履职情况及效果，向当地党委政府主要领导建议更换部分不合格的河长。

在资金使用上，专家也建议赋予河长一定的职权。由省河长办依据考核成绩分配河长激励资金，其中市级河长 300 万每人每年，县级河长 200 万每人每年，专项用于河流治理。河长将其掌握的基金作为激励手段，奖励给治污积极的部门或地方用于补助水污染治理资金不足等问题。

上述专家还建议，理顺“河长制”管理体制，流域市县“河长制”管理办公室一律设在省太湖办。修订河长工作意见，使河长工作逐步走上制度化、规范化、法制化轨道，并研究出台河长工作评价考核办法。专家还建议设立“民间河长”，建立相互监督机制，并实行定期的信息公开制度。

“水利部作为行业主管部门，会在‘河长制’制度建设方面进一步完善规划，完善河湖保护技术的标准和相应的规程规范，为‘河长制’的实施提供比较坚实的技术支撑。”矫勇说。

矫勇同时表示，在河湖管理方面，水利部也将引入市场机制。2014 年 2 月 28 日水利部出台的《关于加强河湖管理工作的指导意见》提出，“凡是适合市场、社会组织承担的工程维护、河道疏浚、水域保洁、岸线绿化等管护任务，可通过合同、委托等方式向社会购买公共服务。”

该指导意见提出，到2020年，基本建成河湖健康保障体系，建立完善河湖管理体制机制，努力实现河湖水域不萎缩、功能不衰减、生态不退化。

产权改革激发小型水利工程无限活力

——四川省小型水利工程产权改革纪实

李立平

在四川广袤的农村土地上，不时可见一座座加固一新的小水库、小塘坝，一池碧水镶嵌在崇山峻岭之中，渠水顺着新修的渠系缓缓流淌进农田，润泽着片片良田。小型水利为农业发展注入勃勃生机，这正是四川通过管理体制改革搞活农村小型水利工程最好的见证。

四川省在小型水利工程管理体制改革中把深化改革和农村产权制度改革“确权、赋权、强基、释能”的要求相结合，逐步实现“建、管、用相协调，责、权、利相统一”，进而建立完善小型水利工程管理体制，并借此摸索出适合四川省情的小型水利工程产权改革路子。

分类确权　为小型水利工程明确身份

四川小型水利工程269万余处，数量众多，作用巨大。如何明晰权属，确定所有者和权利职能成为管好用好这些工程的当务之急。各地将小型水利工程的确权作为农村确权的“七大任务”之一，整合了部门力量，做到政策一致、信息互通、资源共享，进一步明晰了工程权属。

按照“户建自有、联建共有、集体公有、骨干国有”的原则，不同性质小型水利工程分类确权。对规模较大、安全管理要求高的骨干小型水利工程，实行国有国管，设立专管机构，定性定编，落实“两费”，推行专业管理。目前，全省已设立国管水库管理单位655个，部分县实现了对所有小型水库实行县级统一管理。对一般小型水利工程，鉴于其量大面广的特点，将所有权或持有权明确给农户、村组集体、用水者协会、专合组织等。

在明晰产权过程中，坚持受益边界和管理边界一致性原则，谁投资，谁受益，谁使用，谁所有（持有），在此基础上，加强了效益核查、清产核资、四址界线明确等基础工作。阆中市在试点工作中，对3个村的工程进行了航拍测绘，调查摸底，划定工程四址界线，涉及农户林地、耕地、农宅或其他建筑的界线，周边农户填写了声明书、委托书予以确认。在程序上，通过民议民

决的方式来处理历史遗留问题，减少争议，化解矛盾，按照“成熟一处、公示一处、确权一处、颁证一处、建账一处”的“五个一”要求，稳妥推进确权。南江县9449处小型水利工程，调查摸底工作已全面完成，已颁发产权证3167份，其余工程正在申报、审核、公示中，年内将全面完成确权任务。

充分还权　建管用权利交还产权人

在深化改革的过程中，四川坚持“充分还权”，将小型水利工程的建、管、用权利交还给农民以及其他产权人。

全面赋权。依法赋予小型水利工程的产权人或持有人各项权利，包括使用权、管理权、经营权、受益权、收益权。单户自用的工程还拥有继承权。全省统一由县级人民政府向产权人颁发产权证书，其合法权益受法律保护。坚持建管一致，根据工程特点，将小型农田水利工程的建设申报、项目实施权利以及接受维修养护资金补贴的权利赋予产权人。2009年以来，四川省在小型农田水利重点县项目实施中，通过用水者协会、村组集体、专合组织、农户、联户等主体，全面推行民办公助、先改后建、先建后补、以建促管，实现了建管一体，取得了显著成效。

责、权、利统一。明确小型水利工程的产权人，即是工程的管护主体和责任主体。产权人必须履行工程管理、安全管理义务，服从水行政主管部门的业务指导、行政监督。落实安全管理责任制度，明确要求小型水库、中小河流及其堤防、村镇供水工程等涉及公共安全的小型水利工程要逐处建立安全责任制，明确政府安全责任人、主管部门责任人（或产权所有者）和管理单位责任人（或管护人员）的具体责任，在颁发产权证书的同时签订安全责任书。在产权归属明确、管理责任明确的基础上，配套推进水价水费、民主管水、财政补贴、产业反哺、运行监管等改革措施，并进一步明确、细化产权人在相关改革活动中权利义务，权责更加落实。

建章立制　为工程运行管理确定规范

在稳步推进“确权颁证”工作的基础上，为进一步规范小型水利工程管理体制改革后的运行管理，四川先后出台了支持用水者协会建设、加快小型水利发展、强化基层水利服务机构等一系列文件，并会同省财政厅于2013年年底印发了深化小型水利工程管理体制改革的实施意见，提出要强化基础工作，不断提高小型水利工程“规范化”管理水平。

围绕颁发产权证书、制定运行制度、建立工程档案和落实产权所有者、管理者、管护制度、管护经费、监管责任，四川省深入推进改革。目前，全省已有57个县建立小型水利工程建后管护奖补资金。广安区本级财政落实了全区65座小（2）型水库的管护经费130万元。

下阶段，全省将继续推动省市县三级建立小型水利工程管护专项经费，对提供公共服务的公益性、准公益性小型水利工程，提供

必要的财政补贴。同时以财政资金为引导，激励社会资金参与小型水利工程建后管护，逐步建立起稳定的小型水利工程管护资金多元化投入机制。在保护小型水利工程所有者、经营者、产权承接人的各项权利的前提下，由县级水务部门制订通用、简明、易懂的管理通则，规范管理行为，注重保护水土资源和生态环境，保证小型水利工程的用途不变、效益提升、运行安全。

创新机制 激发小型水利工程活力

四川各地以"确权颁证"为基础，以确权促还权，以还权促释能，探索创新，激发了小型水利工程的管理活力。全省基层水利服务机构建设任务基本完成，现有的2050个基层水利服务机构，7722名基层水利工作者，以及近2万名村级水务员，为小型水利工程管理提供了有力的支撑。

在开展小型水利工程产权中的所有权、经营管理权两证分离试点工作中，各地依法有序推进产权流转，取得了较好成效。2012年6月，四川省第一家小型水利工程产权交易中心在巴州区水宁寺镇正式成立，开始办理小型水利工程所有权、使用权的变更管理、抵押登记、抵押融资业务。目前，以拍卖、租赁、承包、转让等形式实现交易流转21处，总交易额达540万元，小型水利工程所有权、使用权、经营权依法合理有序流转有了良好开端。

同时，在小型农田水利工程机构的运行中，积极培育社会化管理队伍，部分市县开始试点集中管理、委托管理、购买服务、政府采购、村级公共管理平台等社会化管理方式，形成符合地区特点、工程特点的管护机制。

聆听春潮涌动

——辽宁农村水利工程管理体制改革化蛹为蝶实现嬗变

罗兆军　高立洪

农村水利工程管理梗阻在哪里

提起“3655”工程，已退休的辽宁省水利厅农水处副处长王久林依然扼腕叹息。16年过去了，这个当年投入巨资旨在发展500万亩节水喷灌农业的项目，如今只能在当年的新闻报道上找到端倪。

“3655”工程的折戟并不是个案，大量的农村水利工程建成以后，没有及时建立起长效管理机制，维修养护经费保障机制不健全，缺少维修养护人员尤其是专业技术人员，直接影响一些水利工程的正常运行。辽宁省水利厅农水处提供的数据显示，全省40％的大型灌区、50％～60％的中小型灌区、50％的小型农田水利工程设施不

配套，老化失修，损毁严重，效益衰减。农村水利工程管理“最后一公里”问题，已成为水利工作的短板。

近几年，辽宁水利事业快速推进，有力支撑了全省经济社会发展。但重建轻管，重大轻小，重骨干轻配套，基层水利服务体系不健全，农村水利工程缺乏良性运行长效机制的问题还普遍存在。

未来的经济社会快速发展将对水利工作提出更高的要求。“十二五”期间，辽宁全省水利建设投资将达到1111亿元，其中农村水利投资超过1/3。在大规模开展水利建设情况下，如果不能解决好建设与管理关系，不仅难以保证工程发挥效益，还极可能重走“建成一片、荒废一面”的老路；如果不补齐水利管理短板，就难以抓住难得历史机遇，实现水利事业大发展、大跨越。深化农村水利工程管理体制改革，加快水利基层服务体系建设，解决制约基层水利发展的短板问题，已成为辽宁水利亟待破解的难题。辽宁省水利厅党组决心加快推进水利基层服务体系建设，用2年时间基本解决全省农村水利管理薄弱问题。

借用春风融冰雪

深化农村水利工程管理改革、推进水利基层服务体系建设迎来难得历史机遇。2011年中央一号文件提出健全基层水利服务体系，水利部、辽宁省委、省政府要求全面贯彻中央部署，全力推进基层水利服务体系建设，改善民生，切实解决农民群众最关心、最直接、最现实的水利问题。辽宁省主要领导多次听取基层水利服务体系建

设工作相关汇报，深入基层县区调研，先后多次召开会议协调相关工作，在人员编制、经费等方面给予大力支持；省编制、人事、财政等部门也主动服务，积极沟通协调，为工作顺利开展创造了良好的氛围。

水利厅党组将其作为全厅工作重点，超前谋划。2012 年春节过后，水利厅党组抽调厅直系统 160 名干部，组成 40 个调研组，历时 1 个月，对全省 13 个市 82 个涉农县（市、区）1000 多个乡镇 2000 多个村屯进行了实地调研，形成了加强基层水利工作意见和建议，为陆续出台操作性强的政策文件打下了坚实基础。

2011 年 11 月，省政府办公厅下发《关于加强基层水利服务体系建设工作的意见》。2012 年 4 月，省政府颁布了《辽宁省农村水利工程管理办法》。这是辽宁水利发展史上具有重要意义的一部文件，它宣告辽宁农村水利工程管理改革正式吹响了冲锋的号角。2012 年 8 月，省水利厅等四厅局联合出台了《关于全面加强基层水利服务体系建设的实施意见》，明确作出具体安排。辽宁先后制定了《辽宁省乡镇水利服务站库房建设仪器设备购置和村级水管员管理指导意见》等一系列制度、办法，强化资金监管和质量监督，健全项目建后管护机制，确保工程长效运行。这些制度办法出台，形成了较为完备的政策制度体系，为辽宁水利工程有序规范实施提供了坚实的制度保障。

不信东风唤不回

农村水利管理体制改革牵一发动全身，涉及各级地方党委、政

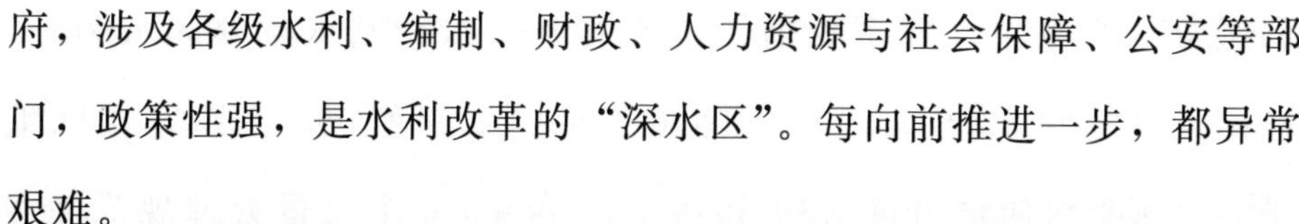

府，涉及各级水利、编制、财政、人力资源与社会保障、公安等部门，政策性强，是水利改革的“深水区”。每向前推进一步，都异常艰难。

为了推进工作，水利厅专门成立领导小组，厅长史会云担任组长，经常专门听取汇报，提出要求，甚至给工作落后县市的主要领导逐一写信，推动工作。副厅长孙占和带队现场督察工作进度落后的县（市），协调解决困难，一天最多连续跑了7个县。水利厅成立了农水局，专职负责此项工作。

讲求策略，善用考核，是辽宁推进基层水利服务体系建设的一条重要法宝。组织拉练检查，发布信息通报，让一些落后县（市）坐不住，动起来，追上去。2013年6月，在全省基层水利服务体系建设进入关键节点之际，水利厅分3个片区，组织召开现场会，让县（市）主管领导参观水利站库房建设先进典型，汇报水利站库房建设、人员编制划转情况。同时，农水局每周对各地水利站库房建设、人员编制划转情况统计一次，定期通报各县（市）政府主管领导。省水利厅还将此项工作纳入“大禹杯”竞赛活动考核内容，实行“一票否决”；制定《辽宁省基层水利服务体系建设“以奖代补”管理办法》等考核办法；协调省纪律监察、财政、审计等部门，将基层水利服务体系建设作为一项重点监督检查内容，达到了“激励先进，带动落后”的目标。

省水利厅将40个基层水利服务组划分为13个服务组，负责47个责任区，各组组长由副厅长担任，主要任务是确保人员编制划转

和经费落实到位。截至目前，全省888个水利站（含郊区水利站）核定人员编制3276人，9726名水管员已上岗就位，活跃在田间地头；完善县级质量监督机构56个，出台了16个质量管理规范性文件。农村水利管理攻坚战初战告捷，赢得了了水利部和省委、省政府的认可。

吹皱一池春水

基层水利服务体系建设，需要真金白银。资金如何解决？辽宁在基层水利服务体系建设投入上有一个认识："宁肯少建一项工程，也要省出钱来，投入基层水利服务体系建设。"针对全省基层水利服务体系建设，辽宁省市两级财政不仅提供了一次性补助，还立足当前些，着眼长远，建立了长效投入机制。省、市对每个水利站一次性建设补助52.5万元，对购置仪器设备、车辆补助15万元，每年对经常性经费补助11万元，每年对每名村级水管员补助1万元。为此，省、市财政总计安排6.8亿元，用于全省水利站建设、技术服务设备购置等，每年安排2.2亿元，用于经常性补助资金。《辽宁省农村水利工程管理办法》，规定"每年从水利非税收入和土地出让收益计提中提取不低于20%的资金，专项用于农村水利工程维修养护管理的投入"，省本级每年可投入管理资金3亿元。由此，基层水利服务体系长期运行有了资金保障。

没有规矩，难成方圆。水利厅制定了一系列规范文件，下发了一系列意见和合同、协议范本，明确了各级水利部门职责，提出了站房建设、仪器设备购置标准和要求，确定了水利站人员录用和村水管员选用标准和程序，各地根据标准规范推进基层水利服务体系建设。

一次脱胎换骨的体系建设，带来的是质的飞跃，辽宁农村水利管理工作发生了天翻地覆的变化。

全省市县级水利机构日臻完善，水政监察、江河公安机构设立，实现了联合执法，辽宁水行政执法从此有了刚度。全省 888 个乡镇水利服务站独立设站，面貌焕然一新；全省 9726 名村级水管员和 1162 名库管员，忙碌在田间地头，穿梭在工程一线。农村水利工程有人建，有人管，实现“服务到村，受益为民”目标；全新环境激发了基层水利人服务民生的热情。基层水利服务体系建设，为辽宁水利煌煌史册镌刻下全新的标记。

辽宁还对农田水利建设中涌现出的先进技术、施工工艺、管理经验进行总结提炼，形成技术手册、培训教材等，加强科技知识普及，营造公众参与的良好氛围。

2014 年辽宁遭受了历史罕见的旱灾，全省 905 个涉水乡镇，2976 名水利站人员、9726 名村级水管员、1162 名库管员、900 余台技术服务车辆及 45 支县级抗旱技术服务队深入田间地头，紧紧围绕水源建设使用、解决人畜饮水、物资器材发放、设备安装维修、旱情核查报送等项工作积极开展抗旱减灾，尽力减少灾害带来的损失。全省累计完成抗旱一次浇灌面积 919.68 万亩，临时解决了前期出现的 40.88 万人、9.10 万头大牲畜饮水困难。辽宁基层水利服务体系

建设，从根本上解决了制约全省农村水利管理体制不顺、机制不活、职能不强等问题，稳定了基层水利队伍，提高了水利站人员工作积极性，改善了农村水利工程管理和维修养护水平，基本满足了群众需要，也提升了水利行业形象。

辽宁将继续巩固民生水利建设成果，扎实推进各项水利工程项目建设，力争为群众谋得更多实惠，为经济社会发展提供有力的水利支撑和保障。

以改革之新　谋发展之远

——江苏全面深化水利工程建设管理体制改革综述

朱小飞

2014 年 7 月 22 日，新沟河延伸拓浚工程武进遥观南枢纽顺利开标。虽然这只是一个普通项目的开标，但意义却十分重大，该项目成为江苏省自 2013 年底发布《江苏省水利工程建设项目代建制试行办法》以来，第一个实践代建制的项目，也标志着江苏水利迈出工程建设管理领域深化改革的重要一步。

从“项目法人制、招标投标制、建设监理制、合同管理制和竣工验收制”到“规划许可制、竞争立项制、投资控制制、资金保障制、绩效评估制”新五制，进入新世纪，江苏水利在工程建设管理领域革故鼎新，创造了一个又一个江苏模式，也推动着全省水利工程体系的不断完善。统筹兼顾、综合配套的防洪保安工程，畅饮畅

排、调蓄自如的河湖联通工程，丰枯调剂、布局科学的水资源调配工程，为江苏“两个率先”的加快推进作出了卓越贡献。

随着经济社会的发展，江苏水利建设投资持续增长，重点工程投资规模从2005年不到35亿元增长到2014年的125亿元。今后一个时期，水利基础设施建设投资将依然保持高速增长的态势，加快水利工程建设管理体制改革，是应对繁重的水利建设任务、提高投资效益和效率的需要，也是规范水利建设市场、严格基本建设程序的必然要求。

“改革步入深水区，某个环节的单兵突进已难以实现改革效益最大化。”江苏省水利工程建设局局长朱海生指出，“必须通过综合配套改革，强化整体推进，形成联动效应，才能实现改革效益最大化”。围绕建设管理水平和效益的提升，江苏打出了一套改革的组合拳。

代建制：探索政府购买公共服务

2013年，太湖水环境治理新沟河工程开工建设，工程概算投资56亿多元，其中新沟河工程武进境内投资达25.85亿元，巨大的工程投资和工程量创下了武进水利工程建设历史之最。武进区水利局负责同志感叹道，仅凭自身力量，无论管理能力，还是技术水平都无法满足工程建设管理要求。

穷则思变，变则通。省太湖治理建管局牢牢把握全面深化改革契机，决定在遥观南枢纽推进代建制，以弥补建设管理力量的不足。

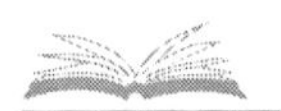

经投标文件初步审查、报价复核、组织实施方案评审、项目经理答辩、评委赋分等程序，上海东华工程咨询公司在5家竞标单位中拔得头筹。

据遥观南枢纽项目法人介绍，在项目初步设计批复后，该代建单位将进行建设实施的项目和子项目的招标管理、采购管理、监理管理、施工管理、工程款支付管理、竣工结算和竣工验收管理等，并对工程项目进行质量、安全、进度、投资、合同、信息等进行管理，并负责项目的各类手续报批、报建、报表和组织协调各方面关系，整理汇编移交有关项目资料等。

习近平总书记明确提出新时期治水要坚持“两手发力”，既要发挥政府的主导作用，同时也要积极利用市场机制。应该说，代建制管理模式符合投资多元化、管理社会化、经营市场化的体制改革要求。

市场经济体制下，代建制本身也是一把“双刃剑”，最大的优点在于能够充分吸收社会人力资源参与到项目建设管理当中，但如果项目投资概算偏小，企业利润得不到保证，代建单位投入资源和力量就会有限，必然影响代建单位建设管理的效果。

为了解决这一难题，《江苏省水利工程建设项目代建制试行办法》，明确规定行政区域内总投资1000万元以上，且政府投资（或者融资）占总投资额30%以上，或者政府投资（或者融资）金额在500万元以上的公益性水利工程建设可以实行代建制。毕竟对企业来说，在圆满完成项目建设管理的同时，通过项目获得利润是发展

之本，才能使代建单位走向良性循环轨道。

与传统“投资、建设、管理、使用”四位一体建设管理模式相比，代建制的推行解决了政府机构既是运动员又是裁判员的两难境地，政府不用介入具体的经济活动，从而提高政府投资工程的建设管理效率和投资效益，实现投资、质量和进度的有效控制。

但是，代建制要想全面推广还面临很多难题，最大的阻力来源于市场不够成熟以及工程代建环境的复杂，比如涉及征地拆迁、地方配套资金等，代建单位无法协调解决。省治太局副局长何勇告诉我们：“遥观南枢纽目前还不具备全过程代建条件，依然采用建设实施代建，主要是建设管理过程中的监管。”

质量和安全两翼齐飞，为水利工程建设保驾护航

“两手发力”既是新时期治水思路的要求，也是深化水利改革的必然选择。江苏水利在加快治水市场化机制探索的同时，更加注重发挥政府在转型期水治理中的主导作用，特别是在市场和社会力量成长起来之前，作为工程建设的“一体两翼”，质量和安全的监督管理，政府部门责无旁贷，不仅要管，还要管严管好。

随着全省重点水利工程建设蓬勃发展，工程项目面广、量大、点多，为应对繁重的质量安全监督管理工作，江苏水利积极贯彻落实习近平总书记提出的“党政同责、一岗双责、齐抓共管”要求，高度重视发挥地方各级党委政府在安全生产上的监管职责，坚持“管行业必须管安全”“管业务必须管安全”“管生产经营必须管安

全”，全面落实水行政主管部门安全监管责任和水利生产经营单位安全主体责任。在水利建设工地构建建设单位统一领导、监理单位现场监督、施工承包单位为责任主体的各负其责的质量安全生产管理体系。

此外，为充分发挥基层质量安全监督管理作用，积极推动基层质量安全管理机构的设立。目前，全省13个地级市均设置了水利工程建设质量安全监督机构，已有38个县（市、区）成立了县级质量监督机构，其中宿迁市率先完成本级及全市各县、区质量安全监督机构组建，总体上，省、市、县3级质量安全监督管理体系初步形成。

为落实水利工程建设参建单位质量安全生产主体责任，规范质量安全管理行为，江苏水利大力推进质量安全管理制度化标准化建设，先后制定颁布了《水利工程质量监督规程》《水利工程铸铁闸门设计制造安装验收规范》《水利工程施工质量检验与评定规范》《水利工程混凝土耐久性技术规范》等多部地方标准，以及《江苏省水利工程建设安全监督工作指导意见》《江苏省水利工程建设安全生产管理规定》等规章制度，科学指导全省水利工程质量安全管理工作，为水利工程质量安全管理提供了坚实的制度和技术保障。

在质量安全监督管理方面，江苏水利逐步实现从实体质量安全检查为主向质量安全行为检查为主的转变，切实加强对参建单位质量安全行为的检查，在每个工地，质量监督人员均首先检查合同执行情况，检查主要质量人员的到岗到位情况，检查质量责任制落实

情况，不断规范质量管理行为。针对水利工程战线长、点多的特点，还在泰东河等重点水利工程积极推进质量安全信息化监管方式，通过在工程现场布置监控装置，对施工现场进行实时监控，随时掌握工程建设动态。

信用体系：打造江苏“诚信水利”

作为“诚信江苏”的重要战略组成，近年来，江苏水利不断规范市场建设行为，着力推进诚信水利建设，已初步建立水利建设行业守信激励和失信惩戒制度，形成“一处失信，处处受制”的信用监管体系。

“公开、公平、公正和诚实信用”的原则，是保障招标投标活动规范有序进行的核心要求，是开展招标投标活动最基本的原则。为加强标后管理，江苏水利引入诚信体系建设，通过建立信用档案、实行履约考核、及时评定等级，来加强和完善投标方的诚信体系建设，实行水利工程建设市场的动态监管。

据省厅基建处负责同志介绍，进入江苏水利建设市场的从业单位统统纳入信用等级考核，依据信用等级确定从业单位评标资信得分，把信用等级作为投标人是否符合市场准入条件的评判依据之一列入招标文件，且在综合评分相同的情况下优先推荐信用等级高的投标人为中标人。对于信用等级低的，将暂停其半年或一年参与江苏水利工程建设项目的投标资格。

信用体系建立以来，在规范水利工程建设市场，防止围标、串标等违法违规行为方面取得了明显成效。据江苏省水利厅招标办工作人员介绍，建立信用档案信息，招标投标双方均可快捷通过网络获得相关信息和服务，提高招投标工作透明度和工作效率；此外在招投标活动中，信用信息能够起到优胜劣汰的效果，保证工程质量和投资效益。

为积极推进有关行业的信用信息记录共享，江苏省还大力推行省水利工程电子招投标系统，利用现代的信息技术，在确保国家安全、商业机密和个人隐私的前提下，加大信息公开力度，让违规违法者无处藏身。同时在日常工作中，按照建设市场主体的信用记录，扩大信用等级的使用范围，例如资质认定、优质工程评选、文明工地评选等，培育信用服务市场。

目前在江苏省水利施工、监理、检测等单位资质审批和水利工程建设“文明工地”“优质工程”评选中，已充分考虑相关单位的信用情况、如有不良行为，不予审批和评奖。

精细管理固基础　锐意改革谋发展

——灌南河道管理局创建淮委直管工程国家级水管单位纪实

张雪洁

暮春时节，江苏省连云港市灌南县新沂河岸边，一眼望去，河堤两边林木排列整齐，堤顶路面平整，堤坡平顺，蜿蜒的新沂河在一侧安静流淌，灌南河道管理局工程维护人员正在修剪护堤林木。作为新沂河灌南县境内河道和堤防的守护者，20多年来，他们用勤劳和汗水护卫着这段堤防与河流，缔造着安澜与和谐。

人们口中的“老先进”

熟悉灌南河道管理局的人都知道，这是一个有着优良工作传统的“老先进”单位，获得了“全国水利文明单位”“全国工人先锋号”“江苏省精神文明建设工作先进单位”“全国工程管理先进单位”“中国农林水利工会淮河委员会工人先锋号”等多项荣誉称号。

“闸是风景区，堤是风景线。”灌南河道管理局根据生物防护要求，在堤身及迎背水滩地种草、植树，在低洼处种藕养鱼，并在主要道路口设置景观带，初步形成了较为完整的生物防护体系。截至目前，共栽植草皮114万平方米、树木12.4万棵，工程管理范围内宜植地段的绿化覆盖率达97%。该局先后组织开展4次62个标段12万棵树的公开销售，销售额达830多万元，走出了生态保护与经济效益的共赢之路。

与此同时，灌南河道管理局在科技应用方面也做出了有益尝试。其自主开发的工程管理信息系统能够及时上传工程管理相关信息，查阅维修养护、日常巡查、工程建设、防汛物料和工程防护等相关资料，对工程管理规范化、科学化发挥了积极的推动作用；采取先进技术完成与沂沭泗局水利信息综合数字业务系统的链接，加入水信息网络，实现了信息互通；在东友涵洞安装的水位遥测系统，实现了工程水位远程监视、监测，既能随时了解站点的行洪水位，又能较为完整地记录行洪的整个过程，让较偏僻的观测站点减少了观测工作量，大大提高了观测质量和效果；文档一体化管理系统和财务电算化系统提高了办公自动化水平，视频会议系统实现了水利管理异地会商。

2011年12月3日，该局以千分制考核939分的成绩通过国家级水管单位考核验收，成为淮河水利委员会系统直管工程首个国家级

水管单位。

高起点上的新目标

“创建只有起点，没有终点。这些成绩只能说明过去，面临即将到来的3年国家级水管单位复检，我们还有很多事情要做，有许多不足需要改进。”灌南河道卞华宏局长诚恳地说。

据了解，创建国家级水管单位成功之后的两年多时间里，他们从没停止过进取的脚步，始终保持严谨细致的工作状态，建立长效机制巩固创建成果，做到了思想不松、队伍不散、标准不降和力度不减。为了通过2014年的3年复检，他们对难点问题、重点部位、薄弱环节的整治下足了力气。

工程管理更加精细化、规范化。按照“标准要统一，管理要规范，养护要精细，检查要严格”4个关键环节，对堤防管理全过程实施最严格的监管，对堤防工程进行全面的整修，以亮丽的工程面貌体现精细化管理的效果。加强管理，实现新沂河灌南段堤防工程“防洪保障线，抢险交通线，生态景观线”的管理目标，并严格按照上级机关制定的水利工程维修养护程序管理规定和实施细则、考核办法等规定实施维修养护工作，确保维修养护工作按照合理的工作流程正规化、规范化运行。编制工程维修实施方案，精心组织好维修养护实施，及时开展日常维护检查，按时完成支付进度，继续按照标准化堤防建设要求，确保标准化堤防水平不降低。下一步，该局还将结合维修养护，进一步完善管理所、高速路下、跨堤电缆下四周边绿化、美化工作以及204国道两侧、连云港港疏港航道附近小景区建设等工作，确保工程有看点、有亮点。针对工作存在的难题，诸如目前新沂河灌南段有个别堤段的违章养殖、违章搭建还没有得到彻底遏制的现象，该局将加大对违章项目、非法占用等非法行为的行政处罚的力度，采用多管齐下、多措并举的方法入手，消除违章现象，维持健康的水事秩序。

两年多来，灌南河道管理局保持以往的优良做法，注重将水文化建设、职工文化建设、和谐文化建设有机结合，在建设学习型组织、创建文明单位、打造高素质人才队伍、内强素质外树形象等方面齐抓共管、协调发展，开展了与沭阳局文明单位结对共建活动，并在为创建国家级文明单位而努力。

河南创新水利移民工作的实践之路

杨沙平　李乐乐

南来清水浩荡北送，世纪梦想一朝成真。当我们凝望千里长渠，不禁想起那些舍小家顾大家的移民，他们是否在异乡开启了美好新生活？

近日，记者进行了走访，发现一个个富裕和谐、活力迸发的移民村，正在中原大地交织成一幅生机盎然的美丽画卷。一组令人振奋的数据折射着河南省水利移民的幸福生活：目前，全省移民人均年纯收入已从 2006 年的 898 元，提高到 2013 年的 6824 元，增长 7 倍多；丹江口库区移民人均年收入由搬迁前的 4200 元增长到 7500 多元，经济发展快的村人均年收入已经突破万元。

河南省共有移民 202 万人，其中南水北调移民 16.54 万人，是全国第三大移民省份。让移民早日过上富裕安康的幸福生活，是实现富民强省、中原崛起宏伟目标的重要课题。为破解移民工作难题，近年来河南省改革创新，束缚移民村稳定发展的种种桎梏逐一破解，初步实现了“搬得出、稳得住、能发展、快致富”的目标。

由移民部门“孤军奋战”变各部门“集团作战”

迁徙动荡，亲情割裂，新旧矛盾交织，很多移民村在搬迁初期都出现不稳定现象。

“发展是解决移民问题的关键，经济发展和移民的稳定息息相关。”河南省移民办主任崔军说，“我省全力推进‘强村富民’战略，通过经济发展谋求移民村的长治久安。”

按照省移民办确定的“强村富民”总体目标，丹江口库区移民收入3年内要达到当地居民平均水平，其他移民村5年内达到当地平均水平，2020年达到小康水平。

河南省委、省政府高度重视移民后期帮扶工作，出台了一系列政策和措施，同时创新机制，注重发挥社会力量的重要作用，变移民部门“孤军奋战”为各级各部门“集团作战”，帮扶工作打上了鲜明的中原特色。省直25个部门参与了帮扶工作，发改委、财政厅、交通厅、水利厅、民政厅、卫生厅、环保厅、住建厅、林业厅、体育局等部门全力以赴，累计帮扶资金达50多亿元。

在河南省移民办的努力下，河南省获得中央投资1.45亿元，加上省市匹配的1.7亿元，将有效解决陆浑水库剩余4400多回流移民的安置问题。同时，总投资7.2亿元的大中型水库移民避险解困试点工作方案已经上报国家待批，实施后将惠及6市、10县、29个移

民村的1.9万人。

省移民办与省财政厅研究，将大中型水库移民后期扶持项目审批权下放到省辖市和省直管县，加强监督管理，提高了工作效率，释放了各地发展活力。种种帮扶措施，转化为移民群众身边可知可感的欣喜变化。

各地移民部门根据移民村所处区域位置、资源禀赋、立地条件、产业传统的不同，宜农则农、宜工则工、宜商则商，制定各自富有特色、短中长期结合的“强村富民”发展规划，充分尊重群众意愿，不贪多求全，突出“一村一品”，培育适合移民村发展的主导产业和项目。

中牟县北沟石井移民村流转土地1066亩，通过招商引资与牧业公司合作，将流转土地用于奶牛养殖，生态牧草及莲藕高效无公害种植。截至目前，该公司建设现代化高标准奶牛棚5座3300平方米，其中属于移民所有的项目一座721.5平方米。公司每年生产鲜奶300万公斤，生态莲藕16.2万公斤，年净利润1050万元，移民年人均增收1720元。目前该项目已全部建成，投入运营，取得了良好的经济效益和社会效益，造福了一方百姓。

按照“一村一品”的发展路径，河南省许多移民村变成了特色鲜明的专业村，开发出了各自的“拳头产品”，促进了生产、加工、销售的一体化经营，提高了农业组织化程度，引发了农业生产方式的变革。

按照河南省的“强村富民”战略，到2015年末，全省各移民村

“一村一品”的产业发展格局将基本形成，集体经济实力明显增强。

此外，河南省还高度重视移民素质的提升，省移民办与省委组织部、民建河南省委等部门联合，举办致富带头人培训班、村支书培训班等。截至 2013 年年底，全省共举办丹江口库区移民培训班 487 期，培训移民 7.2 万多人，新转移就业 3.4 万人。

创新移民村社会管理模式

如何让移民群众尽快融入当地社会，实现稳定和谐发展，成为搬迁后摆在各级政府和移民部门面前的重要问题。

在深入调研和审慎思考后，河南省移民办达成共识：破解移民村的难题，创新社会管理模式才是治本之策。为此，河南省移民办成立了移民社会管理创新课题组，通过专家参与，征求群众干部意见，最后精心设计了一整套移民村社会管理创新方案，2014 年在全省移民村拉开社会管理创新工作的大幕。

移民村社会管理创新从 3 个方面入手：创新村务民主管理模式，建立民主议事会、民主监事会、民事调解委员会，实现党对农村工作的领导和村民自治的有机统一；创新经济发展模式，成立合作社等经济组织，把扶持资金以项目资产的形式注入村集体；创新公共服务模式，建立物业公司、便民服务中心、红白理事会等各类公共服务组织，为移民提供全方位便捷服务。如开展经济组织创新，许多移民村有了新变化。目前全省移民村共成立合作社、协会等各类经济组织 600 多个，有效增强了发展活力和后劲，在引领移民村经

济发展中发挥了重要作用。

河南省从3个方面拓展移民村公共服务内容，建立了便民服务机构、公共事务机构、群众组织，为移民提供多种便捷服务。目前，全省成立便民服务中心200多个，有效解决了群众计生、养老、低保等方面的问题。还成立红白理事会等各类群众组织500多个，发挥了重要作用。

“河南的移民村社会管理创新工作是一个方向性的举措，不但对移民村意味着创新，对整个农村发展也是创新。”国务院南水北调办副主任蒋旭光深有感触地说。

有专家认为，河南的移民村社会管理创新，是在移民工作创新上的又一重大举措，必将在提高移民村自我管理水平、促进移民村和谐稳定发展等方面起到重要的推动作用。虽然只是迈出了社会管理创新的“一小步”，但这“一小步”的意义不可低估。

创新信访机制为移民群众切实解决问题

河南省创新信访机制，把为移民群众切实解决问题作为根本目的，推进信访稳定工作制度化、规范化、常态化。近年来，全省移民上访群众呈逐年下降趋势。据统计，2013年受理省以上群众来信来访，与2012年相比分别下降40%和28%。

经过积极探索，河南省结合移民实际，建立了信访问题联席会议制度、接访处访制度、挂销反馈制度、集中会诊制度、督察督办制度、社会管理制度、发展帮扶制度7项维稳长效制度，这些新制度发挥着越来越重要的作用。以信访问题挂销反馈制度为例，该制度实施后将移民群众来信来访情况每月两次汇总反馈、建立台账，要求相关部门和责任人，限定时间，处理一个，销号一个。

河南省还实行重点案件省领导分包制度。省委、省政府分管领导过问重点信访案件，要求限期办结，严格落实政策，一批关系移民切身利益的问题按期得到解决。

一龙管水兴彭城

——江苏省徐州市水生态文明建设纪实

姚吟月　吴卿凤

在江苏徐州云龙湖北岸音乐厅前，只见远山交汇处，宛如悉尼歌剧院的水族馆矗立在水中央。近前石阶边，情侣在初夏晚风中互诉衷肠，儿孙绕膝的一家人其乐融融。待到夕阳西下后，这静谧的画面又会变成市民纳凉休闲、熙来攘往的欢快景象。移步换景，来到沉水廊道，仿佛走进一个露天的水底世界，透过玻璃墙，湖中的鱼儿也在欢愉地融入城市的节奏。

谁曾想到，如此闲适的场景不过是这三四年光景的事。十余年前，云龙湖曾是国家病险水库，更别提还有“鱼儿水中游”了。如今，坚持不懈的治理和环境提升工程，保障了云龙湖较为稳定的Ⅱ类水质，八大景观工程更将其打造成为徐州的新名片。

九河伴城　七湖环抱

以云龙湖为开端，徐州进一步扩大城市水面，建成大龙湖、金龙湖、九龙湖，创造性地贯通大运河、故黄河、奎河水系，使横穿市区12公里的奎河水质显著提升，逐步形成“九河伴城、七湖环抱”的新格局。徐州还利用微山湖、京杭运河优质水体对市区进行补水换水，实现水的循环流动，黑臭河道全面消除。在丰、沛、睢、新四县（市）建设尾水资源化利用及导流工程，让尾水归槽，清水绕城。“现在，我们徐州的水域面积率接近10%，南方游客称之为苏北的‘江南水乡’。”徐州市水务局局长卜凡敬自豪地说。这在江苏西北腹部地区实为难得。

2013年，徐州市委、市政府开启了“水更清”行动计划，把水资源、水安全、水环境放在了全局工作中进行谋划，用实际行动响应了党的十八大对于水利工作的新要求。在市区重点实施控源截污、清淤贯通、水质提升、生态修复和尾水资源化利用及导流等5项工程，力争用两年时间，让徐州水更清，让城市更美丽。

兴水之利在于建，利多利少在于管。在全面落实“河长制”管理的江苏大地上，徐州更进一步把水环境提升纳入县（市）区科学发展考核体系，实行风险抵押金制度。“我们在市区主要河道和部分水库的保洁养护中，打破传统的管理模式，通过政府购买服务方式全面推向市场。”徐州市水务局党委副书记吴修勤介绍说，“最近，我们出台了河道保洁质量标准，分为ABC 3个等级，对人员、船只配备和保洁时间提出具体要求。从2014年开始，市区河道保洁全部推上市场，15条河道全部要达到A级保洁标准。”

变废为宝 华丽转身

五省通衢的徐州地处苏、鲁、豫、皖4省交界，被誉为“北国锁钥，南国门户”，自古便是兵家必争之地。新中国成立以来，是全国重要的煤炭产地、华东地区的电力基地，工矿用地总量大，重工业化程度高。作为历史上的“战场”“煤场”“工厂”，灰头土脸的“煤城”如何完成华丽转身？徐州在水利改革发展中走出了一条“变废为宝”的新路，在采煤塌陷地治理、矿井水利用方面做足文章。

水生态文明制度建设是江苏全面深化水利改革实施方案中的关键环节。徐州作为江苏首批国家级水生态文明试点城市，实施方案已经省政府批复实施。方案提出以“加快城区河湖水系连通、提高非常规水源利用率、加大采煤塌陷区生态治理”为重点。目前，通过土地复垦和人工湿地建设等生态修复，原为煤矿塌陷区的九里湖现已建成全国最大的城市生态湿地公园；潘安湖全力打造出中国最美乡村湿地品牌，并在2014年晋级国家级水利风景区；金龙湖宕口公园更是成为自然生态资源保护与修复工程的典范。

据统计，在煤炭开采过程中，平均每开采1吨原煤，需排放2吨矿井水。矿井疏干排水消耗了大量水资源，同时矿井水随意排放也加重了水资源供需矛盾。为此，徐州组织实施10多项矿井水利用工程。新河煤矿闭坑前实现了矿井水直接供城市生活饮用水，闭坑后通过矿井水利用与治理相结合的方式，每年向云龙湖补水1400多万吨，开创了国内闭坑含铁锰矿井水利用与治理的成功范例。目前全市矿井水年利用总量超过5000万吨，利用率达43%，远高于全国22%的平均水平。

一龙管水　率先破题

除了在城市水环境上焕然一新，成了苏北的“水乡”，徐州还有一项赶超苏南的水利工作，那就是率先推进的水务一体化改革。2010年机构改革中，徐州市成立市水务局；2011年，各县（市、区）也相应成立水务局，在全省率先、彻底实现水务一体化。

“九龙管水”走向“一龙管水”，不仅科学地整合了全市的城乡水利、供水、排水，实现了对涉水事务的统一管理，形成了政府引导、市场参与的发展格局，更使水利综合服务功能不断拓展，让水利工作实实在在地接地气。

2014年5月，刘湾水厂改扩建工程进入新老工艺对接阶段，需要夜间短暂停水2次，限压供水4次。为此，徐州水务局成立了工程供水影响工作领导小组，下设应急工程、影响分析、应急供水和应急宣传4个专业组。通过顺利施工和完备的应急保障，仅在第6次降压供水期间，市区34个二次供水小区停水。水务局紧急调度应急水源井和金山桥水厂并网供水，启动32个公共接水点应急供水，11辆应急送水车，保证了市民用水需求。截至5月28日11时左右，刘湾水厂供水恢复正常，市民反响较好。

“每一次短暂停水或限压供水期间，我们的工作人员都是和施工、巡查人员一起彻夜值守，向媒体实时发布信息，及时解答市民疑问。”水务局办公室主任张琦回忆道。正是工程、供水和公众服务的高效对接，才使这次新老工艺对接工程顺利完成。

水务一体化破解了水利工作中长期解决不力的一些问题。徐州市委、市政府于2013年制定《徐州市区供水安全保障工程实施方案》，推进供水市场整合，加快新水源地建设，困扰多年的沿三环路供水管网实现互联互通，城市高层住户用水问题得到解决。管网、河道、水闸管理机制的有机统一，在统筹调度防汛排涝工程、应对城市突发性雨涝灾害中发挥了积极作用。在水污染治理方面，通过BOT、TOT等融资方式在市区建成7座污水处理厂，日处理能力提升70%。在加大市财政投入的基础上，组建了市新水公司，通过优化组合稳定性较好的水利存量资产，累计完成融资30多亿元，有力推动了重点水务工程建设。

深化水务一体化管理体制改革，是徐州水务的必由之路。山水徐州的绿色崛起亦为全面深化改革的蓝图描绘出了一幅朦胧而又逐渐清晰的影像：河湖连通润彭城、人水和谐惠民生。

安徽水利冬修新观察

陈松平

“今年大旱期间，因为缺乏有效灌溉水源，影响了农业生产。大旱后，我们通过扩挖清淤，修建高标准当家塘，抗旱灌溉从此有了家门口的水源。”2014 年 11 月 3 日上午，安徽省巢湖市庙岗乡芦池大塘清淤扩挖工地上，市水务局技术人员正在现场指导工人砌护坡、建涵闸。巢湖市农建办主任刘军告诉笔者，工程完工后，芦池大塘将扩容两倍多，下游 2000 多亩水田灌溉从此无忧。

小水利连着大民生。连日来，笔者在安徽各地看到，像芦池大塘这样的小水利冬修工程在江淮大地遍地开花，为来年农业增产丰收提供良好的水利保障。同时通过实地采访笔者也了解到，安徽今年水利冬修不仅解决农田水利“最后一公里”问题，也在小型水利工程投资、建设和管理维护上建立了新机制，有效解决了“钱从哪里来、产权归谁有、建成谁来管”等现实问题。

工程怎么建——“八小工程”打通“最后一公里”

在潜山县黄铺镇黄铺村，村民们近日对村口大塘感慨颇多：“去年9月进行扩挖清淤，水面扩大到七八亩，蓄水达到1万多立方米，2014年夏天大旱时，150亩良田都喝饱了水，抗旱也省心。”

大塘扩挖之前，村民们则用“堰塘像碟子、渠道像筛子、水库像池子”“渠里水汪汪，田里闹水荒”之类的顺口溜，描述年久失修的农村小型水利工程。

安徽省是一个拥有5000多万农业人口、6276万亩耕地的农业大省，也是我国粮食主产区，小型水利工程事关粮食安全和百姓利益。长期以来，受制于投入渠道缺乏和管理主体缺位，农田水利“最后一公里”问题一直是基层干部群众的一大“心病”。

2014年7—8月，安徽省遭遇严重伏旱，广大干群依托小型水利设施，采取蓄、引、提、调等综合措施，保障了农作物用水需求，减轻了灾害损失，也充分暴露了小型水利工程标准不高、老化失修、管理缺位等问题。

大旱促大干，百姓利益是最大的民生。安徽省委、省政府高度重视小型水利工程改造提升问题，组织省水利厅等有关部门通过多方调研，研究出台《关于深化改革推进小型水利工程改造提升的指导意见》（以下简称《意见》），明确提出：到2017年底，加固病险小型水库2000座，更新改造小型泵站51万千瓦，加固、新建小型水闸4457座，改造灌溉面积1万～5万亩的灌区380处611万亩，扩挖塘坝47万口，整治河沟3.7万条，修复和新建机电井12万眼，末级渠系基本畅通，小型水利工程效益进一步提升，防汛抗旱保障能力进一步增强。

“5项改革措施，使全省农田有效灌溉面积提高到80%以上。”安徽省水利厅厅长纪冰表示，实施小型水利工程改造提升“5588”行动计划，在全省范围内以小水库、小泵站、小水闸、中小灌区、塘坝、河沟、机电井、末级渠系等8类小型水利工程为重点推进改造提升，能有效突破农田水利工程的瓶颈，基本解决“最后一公里”问题，从而更好地发挥水利在农村经济社会发展中的基础保障作用。

钱从哪里来——奖补小杠杆撬动民资水利梦

“小农水奖补政策的引导力度大，这回一次性筹齐了50万元，我们兴修水利的信心倍增。”在郎溪县亭子山下的凤河村当家塘扩挖工地上，村主任梅显明告诉笔者，在省市县三级财政奖补政策引导下，汇河生态农业公司投资30多万元，群众“一事一议”积极投工投劳，当家塘扩大库容一倍多，下游250多亩水田灌溉有了保障。

“每人只花15元，近3000亩农田旱涝无忧，这钱花得划算！”安徽省和县善后镇高祖村支书汪春站在该村崔汪渠道工地说，通过政府补助投入，结合“一事一议”项目，人均筹资15元，共投入50多万元，该村对崔汪渠道进行彻底整治，将2430米堤防加高1.5米，堤顶加宽3米，清淤拓宽渠道2000多米，翻建涵闸斗门10座，6000多名群众受益。

2011年中央1号文件出台之后，安徽省用于小农水建设的资金投入大幅度增长，但工程建设资金需求仍存在很大缺口。为解决小型水利工程标准不高等问题，更好发挥小型水利工程效益，安徽省每年将投入近100亿元改造小水库、小泵站、小水闸、中小灌区、塘坝、河沟、机电井、末级渠系“八小工程”，其中省、市、县财政奖补占40%以上。

针对农业规模化经营的发展新趋势，安徽省将通过明确资产产权和使用权归属，加大财政补贴撬动村集体组织、新型农业生产经营组织参与小型水利工程建设和管护。《意见》规定，对于村集体自筹、农民筹资筹劳建设，以及新型农业生产经营主体投资建设小型水利工程的，财政给予补助。

“补齐小农水建设投入短板，必须创新政府投入方式和社会投入渠道。”安徽省水利厅农水处处长韦金宝介绍，省政府出台的指导意见明确要求整合现有支农涉水项目资金，做到“一个池子蓄水，多个龙头放水”，承担全省小型水利工程改造提升任务的50%，其余建设任务由各级农田水利财政专项资金予以奖补。在坚持政府主导加大投入的同时，鼓励地方自建、村集体自筹、吸引社会资金投入小型水利工程建设，创新社会投入渠道。

建成怎么管——基层服务体系托起养护基石

“幸亏水利合作社抗旱服务队帮助抽水灌溉，2014年我流转种植的2000亩水稻得以大丰收。”六安市裕安区江家店镇种粮大户郭刚对永裕农村水利专业合作社赞不绝口。作为安徽省成立的首家农村水利专业合作社，2014 年夏天发挥了“抗旱顶梁柱”的作用，它的成立和运行，为破解小型农田水利工程管理主体缺失的难题，调动社会力量参与小型农田水利工程建设、管理、维护工作的积极性和主动性，积累了宝贵经验。

“水利工程持续发挥效益的关键，在于管理维护好。而要破解管理难题，明确事权产权是前提。”对此各地已普遍达成共识。《意见》规定：实行小型水利工程建设管理县（市、区）长负责制。田间工程由受益范围内的村集体或新型农业生产经营主体负责建设、管理。对现有小型水利工程，按原产权归属和受益情况确定其所有权和使用权，农户土地承包经营权已约定流转给新型农业生产经营主体地域内的小型水利工程原产权不变，由新型农业生产经营主体使用管理；未流转土地承包经营权地域内小型水利工程的使用管理，由村集体民主决策。

对新建小型水利工程，探索按“谁投资、谁受益、谁所有、谁使用”的办法确定其所有权和使用权。对此，安徽已有许多地区开始了实践。望江县水利局局长刘宝元介绍：“随着集体经济的逐步弱化，建后管理成为制约小型水利工程持续发挥效益的瓶颈。为破解这一瓶颈，望江县建立了从县到村、服务全县、覆盖全面的农村水利工程管理与服务网络，全县按乡镇设立了 10 个水利站，定编 42 个，每站 3 至 5 人不等，与 7 个国有排涝站组成了乡（镇）级服务体系；全县 131 个行政村和涉农社区聘请了村级‘水管员’，30 座小

(2) 型水库明确了专职管理人员，65 个千亩以上圩口成立了 3 至 5 人组成的堤委会，初步建成了村级水利服务体系。”

“基层水利服务体系的建立，激发了多年沉淀在乡镇村落的水利潜能，托起了小型水利工程管养维护的坚固基石。”纪冰表示，2014 年，安徽省将大力开展农田水利管护机制改革，试点并逐步推广农民用水合作组织、农水工程管护合作组织，明确农水工程所有权和使用权，落实管护主体和责任，真正做到“产权有归属、管理有载体、运行有机制、工程有效益”。

改革潮头勇扬帆

——淮委沂沭泗局深化水利工程管理体制改革纪实

赵 峰

岁月如水，勾勒描绘出绚烂多彩的华夏文明。河流与湖泊不舍昼夜地融汇，交织塑造了蓬勃盎然的沂沭泗大地。

30 年风雨兼程，沂沭泗局认真履行职责，艰苦创业，成为这片锦绣之地的守望者。千里长堤蜿蜒伸展，若巨龙穿行大地，锁住桀骜洪魔；座座枢纽一夫当关，如利剑紧扼咽喉，筑起坚实屏障。

而改革犹如一条红线，贯穿沂沭泗水利事业发展始终。

党的十八届三中全会吹响了深化改革的号角，也展开水利发展的宏伟蓝图。站在时代的新起点，“美丽沂沭泗”再出发！

无愧于新时代的改革使命

沂沭泗事业的可持续发展，需要不断深化改革。

不改是死水，改了是活水。新的水管体制和运行机制的诞生，活水滚滚而来的同时风险也随之而起，需要对旧体制革故鼎新。

党的十八届三中全会，发出了全面深化改革的动员令。水利部也出台深化水利改革的指导意见。沂沭泗局迅速掀起学习贯彻全会精神的热潮，把深化改革作为工作新常态，把提高水利保障能力、提升水利社会管理水平和推动水生态文明建设作为深化改革的“先手棋”，编织与时代同步、与改革同行、与发展同向的改革蓝图。

沂沭泗局局长郑大鹏在2014年工作会议上强调：“要破除思想束缚，转变思维方式，统筹兼顾、积极稳妥地推进各项改革，在深化改革和克难奋进中赢得发展主动权，不断提升流域水利社会管理和公共服务水平”。

深化水利改革的指导意见明确了深化水利管理体制和运行机制改革的新要求。沂沭泗局虽然全面实现了“管养分离”，但水管单位人员编制不足，基本支出财政预算拨款保障水平较低、维修养护工作缺少项目管理费等问题仍很突出。如果不持续深化改革，改革的效益就无法充分彰显。

一年来，沂沭泗局深化水管体制改革持续加力。出台了《关于进一步加强工程维修养护管理工作的意见》，通过总结近年来专项检查中发现的问题，系统提出了规范维修养护管理的新要求，成为深化改革的有力支撑。进一步完善工程管理标准体系，健全质量控制体系，建立维修养护情况跟踪机制，及时发布进度月报，并强化对维修养护项目实施阶段的监督检查。

另外，以创建国家级水管单位和水利风景区为平台，高标准、高起点搞好规划。重点推进嶂山闸局、大官庄局创建国家级水利风景区和江风口局、沭阳局等单位创建国家级水管单位，星火燎原，努力实现工程管理跨越式新发展。

在近期改革实践的摸索中，沂沭泗局建立了以工程安全管理为中心，以国家级水管单位创建为突破口，以日常维修养护为基础的水利管理体制和运行机制，全面推进工程管理专业化与现代化。

沂沭泗局，历经改革的洗礼，在实现水利管理现代化的探索实践中，触摸了时代的脉动。

改革任重道远，步稳蹄疾。

聚焦水利改革发展的基层视角

沂沭泗局改革存在一种循环：改革推动基层发展，基层推动改革前行。

“上有千条线，下边一根针。”基层是中国水利的基础细胞，任何的方针政策，最终都要落地基层，转化成兴水惠民的生产力。

经历了“凤凰涅槃”式的水管体制改革后，沂沭泗局19个基层水管单位形成了“三驾马车”并驾齐驱的新格局，管理手段逐渐完善，管理力度不断加强，管理水平稳步提升。值得一提的是，2009年沂沭泗局党组制订出台了《关于加强和改进基层工作的意见》，成为推动基层水管单位综合能力提升的“加速器”。

党的十八届三中全会以来，沂沭泗局把基层水管单位作为改革

“桥头堡”，坚持重心下移，紧紧牵住深化水管体制改革这条主线，综合运用工程管理考核和文明单位创建两个载体，大力推进基层水利工程管理规范化和现代化建设，切实增强基层的经济实力、服务能力和发展动力。

现如今，想基层之所想、急基层之所急、办基层之所盼，成为沂沭泗局各级机关办事的基本思路。各级领导深入基层开展调研，有关部门坚持指导基层建章立制，创造条件改善基层单位工作环境。

2014 年，沂沭泗局机关面向基层遴选了 4 名工作人员，初步建立了能进能出、能上能下的基层水利单位人才流动机制。组织培训紧密结合水利公共服务社会化、河湖管理与保护、水行政执法等改革内容，加大对优秀基层干部、专业技术人员和职业技能人才的培养力度，不断提高基层干部的业务素质和管理能力。

基层作为整个沂沭泗机体的神经末梢，在和谐的旋律中焕发强劲改革活力。

宿迁局通过与当地共建和谐堤防，把工程管理与建设新农村有机结合，整治河道管理秩序。

韩庄运河局积极参与伊家河堤防整治，完成了伊家河堤防确权划界工作。

郯城局、邳州局、新沂局等河道管理单位积极探索河道采砂共管机制，有效遏制了河道采砂混乱现象……

改革凝心聚力，引弓开弦。

“生态沂沭泗”美丽绽放

建设生态沂沭泗是发展所需，是实现科学发展的主动作为、创新作为。

“汴水流，泗水流，流到瓜州古渡头。”广袤的沂沭泗大地上，沂河、沭河、泗运河贯通南北，新沂河、新沭河横亘东西，南四湖、骆马湖点缀其间。可以说，水利催生了沂沭泗地区的数度繁华，涵养了沂沭泗地区的美好生态。

经过多年规范管理和改革创新，沂沭泗水利工程开始迎来美丽蜕变，同时推动了流域经济社会发展。水利部副部长矫勇以古诗“胜日寻芳泗水滨，无边光景一时新”来描绘如今沂沭泗地区经济繁荣、社会和谐、人民富庶的美好景象。

党的十八大、十八届三中全会提出建设“美丽中国”，并把水利放在生态文明建设的突出位置。从“保证工程安全运行，维护河湖健康生命，服务社会经济发展”的管理定位到生态沂沭泗观念的确立，沿承的正是“美丽中国”内涵式发展。

一年来，水管体制改革深入推进，沂沭泗直管工程焕发出灵动秀美的气韵，工程的行洪、排涝、供水、生态、景观、休闲等综合功能全面发挥。加上国家级水管单位和水利风景区创建活动的开展，极大地改善了河道沿线的生态环境，为流域经济社会可持续发展注入新的生态活力。

沂沭泗局始终坚持以改革促进管理水平的提高，努力实现沂沭

泗水系防洪减灾效益和生态环境效益最大化。汛期，通过采取科学精细的调度，着力管好水资源、水生态。汛末，充分利用蓄水条件，尽可能拦蓄更多的洪水资源，不断增强沂沭河、南四湖、骆马湖等河湖生态供水保障能力。

2014年苏鲁两省部分地区发生严重旱情，南四湖水位持续下降至死水位，面临严重的生态危机。国家防总决定从长江通过南水北调东线向南四湖实施生态应急调水。期间，沂沭泗局发挥统管优势，切实加强各取水口门巡查和监管，最大限度地发挥调水的生态效益。

绘就美丽河道新画卷

——江苏省丹阳市河道管护工作纪实

张俊辉

面对河道管护这项被水利职工称之为“天下第二难”的工作，江苏省丹阳市水利局将其列为重点整改事项，向社会作出创建无漂浮物、无有害植物、无乱建乱堆、无行水障碍物、无乱垦乱种、无阻水植物的“六无”河道公开承诺。河道已逐渐进入长效管护的良性循环，水清、岸绿、坡净的景象重现，许多河道成为一道道风景……

丹阳市位于长江下游南岸、太湖西部，江苏省东南部，境内水系发达，京杭大运河、九曲河、丹金溧漕河、香草河等骨干河道以城市为中心，呈辐射状连接众河道，形成主脉清晰、支脉相连的网格状水系。各类河道总长630余公里，如果将这些河道按人口平均

分摊，每人可分得 0.7 米。水系的发达，让丹阳充满了浓郁的江南水乡特色，同时，如何管护好农村河道，使河道能稳定发挥防洪、灌溉、景观和生态等综合功能，是近年来丹阳市水利局一直在探索的重要课题。

管理试点初现成效

由于缺乏有效管护，丹阳市曾经的农村河道杂草丛生、水生植物疯长、淤积严重、引排不畅，加上生产生活污水和垃圾乱排乱倒，水环境恶化严重，黑臭河、垃圾河、淤塞河成为农村河道的代名词。2003 年 7 月 5 日，该市遭遇大暴雨袭击，引起多区域局部洪灾，农作物受淹面积 45.5 万亩，受灾人口 28 万人，其中一个重要原因就是河道淤塞，排水受阻，河道问题已成为亟待解决的民生问题。经广泛调查研究后，市水利局拟定了“一疏二通三管”的工作方案，就是在疏浚整治和打通水系的基础上，实行长效管护，确保河道综合功能最大限度、最长时限的发挥作用。

“疏”。2003—2006 年间，共计疏浚整治各类河道 175 条（含二级沟），完成土方 1000 余万立方米，总长 590 公里。两次被评为江苏省河道疏浚先进市。

“通”。2005 年年底开始，按照“因势利导、打通水系、调活水体、实现循环”的要求，多措并举着力沟通水系。一是打通断头河、实心河，并拆除沿河阻水建筑物和违章设置的坝、埂、闸等设施，沟通水系。对农村河塘，尽量做到河塘相连，恢复二级沟中的末水

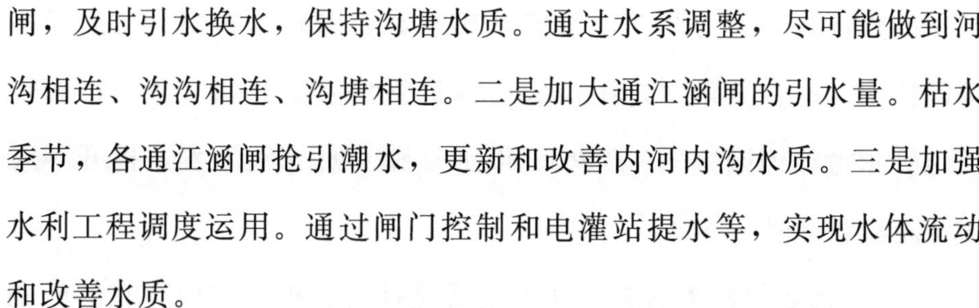

闸，及时引水换水，保持沟塘水质。通过水系调整，尽可能做到河沟相连、沟沟相连、沟塘相连。二是加大通江涵闸的引水量。枯水季节，各通江涵闸抢引潮水，更新和改善内河内沟水质。三是加强水利工程调度运用。通过闸门控制和电灌站提水等，实现水体流动和改善水质。

“管”。河道长效管护在丹阳市没有先例，只能摸着石头过河。2007 年 4 月，市水利局组织人员专程赴张家港、常熟等地学习河道长效管护工作，开始了河道长效管护试点。选择 5 条河道作为管护试点的样板，按照每公里 1000 元的标准予以补助。试点工作得到了沿线乡镇的欢迎。司徒镇将河道长效管护作为本镇改善农村人居环境、创业环境的重要一环，在市 1000 元每公里补助的基础上，由镇财政再补贴 700 元每公里，同时下发专门文件，要求各村、各单位必须积极支持配合河道长效管护试点工作。

管护试点虽然存在资金短缺、河管员招聘难、专业设备缺乏、河坡种植管理难等问题，但河道管护的效果明显，“干净多了”成为沿线群众最常用的评价。

健全制度实现管护全覆盖

2009 年，在吸取试点管护的经验和不足后，水利部门开始在全市骨干河道中推广长效管护模式。但问题也逐渐显现，一是管护标准不一，各镇区管理效果很不均衡。二是管护资金严重不足。三是没有严格考核督查机制。四是管护主体不明确，部分乡镇政府在管

护中的责任缺失。为此，市政府召集水利、财政、农委、交运等多部门协商，联合制定《丹阳市农村河道管护办法》和《丹阳市农村河道管护考核细则》，并于2011年1月和6月分别印发，揭开了农村河道管护崭新一页。

《丹阳市农村河道管护办法》主要是针对管护工作中存在的问题和不足，从宏观上对全市的农村河道管护工作作了原则性规定。具体体现在“全、转、扩、提、禁”5个方面。“全覆盖”——将市、镇级河道全部纳入管护范围，实现农村河道长效管护的全覆盖。“转主体”——责任主体由市水行政主管部门转变为市、镇两级人民政府。“扩范围”——管护的范围由水面、迎水坡扩大为含堤顶、背水坡、河口两侧各10米的范围。“提标准”——统一并提高了管护标准，不但要求河道畅通，而且必须保证河坡整洁、河面清洁。“禁行为”——明确规定农村河道管护范围内4大禁止性行为，使管理有规可循。

《丹阳市农村河道管护考核细则》最重要的特点，就是将农村河道分为一类和二类河道，一类河道市镇财政补贴10000元每公里，二类河道市镇财政补贴8000元每公里。同时结合“河长制”的建立，专门成立丹阳市河道管理处，加强日常巡查。市管护领导小组每年组织两次检查，经综合评分后，将考核结果分为优秀、良好、合格和不合格4个等级，前3个等级分别按补贴标准的100％、80％、60％拨付，不合格的不予补助。

《丹阳市农村河道管护办法》和《丹阳市农村河道管护考核细

则》的出台后，全市各级的积极性立即被调动起来，各镇（区）重视程度，管理力度、效果和水平都有了很大提高。在当年市政府组织的年中和年底两次联合检查中，列入管护的117条农村河道，优秀率由66.7％提高到75.2％，并且优秀率逐年提高，许多河道水清、岸绿、坡净的景象重现。

综合管理恢复河道健康生态

丹阳市没有满足河道管护取得的成绩，确定从“五个转变”开始，打造“水土交融、绿绕水转、人水和谐”的灵动水系，恢复河道健康生态。

管理形式从单一向综合转变。进一步优化、细化《丹阳市农村河道管护考核细则》；建立“河长制”办公室常设机构，实现“河长制”全覆盖；市河道管理处提高巡查频率、扩大巡查范围，严格检验标准。促使农村河道管护进入以制度管理为基础、河长负责为重点、组织巡查为纽带的“三位一体”新阶段。

管理范围从农村河道向河沟塘统管转变。水系末梢往往是管理的薄弱环节。该市结合农村环境集中整治、创建生态市、小型农田水利工程管理体制改革和农村灌排服务模式创新等工作，加大财政投入，推动河道管护向下延伸，逐步将二级沟，以及村前屋后的池塘纳入管护范围，真正实现水环境的整洁优美，从细枝末节上彰显江南水乡气息。

建设内容从疏浚护岸向综合整治转变。10年来，丹阳市已经完成

三轮河道疏浚，下一步，计划按照已制定的《中小河流综合整治试点规划》，通过河道疏浚、岸坡整治、水系沟通、生态修复等综合措施，成片对河道进行综合整治，解决河道功能衰减、水环境恶化等问题。

水流调控的重要手段从纯自然状态向人工科学协助转变。在部分内河建设必要的闸站，制定以九曲河枢纽和谏壁闸引水为主的调水机制。通过高潮自流引水和低潮开机引水的方式，调控内河闸站，促进内河水加速流动提升水质。目前正在实施的，总投资1.59亿元的丹阳市城北分洪道综合治理工程，就充分体现了这一理念。

建设工艺从水土隔离向水土交融转变。在河道疏浚整治中，生态护坡，生态挡墙，确保水、土可以相互交流，在增强景观效应的同时，有效保持两个生态系统的有效沟通。

找到从“要我干”到“我要干”的钥匙

——湖南省宜章县2014年度小型农田水利建设重点项目村遴选记

邓亮斌

随着农村两工和农业税的取消，如何调动群众兴修“五小”水利的积极性，充分发挥他们的主体作用，让有限的财政资金发挥四两拨千斤的作用，已经成为了破解五小水利建设投入不足的关键性问题。湖南省宜章县开展的小型农田水利建设县级财政奖补资金重点项目村遴选活动，找到了从“要我干”到“我要干”的钥匙。

2014年10月，宜章县针对全县小型农田水利建设主体错位、底子不清、投入分散的现状，创新工作思路，决定从2014年冬起县财政连续3年每年筹集1000万元用于水利冬修，其中600万元采用“自愿申报、公开竞争、专家评审、择优入选”的方式公开遴选竞争

立项。全县按照因素分配法从22个乡镇推荐遴选的46个行政村中选出30个村作为小型农田水利建设重点项目村，每村建设规模30～100万元，县财政对每个重点项目村奖补20万元，通过“民办公助、以奖代补，先建后补”，引导群众积极参与小型农田水利建设。

为确保项目资金发挥最大效益，按照“统筹兼顾、重点突出”的原则，明确要求各乡镇在推选遴选项目村名单时，将近3年来从未投入过县级以上小型农田水利建设资金的行政村和小型农田水利设施基础条件差、建设任务重的易涝易旱行政村作为优先支持范围。同时，对已列入2014年全国小型农田水利建设重点县项目的村，已申报湖南省2014年度小型农田水利建设的38个村（含国土、扶贫、农开、财政奖补项目村），已安排2014年县财政“一事一议”奖补资金的村，近3年对项目专项资金监管不力、使用不规范，受到县级以上审计机关、财政监督机关检查处理或通报，以及被媒体曝光并核实的行政村等4种情况的村暂不列入遴选名单。

2014年10月30日，市水利局、市水利水电勘察设计院、宜章县水利局、财政局联合组成的7人专家组对各乡镇申报的项目建设方案进行了封闭式评审打分。10月31日，参选的46个行政村以乡镇为单位按照抽签顺序逐一上台进行方案公开陈述，各乡镇党委政府高度重视，一些乡镇党委书记、乡镇长上台演讲陈述，各项目村上台作遴选承诺，现场气氛紧张而激烈。方案陈述后，专家组现场打分，统分员在监督人员监督下按照6∶4的权重计算参选单位建设方案和演讲陈述得分并当场公布，最后以综合得分从高到低依次排

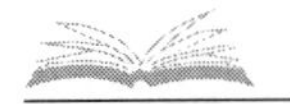

序，确定前30名的行政村入选2014年度小型农田水利县级财政奖补资金重点项目村，并在宜章县政府网站上公示，接受社会监督。

玉溪镇此次共有3个重点项目村，全部通过遴选。曹鲜勇镇长事后激动地说："这次活动是一次新的尝试，形式非常好，对22个乡镇来说更加公平，以前存在不均衡的现象，通过这样的方式可以保证公开、公平、公正；公开遴选改变了项目分配的方式，从因人而定到因事而定，杜绝了暗箱操作，大家站在同一起跑线上，更加透明；同时，活动也解决了各村等靠要的思想，调动了村支两委建设小农水项目的积极性。"莽山乡黄家磅村尽管2014年落选，但村支书杨天富说："竞争立项，公开公正，心服口服！这次虽然失败了，但我们兴修'五小'水利的热情仍然不减，2015年我们还要来参加遴选。"

宜章县竞争遴选产生小型农田水利建设重点项目村的全过程，体现了这次活动的公开、公平、公正。科学性、规范化定量考评，使项目的产生程序更加规范，资金分配过程更加透明。它在资金分配上改变了过去撒胡椒面的分配方式，从分散投入转变到集中投入，将有限的财政资金发挥在刀刃上；在建设内容上由群众按照当地用水习惯和工程轻重缓急的自选确定，更接地气，解决了过去规划建设任务底子不清楚、群众意见不统一的问题；在项目实施方式上采取"民办公助、以奖代补，先建后补"，由受益村委会负责工程"自选、自建、自管、自用"，解决了过去建设主体责任不明确问题；在项目管理上通过实施前、验收后公开公示、群众质量监督员等途径

解决了项目管理不规范的问题；在建后管护上将管护责任主体落实和开展小型水利工程产权制度改革作为验收合格的必要性条件，解决了管护责任不到位的问题。通过激烈竞争遴选争取来的项目来之不易，受益群众在项目实施过程中也一定会倍加珍惜，充分发挥他们的积极性、主动性，将项目实施好、管理好。通过这次公开遴选，在各乡镇村组形成了你追我赶兴修“五小”水利的良好局面，必将为该县进一步掀起上下联动，齐抓共管搞好“五小”水利建设的新高潮起到很好的助推作用。

推进水利改革　造福生态黔南

——贵州省黔南州不断深化水利改革

陈贵忠

2014年5月20日，国家水利部正式批复“第二批全国100个水生态文明城市建设试点”。黔南，以其独特的魅力，与贵阳市一道入选“第二批全国水生态文明城市建设试点”。

这仅是黔南州深化水利改革取得显著成效的一个缩影。

山花烂漫，正是扬鞭策马时。黔南正紧跟时代的脚步，乘上全面深化水利改革的东风，在践行水生态文明的道路上阔步前行。

决策：党委政府“双轮驱动”

2014年年初，省水利厅提出水利八项改革，为全省各地深化水利改革指明了方向。黔南，因势利导，乘势而上，硕果凸显。

政府层面“双轮驱动”，是黔南深化水利改革有效推进的根本动力。

根据贵州省“打造生态文明先行区，走向生态文明新时代”的目标，黔南州坚持把生态文明建设作为贯彻落实科学发展观的切入点和总抓手，着力实施生态立州战略，统筹推进经济、政治、文化、社会建设，采取了一系列重大举措，生态文明建设从理论到实践取得了进展。2013年州政府组织制定了《建设黔南生态文明示范州规划（2013—2020年）》《黔南州水生态文明建设指导意见》等规划和规范性文件，大力推进生态文明建设。州委十届四次全会把“加快推进水生态文明建设”作为深化生态文明体制改革，进一步加强生态文明建设的重要内容，并把“加强水资源节约保护，推进全州水生态文明创建，以饮用水源和剑江河等城镇水系为重点，建设一批水生态保护示范区，推进全州河道生态综合治理，给河道生态修复留足土地空间。”写进了2014年的州政府工作报告。

“全州各县、特别是州级层面的水利改革有效推进，是州委政府的双轮驱动和州委主要领导高度重视的结果”州水利局局长高原对深化水利改革满怀信心。

目前，在政府层面的推动下，州级水务一体化管理体制改革稳步推进，州委常委会已同意将黔南州水利局更名为黔南州水务局，相关职能划转、机构设置等正有序开展。

高层的高度重视和果敢决策，为黔南深化水利改革迈出了关键的一步。

亮点：县域特色逐步彰显

深化水利改革，黔南着力州、县联动。

目前，全州13县市区水利改革稳步推进，特色亮点纷呈。

贵定县水务一体化管理体制改革独具特色，县编委批复在县域内分别成立6个水务分局。该县还借全国农村水价综合改革示范项目建设契机，进一步深化水价改革，选择具有典型代表性云雾、新巴镇作为改革试点，成立用水户协会，形成管理所＋公司＋用水户管理模式，目前已与现代农业产业园区签订供水协议，铺设专管为农业种植大户3000亩蔬菜供水，年供水收益达20万元。

平塘县正积极申报成立城乡供水公司，负责对全县19个乡镇人饮集中供水进行统一运行管理，推进水价体制改革。

“实行农业水价市场化管理，企业用水可长期受保障，增强了企业、协会干事创业的热情和信心。”贵定县种植大户对水价体制改革给予了中肯的评价。其实，农业水价问题长期以来一直是制约农业产业化发展的瓶颈问题，必须从体制上加强突破，是推进农业产业园区合理、节约、协调利用水资源的根本途径。

黔南水利改革成效不仅体现在水价改革方面，水利建设融资等在部分县市已初见成效。瓮安县“刚性”要求从土地出让金县级所得部分提取12％全额用于水利工程建设，并保护每年不低于1000万元。同时，县财政每年安排500万元作为重点水源工程等项目前期工作经费，从政府层面有效解决了重点水利工程建设融资难的问题，为全州有效创新水利建设融资方式树立了标杆。

瓮安县水利局副局长李毅："对于贫困地区，我们认为解决水利建设的融资问题应在确保推动政府层面落实相关政策的前提下再撬动社会资本和民间资金，是拓展融资渠道，增强民间公信度的前提。瓮安县政府对前期工作经费的承诺，使水利部门在融资的征途上底气更足，腰杆子更硬朗。"

一语双关，意味深长，道出了政府严格执行国家政策对融资工作的重要性和推动作用。

成效：重点领域理性释放

以"抓重点领域，带整体发展"为改革举措，半年来，黔南水利改革实现了均衡发展，重点在行政审批、水资源管理、水利工程建设管理、基层水利管理4个领域深度推进，改革成效逐步清晰。

一是减少和下放行政审批权限，州级只保留取水许可的审批；拟将供水人口在5000人以下的农村饮水安全单项工程项目、总投资在100万元以下的小型农田水利项目及面上烟水配套项目单项工程总投资在50万元以下的防汛抗旱工程项目的技术审查审批权限及竣工验收工作下放到市（县）；凡是州级审批的水利建设项目，一律将项目建议书和可行性研究报告合并审查，将有关专题报告纳入可行性研究报告合并审查和批复，简化前期工作程序。二是制定出台州、县两级实行最严格水资源管理制度的实施办法和考核办法，严防死守"三条红线"；编制各市（县）水资源综合规划和全州水资源综合

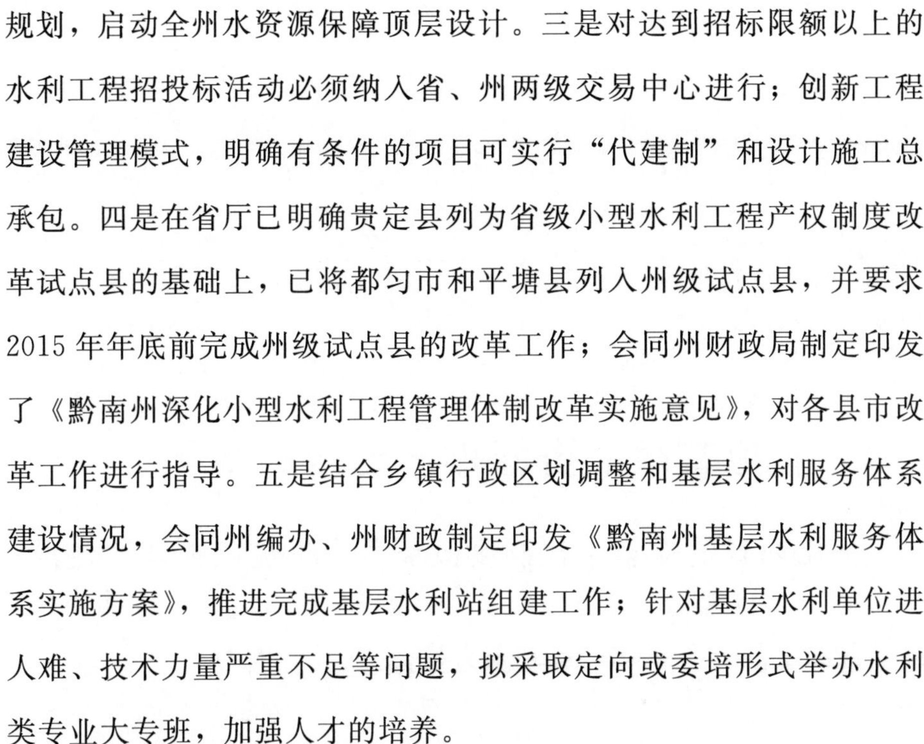

规划，启动全州水资源保障顶层设计。三是对达到招标限额以上的水利工程招投标活动必须纳入省、州两级交易中心进行；创新工程建设管理模式，明确有条件的项目可实行“代建制”和设计施工总承包。四是在省厅已明确贵定县列为省级小型水利工程产权制度改革试点县的基础上，已将都匀市和平塘县列入州级试点县，并要求2015年年底前完成州级试点县的改革工作；会同州财政局制定印发了《黔南州深化小型水利工程管理体制改革实施意见》，对各县市改革工作进行指导。五是结合乡镇行政区划调整和基层水利服务体系建设情况，会同州编办、州财政制定印发《黔南州基层水利服务体系实施方案》，推进完成基层水利站组建工作；针对基层水利单位进人难、技术力量严重不足等问题，拟采取定向或委培形式举办水利类专业大专班，加强人才的培养。

群众的评价是检验改革红利是否真正释放的最高标准。

罗甸县某用水企业王经理说：“黔南州水利局实行简政放权，把用水许可集中在州政务服务中心统一办理，程序减少了，效率提高了，我们当天就可办好，不受折腾，我们对办事效果非常满意，希望水利部门继续在多个领域简政放权，方便群众办事。”

州大中型灌区管理局副局长曹斌说：“把达到招标限额以上的水利工程的招投标活动全部纳入州级交易中心进行招投标，让权力在阳光下运行，既达到了公开、公正、透明，又保护了水利干部，防止腐败土壤的滋生，必须长期推进。”

把有限的资源推向无限的市场

——山西省清徐县水权制度改革着力推进四大体系建设

吴勇峰

在晋中盆地西北部，太原市的南端有一个享有“葡乡醋乡鱼米之乡，泉城湖城文化古城”美誉的小城——清徐。对于这样一个依托农业发展的大县来说，水利何其重要？

然而，由于地下水资源的长期过量超采，导致地下水位以年均1.6米的速度急剧下降，灌溉机井越打越深，出水量越来越少。党的十八届三中全会决定对政府作用作出明确界定：“必须积极稳妥从广度和深度上推进市场化改革，大幅度减少政府对资源的直接配置，推动资源配置依据市场规则、市场价格、市场竞争实现效益最大化和效率最优化。政府的职责和作用主要是保持宏观经济稳定，加强和优化公共服务，保障公平竞争，加强市场监管，维护市场秩序，推动可持续发展，促进共同富裕，弥补市场失灵”。根据这个精神，清徐县在摸清县域水资源承载能力、水环境承载能力和社会经济发展对水资源需求的基础上，从农业节水角度出发，通过实行最严格的水资源管理制度，全面、统筹、协调地推进了以初始水权分配为核心的宏观总量控制和微观定额管理体系、用水计量控制体系、政策保障体系和节水工程体系等四大体系建设。

初始水权分配体系。在对全县可控水资源的数量、类型和时空分布进行全面分析评价的基础上，以可控水资源量为基数，对初始水权进行县、乡、村、单元工程（用水户）四级分配。其中，一级分配是县水行政主管部门对全县的可控水资源在工业、农业、生活、生态四大用水部门之间进行分配，二级分配是县水行政主管部门将一级分配的部门水量在所属的9个乡镇和3个县直属供水户间进行分配，三级分配是各乡镇将二级分配所分的水量落实到所属各个村委会，四级分配是各个村委会把所分配到的水量分别落实到本村所属的各单位取水工程和各用水户，将水权证发到用水户手中。

用水计量控制体系。在全县所有机井安装用水计量控制设备，灌溉实行预付费用水制度，农民持卡购水，刷卡浇地，有效解决了水费收取问题，同时激发了用水户节水的自觉性。

政策保障体系。经县政府和县人大批准，出台了《清徐县水资源初始配置方案》《清徐县用水定额指标》《清徐县水权交易市场建设

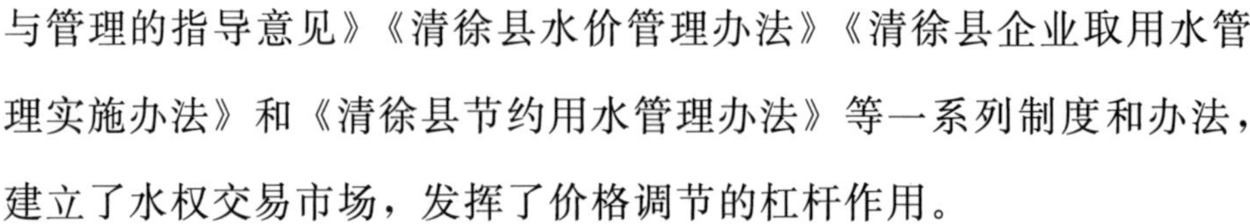

与管理的指导意见》《清徐县水价管理办法》《清徐县企业取用水管理实施办法》和《清徐县节约用水管理办法》等一系列制度和办法，建立了水权交易市场，发挥了价格调节的杠杆作用。

节水工程体系。全县大力开展节水工程建设，节水灌溉面积达到24万亩，占全县水浇地面积的65%。

同时，为推进四大体系建设，清徐县还建立了数字水利信息中心，使水权分配、用水计量、定额管理、节水灌溉实现了信息化、数字化、动态化和现代化管理。特别是为落实好水权分配、用水计量、阶梯水价、水费计收工作，实现“用明白水、交明白钱”，县里建立了农村用水管理信息网络。一是按照初始水权分配成果，编制了各部门和各乡镇年度用水计划；二是根据各乡镇级用水户的用水过程和水文年份、客水动态情况，调节和发布分配水量的变动信息；三是接受各乡镇以旬、季、年为时段的各村和单位工程的用水量、用电量和总用水量、用电量等用水量信息，汇总、储存全县的旬、季、年用水量数据；四是分析全县地下水动态、盈亏总量和可开采量，以年度为时段更新全县和各行政区的地理信息图，不断提高水利信息化决策精度。

目前，清徐县在全县192个行政村全部落实了初始水权分配制度，颁发了水权证，对80个井灌村的1298眼机井全部安装了用水计量设备，全部实行了节约归己、超用加价的阶梯水价，水权范围内收费在0.45～0.7元之间，超用20%加价0.05～0.1元，超用40%加价0.1～0.3元。

清徐县的做法不仅有效缓解了该县水资源不足的问题，解决了经济社会发展与水资源不足、用水浪费的矛盾，而且持续促进了全县地下水位的止降回升和农民收入的不断增加。与2006年相比，全县地下水位累计回升3.56米，农民人均年收入增长近3000元。

江苏盐城：水利审批制度改革出实效

梁喜辉 陆 毅 臧滨城

近年来，盐城市水利局在深化水利行政审批制度改革过程中，紧紧围绕简政放权、转变政府职能和推行机关内部相对集中行政审批权，力求在法律、法规的框架内实现对现行水利行政管理体制和机制的突破，取得水行政管理和社会效益的双丰收。

简政放权促进基层权责匹配

盐城市水利局不断深化行政管理体制改革，积极稳妥地推进简政放权工作。一是减少审批项目。盐城市水利局两次对市级行政审批项目和年检项目进行清理，审批项目由年初的 20 个减少到 14 个，精简率达 30%；年检项目从 2 个减少到 1 个，精简率达 50%。二是下放审批权限。按照“依法合规、能放则放、责权统一、规范管理”的原则，依法通过市政府重新划分了市县行政审批权限，即把原有

148条市管河道中的108条下放给县级水行政主管部门管理，相应的行政审批、行政征收等权力同时下放；将原来由市局负责的盐都区、亭湖区行政区域内的浅层地下水行政审批权限全部下放，对省、市、县三级水行政主管部门的地表水分级审批权限进行重新明确；加强对市级行政审批权力下放承接工作的指导，专门下发指导意见，确保各项权力下得去、接得稳、执行好。盐城市水利局出台的一系列简政放权措施，使得水行政管理工作出现了权力下放、重心下移和责权利高度统一的新模式，县级水行政主管部门获得了更多的行政管理权限，最大限度地改善了过去权力在市局、义务和责任在县级水行政主管部门的行政管理模式，极大地调动了他们工作的积极性。

相对集中实行审批监管分离

盐城市水利局全面推进行政审批制度改革，将相对集中行政审批权各项措施落实到位。一是相对集中审批权。强化行政审批“一个窗口对外、一支笔签发”，把原来由业务处室负责的组织论证报告专家审查等涉及审批的关键职能全部划归局行政许可服务处集中组织实施，所有行政审批项目由局分管行政许可工作的领导一支笔签批。在此基础上，通过精简审批环节，优化审批流程，明确审批AB岗，推行现场会办，实行并联审批和缺席默认等一系列举措后，14个审批项目中，法定审批时间最长45日，最短20日，平均21.78日；对外承诺审批时间最长9日，最短4日，平均6.28日；审批效能最多提升91%，最少提升55%，平均提升71.2%，在继续全省水

利系统中保持最高。二是相对集中监管权。行政审批职能的划出和后续监管职能的划入，使得业务处室把有限的精力集中投入到行政审批项目后续监管上来，严格按照水利法律、法规和技术规范，在项目的施工放样、技术指导、日常巡查、专项验收、规费征收等各个环节都进行严格把关，让行政审批各项要求都落到实处，不仅极大地提升了水行政管理的能力和水平，而且实现了水利公共利益与社会经济效益的双提升、双丰收。相对集中行政审批权和后续监管权改变了水利部门长期以来以审批代监管的习惯，促使水行政管理更多地从事前审批转为事中事后的监管，同时也使得审批与监管职能处室的职责得到进一步明确，相互促进、相互监督的能力得到进一步提升。

积极创新营造优质服务环境

盐城市水利局积极创新行政审批服务方式，努力为地方经济建设和发展提供助力。一是试行“容缺预审”。在重大项目行政审批许可申请时，如果基本审批条件具备，申报主体材料齐全，其他条件和次要申报材料暂时欠缺的情况下，服务窗口可以先予受理，服务对象在承诺时间内只要将欠缺的材料补齐，就可发放行政许可决定。二是实行“项目联审”。对市局直接审批的有论证报告的项目建立“专家和行政联合审查”制度；对同一个项目涉及市、县两级审批权限的，实行“市县联审”制度，即采取“市局统一受理，市、县联合审查后在规定时间分别作出审批决定，市局统一发放审批决定”；

对同一个项目涉及多个县（市、区）的实行“市局牵头，县局联审”制度，即对市局牵头，组织专家评审、组织县局联合审查并提出审查意见，县局分别作出审批决定。这三种“项目联审”制度分别在涉及市县两级267条河道的一大批国家和省市重点项目涉水事项审批上得到广泛运用，不仅得到了服务对象的一致好评，同时也得到了各级党委政府的充分肯定。从“部分集中办理”到“完全集中办理”，从“一页纸不能少”到“容缺预审”，从“专家审查与行政审批分离”到“项目技术审查和行政审查串联办理”，从“涉及市县两级审批的项目分头办理”到“市县联审联办”，盐城市水利局在深化行政审批制度改革，创新行政审批体制机制的同时坚持做到“法律底线不突破，审批创新不违法，服务规范不违规”，在履行公共管理职能和服务地方经济发展中找准自身定位，在服务发展、便利群众等方面创造出成功经验。

转变职能延长行政服务链条

盐城市水利局努力转变职能，抓好行政审批的“第一公里”，努力将行政服务的链条向前延伸。一是规范涉水许可中介。涉水许可所需各类设计方案、论证报告等编制，是行政审批的“第一公里”。盐城市水利局积极回应社会诉求，三管齐下规范涉水许可中介市场，即对有意在盐城境内开展业务的中介机构所报的涉水许可从业资质资格进行了审核，将首批11家审查合格的中介机构名单、承接业务种类、联系方式和收费标准等在政府门户网站和市行政审批服务大

厅水利局窗口进行公示；规范中介执业行为，在审查过程中严格执行“机构有资质，人员有资格，编制合规范，修改有时限”的规定，并将执行情况纳入中介机构信用评价体系进行管理；发挥政府诚信导向作用，通过组织服务对象评价、社会评价等形式采集中介服务信用信息并定期向社会公开信用评价结果，用足市场这只“看不见的手”来推动中介机构的优胜劣汰。二是强化行政指导力度。注重收集重大项目信息，把行政指导融入项目的预可研、可研、方案设计、论证报告编制等前期工作阶段，使项目从一开始就纳入到依法管理、符合水利规划、规范要求。近年来，盐城市水利局先后主动介入到西气东输宝丰线和永泰线，黄沙港国家中心渔港、228国道、胜达集团江苏双灯纸有限公司、国华（盐城）风电、响水造纸产业园、中粮米业和亭湖区新型建材工业园等一大批国家和省、市重大项目的前期工作阶段，从法律和政策上提供咨询，从涉水专业技术上给予指导，从建设和施工方案上帮助经济比较，为项目的早投产、早达效和降本增效提供合理化建议，使项目从一开始就做到符合水法律法规、规划和技术规范的要求，又符合业主的预期，从而实现了水行政主管部门和行政管理相对人合利共赢的目的。

蓝天碧水情依依

——淮河水利委员会基层水管单位见闻

唐　伟

巍巍长堤缚苍龙，滔滔碧水惠民生。初秋的沂沭泗大地，天高云淡，一望无垠的农田里一派生机勃勃的景象。在刘家道口水利枢纽工程旁，在湖西大堤99.6公里堤防上，在复新河节制闸工程启闭机房里一个个基层水利职工脸上都充盈着激动的笑容，一座座漂亮的院区干净整洁、鲜花盛开，一处处水利工程面貌一新、效益凸现……基层职工们的兴奋诉说与受益农户的声声感谢莫不表达着一个共同的心声：水利工程管理体制改革已在流域这片大地彰显出勃勃生机。

水管单位显活力

来到刘家道口水利枢纽局，映入眼帘的树木排列错落有致，花草气息扑鼻而来，清香馥郁、干净整洁的环境让人心旷神怡，一派有序、热情、和谐的工作氛围。迎接我们的徐书峰局长热情地向我们介绍着这里发生的变化，他说："水管体制改革的东风为水利工程管理提供了更广阔的舞台，基层水管单位得以充分施展拳脚，推进了水利工程管理向现代化转型。"

2006年，在创建国家二级水管单位取得成功，尤其是刘家道口水利枢纽工程竣工验收移交后，刘家道口水利管理局深刻认识到要提高工程管理水平，仅仅局限于二级水管单位是远远不够的，必须转换水利工程考核成果，在创建上下功夫。为此，全局提前谋划，确定了创建国家级水管单位的目标及创建思路。创建过程中，全局以科学管理为基础，注重以人为本，不断将创新发展浸润到水利工程管理工作中去，为创建国家级水管单位提供思想保障和智力支持。2012年10月30日，刘家道口水利管理局以高分顺利通过国家级水管单位考核验收，标志着全局直管工程管理水平再上新台阶，实现了历史新突破。

同样的笑容还在上级湖水利管理局干部职工的脸上绽放。

作为水利部淮河水利委员会最基层的水管单位，上级湖水利管理局位于山东省济宁市鱼台县，位置偏僻远离都市，主要负责所辖南四湖湖西大堤99.6公里堤防和南四湖边界大型水利工程复新河节制闸的日常运行管理维护、防汛抗旱和调处江苏山东两省边界水事纠纷等工作。"献身、负责、求实，再添高效；和谐、稳定、安全，还要进取"。醒目的标语在复新河节制闸上悬挂的。他们克服了工程管理战线长、调处边界水事纠纷任务重的困难，实施规范化和精细化管理，使工程管理落后单位逐年跃升为水管先进单位，水利管理工作连年在上级年度考核中名列前茅。

“经济创收无项目，年年吃上级补助，经费保障程度低，那会儿真是人心散了，队伍不好带了。”说起过去，个头中等、皮肤黝黑、不善言谈的王建军局长说。

不能就此沉沦，人活着要有尊严。靠着强烈的事业心和水管体制改革东风，近年来，新的局领导班子紧紧将全局职工凝聚在一起，用新眼光看待新事物，用新办法解决新问题，用新思路谋求新发展，积极探索、勇于实践，努力开创的新局面。如今，河道堤防工程占用补偿费征收取得了突破性进展，通过推行“零风险”承包，船闸收费额连年增加。依法收费及经营创收工作的开展，增强了单位经济实力，为稳定职工队伍，促进水管工作的良性运行发挥了至关重要的作用。

服务民生劲头足

“荷叶连着天地间，碧波水荡漾，荷花朵朵万里香，映日染霞光……”一首优美的《荷花别样红》让游人对位于山东省与江苏省交界处的微山湖美景流连忘返。

如何化解由于湖区“插花地”多，导致在湖田湖产、水域滩涂开发、水资源利用、上下游引水排涝、航道拓挖和河道清淤及涉及省际工程建设中产生的水事纠纷，是基层水管单位实施统管中的

难题。

面对复杂的水事环境和艰巨的水行政管理任务，上级湖水利管理局干部职工在工作中迎难而上，主动作为，敢于对涉河违规建设项目进行查处执法，得到了地方政府的理解与认可，树立了流域管理机构的水行政管理和水行政执法权威，为促进维护省际边界地区社会稳定营造了良好的法治环境。

近年来，受暴利驱动，湖区内肆意非法采砂行为日益猖獗，不仅破坏了湖区的自然资源和生态环境，严重危及水利工程设施的安全，并给渔业生产造成重大损失。上级湖水利管理局每年在上级统一部署下，以执法巡查为基本措施，采取集中打击和日常监管相结合为主要手段，以舆论和法制宣传为重要辅助，全面实施高压严打态势，从而实现对湖区非法采砂活动的有效遏制。

边界地区不稳定，伤害的是双方感情，耽误的是经济发展，最终受损失的还是老百姓。边界稳定了，就可以一心一意搞建设，聚精会神谋发展。

微山湖湿地红荷旅游风景区，游人如织，翱翔在湖面上的湖鸥轻盈掠过，唯恐打破了湖面的平静。

如今，面对景区和谐稳定的新景象，在景区内靠驾自家船吃“旅游饭”的孟四湖师傅高兴地说：“经过水利部门精心的管理，经过湖区双边政府的协调领导，南四湖地区出现了前所未有的平安、祥和，在这做生意越来越放心、省心，再也不怕出现意外。”

多年纷争的微山湖，唱起了新时期动人的和谐歌。

科学发展谱新篇

曾几何时，一个闹钟、一把水尺、一台对讲机，就是基层水利人的人生；一道长堤、一条大河、一间小屋，就是基层水利人眼中的风景。

如今，在刘家道口水利管理局，你能看到走廊里、会议室、办公室的墙壁上，到处悬挂着展示文明建设的精美匾牌和激励职工的警句格言；在这里，你还能看到以工程运行管理为主线，浓缩了方方面面工作的局史陈列。

除此以外，在监控机房，可以感受到现代化给日常管理带来的方便快捷；在职工阅览室，可以感受到浓厚的学习氛围；在活动室，可以听到健身娱乐的欢声笑语；在政务公开栏，可以清晰地了解全局发生的重要事情；在电脑前，可以通过办公自动化管理系统浏览全局各方面工作情况，也可以通过局长信箱，方便地表达自己的建议和意见……

一个个奖项、一项项殊荣，诉说着刘家道口局的幸福往事。干部职工对这一切的感受最直接、更强烈，他们说："从'要我创'到'我要创'，过程是辛苦的，但结果是甜蜜的。目睹着面貌焕然一新的水利工程，工作在花园式的环境中，作为水利人的自豪感和幸福感伴随着每一天。"

在上级湖水利管理局局长王建军的工作笔记本里有这样一句话深深吸引着我们的目光。"用高尚情操陶冶职工，用职业道德规范职

工，用科学理论武装职工，用共同理想激励职工，用水利精神凝聚职工，将为单位的改革和发展奠定良好的基础。”这也许就是一个无论在鱼台县还是济宁市都貌似毫不起眼的小单位连续多年被评为县级、市级精神文明单位的制胜法宝。

山东：生态建设从“水”字破题

赵　新　杨治军

近年来，山东省委、省政府高度重视生态文明建设，从“水”字破题，积极深化改革，通过水生态文明城市创建活动和乡村文明行动以及水利风景区建设，开辟城乡两大战场，全面实施三大战役，水生态文明之花在齐鲁大地竞相绽放。

水生态文明城市创建提升水环境

2011年底，山东在深入总结水利风景区发展经验成效的基础上，率先提出“水生态文明城市”概念，确立了水生态文明城市建设三步走战略，决定从2012年1月起，全面开展水生态文明城市创建活动。

为推动水生态文明城市创建工作，山东省政府印发了《山东省人民政府办公厅转发省水利厅等部门关于开展水生态文明城市创建

工作的意见的通知》（鲁政办发〔2012〕68号），明确了水生态文明城市创建的指导思想、目标要求以及保障措施等，要求各市、县（市）人民政府要把这项工作摆上重要位置，切实加强组织领导。各有关部门要结合各自职责积极予以支持，形成推动创建工作的合力。

建立了创城联席会议制度。省政府办公厅印发《山东省人民政府办公厅关于建立水生态文明城市创建工作联席会议制度的通知》，建立水生态文明城市创建工作联席会议制度，分管省长为总召集人，省政府办公厅领导及省水利厅厅长为召集人，联席会议由省水利厅、发展改革委、人力资源社会保障厅、国土资源厅、住房城乡建设厅、海洋与渔业厅、林业厅、环保厅以及省质监局等9部门组成，办公室设在省水利厅，承担日常工作。

确立了工作原则，规范工作程序。按照因地制宜、积极稳妥的原则，鼓励和支持各市、县（市）人民政府积极申报创建水生态文明城市。创建过程中遵循生态平衡的法则和要求，按照“政府主导、自愿申报、专家评审、省联席会议确认、省政府命名、动态管理”的工作程序，不断推进和完善创建工作。水生态文明城市创建一批、评选一批、命名一批。对水生态文明城市实行动态管理，每3年复审一次，对成果不能巩固的，取消命名。围绕创建工作出台了《山东省水生态文明城市评审命名办法》，组建了评审专家库，制定了专家组工作规程及评审操作实施细则。

出台了首部地方标准。2012年8月9日，山东省质量技术监督局以山东省地方标准的形式批准发布《山东省水生态文明城市评价标准》，自 2012 年 8 月 20 日起实施，这是全国第一个水生态文明城市评价省级地方标准。《标准》的核心要义是水资源可持续利用、水生态体系完整、水生态环境优美；社会效果是要打造人水相伴、城水相依、宜居宜业宜游的城市环境；最终目标是实现人、水、城和谐。《标准》主要包括水资源、水生态、水景观、水工程以及水管理五大评价体系，其中重点突出了水资源与水生态评价体系，体现了水生态文明城市在保护水资源、修复水生态、改善水环境方面发挥的重要作用，并强调了水资源的可持续利用及以水定发展，以水调结构，以水资源禀赋规划产业布局的核心理念。

水生态文明城市创建工作受到全省各级党委、政府的高度关注，许多市、县（市）成立水生态文明城市创建工作领导机构。2012 年 12 月 30 日，省政府印发《山东省人民政府关于命名临沂市为山东省水生态文明城市的通报》，临沂市成为全省第一个水生态文明城市。2013 年，全省有 4 个市、19 个县（市）完成了水生态文明城市创建实施方案的编制，并完成专家审查，提出创城申请。目前，继济南、临沂、青岛成为首批全国水生态文明城市试点后，泰安、烟台和滨州又跻身第二批全国试点城市。潍坊市、烟台市建成区的专项规划也已通过了专家评审。济南所辖 7 区 4 县全部制定了水生态文明建设规划。

微山湖畔的济宁市金乡县，是著名的大蒜之乡。“四河环绕，一河穿城”，大自然赋予金乡县城得天独厚的水系条件。然而，随着城区拓展，这 5 条河流先后成了“龙须沟”。

金乡县委、县政府秉持生态发展理念，开始在水上做文章，对5条河流进行疏挖、治污、拓宽，着力打造“九湖五河”生态湿地景区。过去，金济河遍布生活垃圾，两岸是棚户区，人们走到这里都要绕河而行。而今，通过打造“九湖五河”生态湿地景区，将5条河流全部贯通，在河流交汇处拓宽成湖，原来20米的河道变成了60米。“九湖五河”生态水系治理工程治理河道30多公里，新增绿地面积300余万平方米，更好地完善了生态景观。新城区的规划建设被金济河、莱河、金马河、老万福河环绕，4条河流沿岸变成了生态景观走廊。水生态建设让金乡这座千年小城有了一张崭新的生态名片。

实施乡村文明行动改善农村水环境

从2011年4月开始，山东在全省农村正式启动了为期5年的“乡村文明行动”。确立到2015年底，70%以上的村将达到县级文明村标准的目标。

2011年4月，山东省委、省政府印发《关于在全省农村实施“乡村文明行动”的意见》，对在全省实施“乡村文明行动”作出全面部署。以村容村貌建设、村风民俗建设、乡村道德建设、生活方式建设、平安村庄建设、文化惠民建设为重点，开展文明户、文明村（社区）以及新农村新生活、新农民新形象等群众性创建活动，提出从2011年到2012年底，在现有基础上，全省50%左右的村达到县级以上文明村标准；到2015年底，实现活动全覆盖，村村有新貌，70%以上的村达到县级以上文明村标准。

开展乡村文明行动，综合整治农村环境是基础，又以改善农村水环境首当其冲。内容涉及坑塘整治、中小河道治理、防汛抗旱、水污染防治、饮用水安全等水利工作的许多方面，为此各级水利部门立足本职，勤奋工作，不懈努力。

为促进水生态文明建设，改善农村水生态环境，菏泽市开展坑塘水生态治理试点工程建设，投资300万元对优选的百个坑塘进行综合治理。2012年3月，菏泽市水利局成立村塘水生态治理工程调研组，对牡丹区、鄄城县、巨野县24个乡镇的坑塘进行现场调研，召开县区水务局相关人员会议，在广泛征求意见的基础上，制定《村塘水生态治理工程实施方案》。按照治一个、成一个、带一片、长期发挥效益的要求，将面积在10亩以上、位于村内或村边、周边污染小，距离河道近、产权归集体所有的坑塘率先纳入治理范围。各县区乡镇水利站和水管员，对辖区坑塘调查后建卡立档，搞清所有坑塘面积、归属、容量、蓄水丰枯、与外界河渠连接、开发利用情况，生态功能减弱原因分析等，为坑塘水生态治理提供基础性资料，各县区水务局选择符合条件的坑塘报市水利局备案。截至目前，各县区对289个坑塘进行了调查摸底，建档造册。市水利局成立了由5名高级职称人员组成的专家组，对各县区申报的坑塘逐一申述评比，已经确定了符合条件的80个坑塘。菏泽市水利局将投资300万元，对最终确定的100个坑塘进行水生态治理工程治理。各县区水务局与坑塘所在村庄签订治理合

同，由坑塘所在村庄具体实施。坑塘生态治理完成后，广大农村群众会更多地看到水、用上水、亲近水，享受到良好水环境带来的幸福。

全面建设水利风景区打造“亲水乐园”

近年来，在省委、省政府的正确领导下，山东各地秉持生态水利理念，水利风景区建设与管理呈现出了又好又快发展的态势。目前，全省各地已建成120多处集防洪、供水、观光、休闲于一体的“亲水乐园”，“一河清泉水、一条经济带、一根产业链、一道风景线”治水新模式在全省得到全面推广。截至2013年底，山东共创建国家水利风景区65处，占全国总数的11%，连续6年居全国首位，创建省级水利风景区152处。风景区类型涵盖了城市河湖、山区水库、特色湿地、生态小流域等；风景区分布于17个地级市的100多个县（市、区），可以说水利风景区已在齐鲁大地遍地开花。

创新机制为水利风景区提供了广阔的发展空间。在投融资机制上，坚持多元化、多形式、多渠道投入。滨州市结合城市供水工程建设，采取预收水费、农民土地入股、职工入股、招商引资等办法，融资5亿多元，建设“四环五海”，打造“生态滨州”。潍坊市区白浪河治理工程，吸引马来西亚客商投资5亿元。东营市制定优惠政策吸引金瀚集团投资4.8亿元建设占地2690亩、水面1200亩的清风湖水利风景区，创造了“政府不投钱、百姓不掏钱、企业不亏钱”

的建设、运营模式。

创新管理体制和运营机制。诸城潍河水利风景区，市政府成立全额拨款的事业单位，负责水利风景区的规划、建设、管理工作，并对景区范围进行确权划界，统一实施管理范围内的土地开发，对河道休闲渔业、水面保洁、苗木管护、开发项目等由景区管理单位统一实施市场化运作。肥城康王河公园的运行管理费用由政府财政投入为主，经营收益为补充，走出了良性发展的路子。胶州市三里河风景区采取招投标方式，委托专业公司负责管理维护。安丘市汶河风景区属于以经济效益为主的风景区，实行公司化运作，按照“谁投资、谁受益”原则，明晰所有权，放开建设权，搞活经营权，在政府监督指导下，由投资者开发经营管理。

配套完善水利风景区建设与管理的法规政策，为水利风景区健康发展提供了保障。山东省委、省政府出台了《关于进一步促进服务业发展的若干意见》，提出“十一五”期间设立“服务业发展引导资金”，数额为上年度全省 GDP 的万分之零点五。此后相继出台了《山东省水利风景区发展纲要》《山东省水利风景区评审委员会工作规程》《水利风景区发展“十一五”规划》。省水利厅出台《关于加快水利风景区发展的意见》，制定了相关扶持政策和措施，把水利风景区发展与河道治理、水土保持、水库除险加固、农村水利建设等有机结合起来，在相关的经费安排上，对水利风景资源保护开发、景区规划建设与管理等方面给予扶持，调动了水管单位搞好景区开

发、管理的积极性。为进一步加强水利风景区建设与管理工作，成立山东省水利风景区发展领导小组，集中研究制约水利风景区发展的问题和发展对策。水利风景区建设与管理步入了规范有序、又好又快发展的轨道。

党员干部出任山塘“大管家”

——浙江省武义县破题农村小山塘管理

郑盈盈

长期以来，农村小型水利工程的管理问题一直是水利工作的难点，而面广量大的“屋顶小山塘”则是难点中的难点。谁来管？怎么管？这已成为现代水利发展过程中必须啃下的一块硬骨头。

2012年10月以来，浙江省武义县创新管理体制，探索调动农村党员干部的积极性，建立实施农村党员干部责任制，让全县4000多座原本缺乏管理的小山塘有了自己的“大管家”，为水利工程防汛安全上了一道“安全锁”。

面广量大，遭遇管理之困

浙江省武义县属半山区半丘陵地区，气象和水文条件复杂，洪

涝干旱灾害频发。遍布在武义县各个角落的4000多座1万立方米以下小山塘，发挥着保灌溉供水的重要作用。但武义县绝大多数小山塘修建于20世纪五六十年代，受当时财力、物力和技术等方面的限制，工程设计标准普遍较低。经过几十年运行，大部分小山塘年久失修，陈旧老化。近些年来，武义小山塘已不止一次出险。老百姓戏称这是悬在村庄屋顶的“定时炸弹”！小山塘成为了武义县水利工程安全度汛的心腹之患。

武义县水务部门积极争取资金投入，加大山塘综合整治力度。2013年，武义县成功争取到成为第四批中央财政小型农田水利重点县，每年可以获得综合整治30座病险山塘的财政资金支持。武义县水务局副局长李天荣说，每年30座，3年也就是90座，这对4000多座的总量而言，无疑是杯水车薪。武义县水务部门的思路是，以目前的经济社会发展水平，既然短时间内没有更好的办法一步到位、全部整治完毕，那就必须将管理提上议事日程，干一座发挥一座的效益。然而，这么大的量，这么散的点，谁来管？怎么管？武义县水务部门开始苦苦探寻有效的管理之路……

党员负责，破题管理之难

2012年，武义县西联乡开展了农村社会事务“双联双促”网格化管理试点。通过党员联系村务、党员联系群众，实施网格化管理，层层落实山塘水库防汛、森林防火等目标责任，建立防治联动机制，努力形成“有效预防、动态监管”的格局。武义县水务部门从西联乡水利安全管理试点做法中得到启发，深入调研之后，水务部门向县政府提出了在全县范围内推广实施小山塘安全管理农村党员干部责任制的建议，并得到支持。

2012 年 11 月，武义县委、县政府召开会议，决定将小山塘安全管理农村党员干部责任制在全县范围内推广。同年 12 月底，全县 18 个乡镇（街道）所有小山塘全部落实责任人，2988 名党员责任人的名字出现在武义县当地的媒体上。

武义县水务局认为，分散在每个村的党员干部，是一支数量庞大，可以发动也可以战斗的队伍，他们熟悉村里的情况，有较强的责任心，而且大部分都在村里务农。发动党员干部管理小山塘，在现有情况下是最合适的选择。

武义县茭道镇沙溪村的魏发生是村里一名老党员，2012 年年底，他成为沙溪村 3 座山塘的责任人。老魏这一年多来精心保管的武义县山塘水库巡查记录本。里面规定了党员干部巡查员的职责，介绍了山塘水库巡查的基本知识，也清楚记录了老魏每一次巡查的情况。

老魏说，镇里请专家给他们上课，教他们巡查时怎样用眼看、耳听、脚踩和手摸等方法去判断土坝是否安全，本子里巡查情况的每一个字都是他爬上山塘认真记录的结果。

制度约束，确保责任落实

武义县建立一系列配套制度，促进责任落地。第一项制度就是

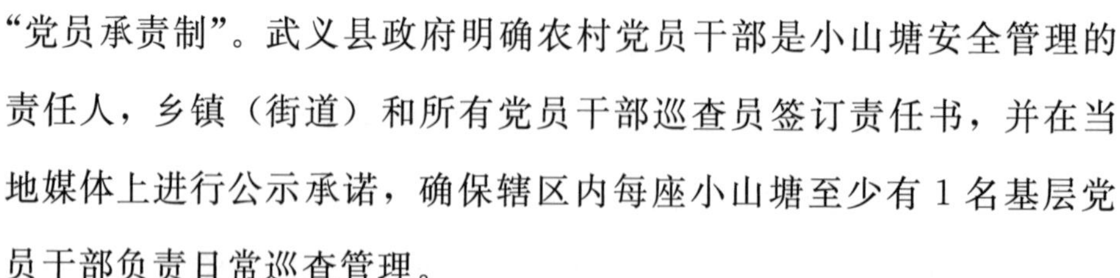

“党员承责制”。武义县政府明确农村党员干部是小山塘安全管理的责任人，乡镇（街道）和所有党员干部巡查员签订责任书，并在当地媒体上进行公示承诺，确保辖区内每座小山塘至少有 1 名基层党员干部负责日常巡查管理。

每个农村党员责任人对自己负责的小山塘，非汛期每月至少巡查两次，汛期则每天查一次，如果遭遇台风强降雨，则要迅速到岗到位，随时掌握雨情、水情，发现问题及时汇报处理。

一到下雨天，茭道镇分管水利的镇领导王忠彩，就成了最忙碌的人之一，他的电话总是响个不停。全镇 140 个党员干部山塘巡查员一旦发现问题，首先就是向王忠彩汇报。

王忠彩说，自从实行农村党员干部责任制管理小山塘后，他感觉自己的心踏实了很多。现在，农村党员们对小山塘检查的认识有了很大提高，责任心更强了，镇里小山塘的坝面也变整洁漂亮了。

他回忆说，位于镇里沙溪村上游的张坑大塘由于多年无人管理，杂草丛生，坝面杂乱。自从实施党员干部责任制后，巡查员对杂草树木进行清理，有一天发现大坝中间已经出现一个空洞。王忠彩说：“我接到报告时，吓出了一身冷汗，幸好巡查员及时发现，否则后果不堪设想。现在，这个山塘已被安排到小农水项目里，进行综合整治。”

纪检监督，密切党群关系

武义县政府领导挂帅，县主要部门参与成立领导小组，指导督查全县小山塘管理工作。县里还将此项工作纳入对乡镇（街道）及农村党员干部的履职考核中，每年对各乡镇（街道）的工作进行监督考核。

自工作开展以来，武义县政府分管领导带领相关部门负责人组成督查组，对照责任人名单，深入农村，仔细询问小山塘名称、方位，是否开展过日常巡查，是否对溢洪道等设施进行过清理，是否在巡查后按规定详细记录笔记等。

武义县财政每年安排 120 万元资金，对负责小山塘安全管理工作的农村党员干部进行补贴，充分调动党员干部的积极性。补贴根据水利工程分布和工作轻重情况，并结合纪委监督考核结果统筹安排。

正如武义县水务局纪委书记董群所说："实行小山塘安全管理农村党员干部责任制，是基层农村党员干部加强作风建设、密切联系群众的一个活动载体。通过落实责任制，给农村党员干部压担子，使农村党员干部成了基层一线防汛工作的主力军，有利于发挥党员的先锋模范作用。通过加强小山塘安全管理，确保了老百姓的生命安全。"

发展用水协会　造福一方百姓

——湖北省当阳市农民用水户协会建设管理情况调查报告

黎荣权　罗孝杰　童先新

当阳市位于湖北省中西部，地处荆山山脉以南的沮漳河中下游，为鄂西山区向江汉平原的过渡地带。土地面积2038平方公里，耕地面积66.6万亩，人口48万人，其中农业人口36万人，农村劳力21.73万人。全市共有大、中、小型水库126座，大中型引水渠6条637公里，干、支渠600多条1360余公里，电灌站65处132台6438千瓦，总蓄、引、提水能力4.65亿立方米。设计有效灌溉面积53万亩，旱涝保收面积38万亩。形成了漳河、东风、巩河、沮河四大灌区，年均为农业提供用水量3.5亿立方米。

协会基本情况

20世纪60—70年代，当阳市修建了众多的水利设施，近年来，

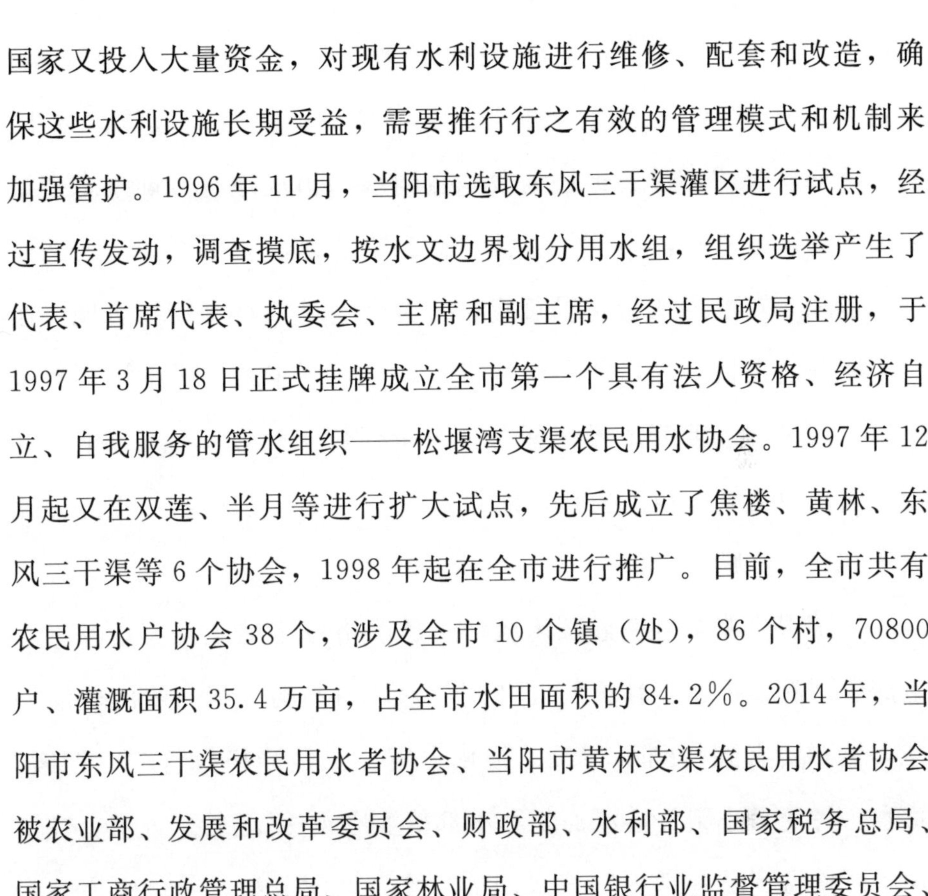

国家又投入大量资金，对现有水利设施进行维修、配套和改造，确保这些水利设施长期受益，需要推行行之有效的管理模式和机制来加强管护。1996 年 11 月，当阳市选取东风三干渠灌区进行试点，经过宣传发动，调查摸底，按水文边界划分用水组，组织选举产生了代表、首席代表、执委会、主席和副主席，经过民政局注册，于 1997 年 3 月 18 日正式挂牌成立全市第一个具有法人资格、经济自立、自我服务的管水组织——松堰湾支渠农民用水协会。1997 年 12 月起又在双莲、半月等进行扩大试点，先后成立了焦楼、黄林、东风三干渠等 6 个协会，1998 年起在全市进行推广。目前，全市共有农民用水户协会 38 个，涉及全市 10 个镇（处），86 个村，70800 户、灌溉面积 35.4 万亩，占全市水田面积的 84.2%。2014 年，当阳市东风三干渠农民用水者协会、当阳市黄林支渠农民用水者协会被农业部、发展和改革委员会、财政部、水利部、国家税务总局、国家工商行政管理总局、国家林业局、中国银行业监督管理委员会、中华全国供销合作总社联合评为全国农民用水合作示范组织。

协会运作管理

“三落实”抓好水利设施维修管护。一是落实管护主体，做到有人管事。明晰工程产权。对由用水户协会管理的水利设施，全部实行产权过户、管理权下移，将支、斗渠以下水利设施的产权移交给协会，由协会进行资产管理和维护。核发产权证书。产权明晰后，以市政府名义将工程产权证书下放到各个协会。明确管护主体。各

工程的产权人（即协会）就是工程的管理主体。二是落实管护人员。对协会负责的干、支渠，采取公开竞争方式确定管护人员，对斗、农、毛渠实行按会员的田块划段，做到谁的田块地段，谁负责清淤除障和管护。三是落实管护办法，做到有章理事。对干、支渠的管护人员和斗农毛渠实行包段负责，与协会会员签订了管护合同，制定了明确的考核办法，并严格实行考核兑现。东风三干渠协会对未按质、按量、按期完成维修任务，由责任用水户按工程任务的1.2倍出资，协会统一组织完成，对渠道管护好的用水小组，年终评比给予500元奖励。

“三严格”抓好农田灌溉用水。一是严格制定灌溉方案。各用水组需申请放多少水，什么时间开闸放水，村与村、组与组的轮灌期是多长都要有到村到组到天的细化方案。二是严格执行“一把锹”管水。各用水小组按灌溉面积大小都落实有1～2名管水人员，在管水中严格做到“一把锹”管水，实行统一调度分配，避免无序放水的现象。三是严格执行在用水小组进行计量。协会在各用水小组的支渠上都建有量水堰等计量设施以便计量到用水小组，杜绝在用水小组以外的闸口、渠口进行计量的不公平现象发生。

“三公开”抓好水费收缴管理。一是水价、水量、水费及时公开。每年放水的水价、水量、水费是多少，都要采取召开会议和张榜公布的形式公示无异议后，再实行管水代表收费到户或协会直接收费到户的方式收缴水费，并出示水费收据。二是水费收支明细及时公开。对各协会全年收支的水费明细都要在各村公示栏中进行为期30

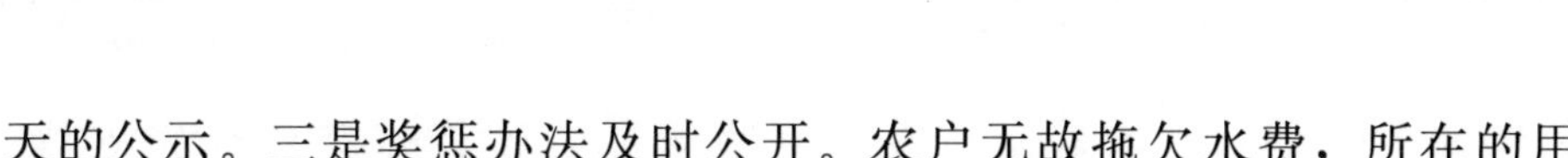

天的公示。三是奖惩办法及时公开。农户无故拖欠水费，所在的用水小组第二年春灌前钱不交齐不能用水。

“三完善”抓好民主决策议事。一是完善协会《章程》。坚持政府引导，协会自主的原则，指导协会制定并不断完善协会《章程》，明确用水户的权利和义务。二是完善协会的各项规章制度。先后制定完善了《灌溉管理制度》《工程管理制度》《财务管理制度》及《奖惩制度》等，做到用制度管人管事。三是完善协会议事内容及时间。协会根据确定的议事内容，做到每季度召开一次会员代表大会，每年以用水小组为单位召开两次全体会员会议，进行民主议事和民主决策。

“三依靠”抓好协会造血功能。一是依靠政府支持，促进协会增收。坝陵办事处将1座小（1）型水库交由黄林协会经营管理，玉泉办事处将2座小（1）型水库、6座小（2）型水库交由东风三干渠协会经营。二是依靠创办经济实体，促进协会增收。划拨土地给协会，支持协会养鱼、养猪和柑橘种植，发展庭院经济；有的协会兴办水贸服务部等经济实体，开展农资、化肥代销等多项有偿服务活动，增强协会经济实力。三是依靠项目施工，促进协会增收。将一些小型水利工程项目按程序交由协会直接施工建设，以此增加协会收入。

“三优先”抓好协会政策激励。一是项目建设优先倾斜。先后为黄林等6个农民用水户协会安排小农水重点县项目建设资金1552万元，硬化末级渠道150公里。安排堰塘清淤整治资金560万元，整

治堰塘105口，增加蓄水180万立方米。二是管养经费优先支持。每年从水利切块资金上安排70万元对农民用水户协会在渠道的管护上实行以奖代补。三是“一事一议”优先安排。协会所在镇、村通过“一事一议”，优先为协会安排受益农户筹资筹劳，加强对渠道的整治维修和清淤除障。

农民用水户协会运行效果

农户建设管理热情明显高涨。协会成立后，由于渠道的使用权和管理权移交给协会，为协会成员共有财产，灌区农民从过去被动的单纯投劳变为主动投资、投劳。松堰湾协会组织协会成员进行渠道维修配套，提出了堤见新（见新土），土过梗（土翻过堤）的彻底清淤标准，并组织会员筹资近4万元配套灌溉剅闸32处，投资近6万元对渠道所有险段进行了混凝土护砌；焦楼支渠协会投资83.8万元，完成灌溉剅闸配套18处，明涵改造320米，明渠衬砌300米；黄林支渠协会投资534.93万元，完成了425处剅闸配套和3600米险段整治，硬化渠道25642米。

农田灌溉秩序明显好转。由于渠道硬化和设施配套，提高了渠道的输水能力，缩短了轮灌周期，加之协会的统一调度放水，兼顾了上下游的用水要求，保证了灌区所有农田及时灌溉，提高了灌溉质量，改善了灌溉秩序。

农民的水费负担明显减轻。由于协会对渠道进行了高标准的维修，跑水漏水现象减少，放水周期缩短，放水量和水费明显减少。

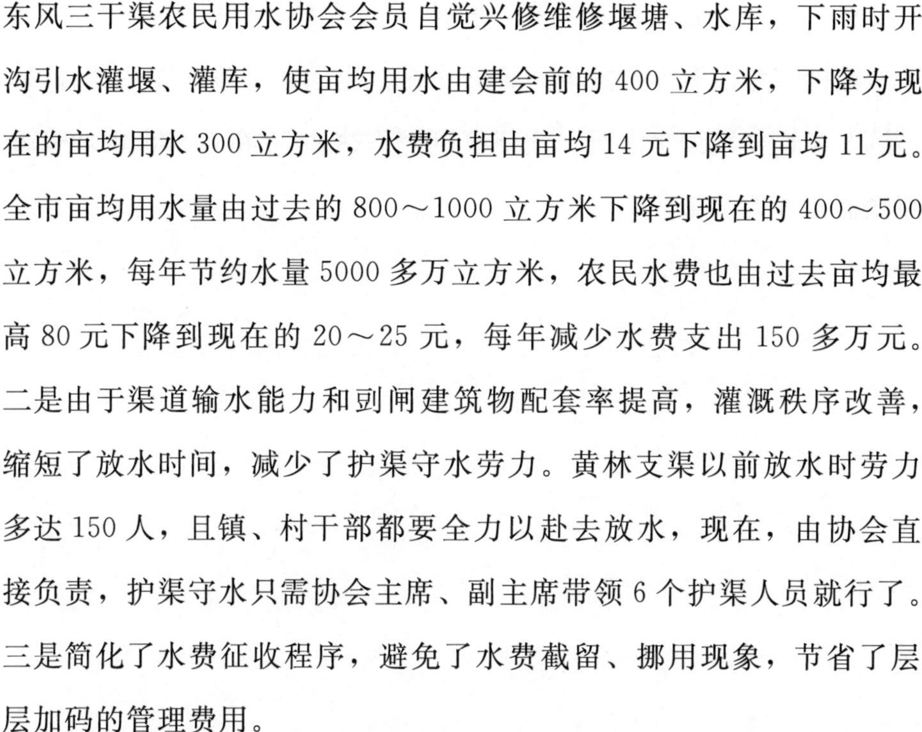

东风三干渠农民用水协会会员自觉兴修维修堰塘、水库，下雨时开沟引水灌堰、灌库，使亩均用水由建会前的400立方米，下降为现在的亩均用水300立方米，水费负担由亩均14元下降到亩均11元。全市亩均用水量由过去的800～1000立方米下降到现在的400～500立方米，每年节约水量5000多万立方米，农民水费也由过去亩均最高80元下降到现在的20～25元，每年减少水费支出150多万元。二是由于渠道输水能力和剅闸建筑物配套率提高，灌溉秩序改善，缩短了放水时间，减少了护渠守水劳力。黄林支渠以前放水时劳力多达150人，且镇、村干部都要全力以赴去放水，现在，由协会直接负责，护渠守水只需协会主席、副主席带领6个护渠人员就行了。三是简化了水费征收程序，避免了水费截留、挪用现象，节省了层层加码的管理费用。

村组干部的放水压力明显减小。协会负责管水后，减少了村组干部与农户的对立面。过去镇、村干部既要放水协调，又要收钱上缴，村民不理解，镇村干部“两头呕气”，现在这些工作由协会直接负责，减少了镇村干部的工作压力。

水管单位的效益明显增强。一是水费收交率显著提高。水费由协会直接向用水户收取后上缴水管单位，简化了水费征收程序，避免了水费截留、挪用现象，水管单位的水费收取率大大提高。五七长渠管理处的水费收取率自2001年以来，一直保持在100%。漳河一干渠灌区的水费收取率也从过去的40%～50%，提高到现在的96%。二是恢复和扩大了灌溉面积。由于渠道输水能力的提高，恢

复或扩大了部分自流灌溉面积，相应增加了水管单位的效益。五七长渠灌区多年没有放水的群益、群华村，也因渠道输水能力的提高，连续 5 年恢复用渠水灌溉，恢复灌溉面积达 2850 亩，全市因此恢复灌溉面积 3 万多亩。

问需于民　问计于民　问效于民

——江西永丰县水利建设年均投资均超亿元

刘浩军　郭旺泉

“2011年中央一号文件出台以来，江西省永丰县水利建设年均投资均超亿元，建设项目之多、受益群众之广前所未有，荣获全市、全省、全国水利建设先进县!”江西省永丰县水利局局长夏文云说，“水利建设之所以卓有成效，除了得益于国家政策的支持，地方政府的重视，水利职工的奋战，还与项目区群众的参与分不开!”

夏文云介绍说，农村水利工程点多、线长、面广、量大、易损、难管，如果仅靠水利部门建设管理，力不从心，有时还吃苦不讨好。因此，永丰县水利局结合党的群众路线教育实践活动，问需于民、问计于民、问效于民，听民意、启民智、聚民力，尊重项目区群众意愿，做到民生水利民做主，建设政府放心、群众满意的德政工程、

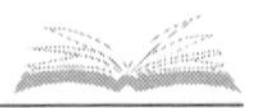

民心工程。

问需于民

近几年，永丰县水利局开展了党的群众路线教育实践活动，开展了访民情、解民忧、保民安“三民”活动；开展了进农村、进社区、进企业，了解社情民意、化解矛盾纠纷、破解发展难题，促进干部作风转变、促进干群关系融洽、促进基层发展稳定“三进三解三促”活动。在推进农田水利建设的过程中，问需于民，坚决不建“应付工程”“应景工程”和“形象工程”。

群众对水利需求是什么？带着这个问题，永丰县水利局的9个“践行群众路线活动”工作组由局领导带队，下田间、到地头、访农户，发放“服务群众联系卡”，与群众交朋友、结对子，拆“心墙”，缩“心距”，架“心桥”，让群众讲真话、讲实话、讲心里话，工作组人员听民声，记民情，原原本本地将群众对水利的需求填写到《民情手册》。通过对群众的所求、所需、所盼进行归纳梳理，他们的意见建议主要涉及灌区渠道改造、农村安全饮水、农村水环境治理、防洪安全、水事纠纷等几方面。

针对群众的所求、所需、所盼，凭水利部门一家能够解决的，县水利局立即制定实施方案，指定责任领导和责任部门，限期落实。需要上级支持和其他单位配合才能解决的，据实向县委、县政府汇报，由县委、县政府统筹安排解决。受条件所限一时难以解决的，向群众做好解释工作，坦诚说明，并表明今后努力的方向，争取他们的理解。

“水利干部来我家走访，请我说说对水利的诉求，当时我有点不在乎、无所谓，但见到他们如此真诚，还是勉强提出了几点愿望。”八江乡高家村农民高向前说，“水利局对连片的水稻田改建新建了灌溉渠道，过去因争水抢水造成的水事纠纷大为减少，防洪河堤得到除险加固，我们在汛期可踏踏实实地睡好觉，全村群众用上了自来水，彻底告别了喝水之忧！”

问计于民

永丰县委、县政府印发的《关于加快我县水利改革发展实施意见》《关于深化全县水利改革的实施意见》均明确提出，民生水利建设要问计于民，扎根群众接地气，发挥优势通下情，尊重民意开言路，纳民智、集民力、聚民心、顺民意。

县水利局在中小河流治理、山塘水库除险加固、防洪工程、水土保持建设、农村饮水安全工程、水资源管理、灌区渠道建设等方面的项目规划、实施方案、施工设计，都要征求项目所在地的乡镇政府和受益群众的意见，采纳他们的合理建议，优化规划、方案和设计，解决“怎么办”的问题，将好事办好。

不仅在水利工程建设前期工作中问计于民，还在工程建设的过程中聘请农民义务质量员监督。充分发动群众，紧紧依靠群众，保质保量保进度建设民生水利工程。推广小型农田水利建设农民义务监督员监督机制，在项目区所在村组推选责任心强、文化程度较高

的村干部、老党员，组建农民义务监督员队伍。监督员参与项目的前期工作、质量监督、工程验收，执行施工管理决定，维护施工秩序。由于农民义务质量监员是工程建设的直接受益者，因此能够严格监督施工单位的施工质量、施工进度和施工安全。

永丰县藤田镇防洪工程初步设计出来后，水利技术人员进村入户，征求项目受益的田心村和老圩村村民意见，优化施工设计。却没想到村民们情绪激动，反应强烈，尤其是田心村的村民，纷纷提出不能按照现在的河道走势加固河堤。在了解到有关情况后，县水利局召集两个村的村干部和村民代表，共同讨论如何变更工程施工初步设计，两村村民最终同意按距左岸岸边50米左右将60米的沙丘疏浚成河道的方案，对河道裁弯取直。这样不仅解决了两村河道界址纠纷，还改善了河道水流条件，降低了河道洪水位，保障两岸群众的防洪安全。

问效于民

“过去，由于小型农田水利工程点多、线长、面广，政府管不到、集体管不好、农民管不了，使用人人有份、管理个个无责，建后管理责任主体缺位，老化失修，导致工程不能长期发挥运行效益。”夏文云说，“我们在推进水利改革时，水利工程做到建管并重，强化小农水项目建后管护责任落实，确保工程建得起、用得好、有效益、管长远!”

县水利局认真贯彻落实县委、县政府印发的《关于加快我县水利改革发展实施意见》《关于深化全县水利改革的实施意见》文件精神，本着“谁受益，谁管理”的原则，发动灌区村组成立农民用水户协会，将改造完成的灌区末级渠系工程管理权明确归农民用水户协会所有，建后工程管护给予财政资金补助。使工程日常有人管、老化有人修、更新有能力，做到建成一处、管好一处，长期发挥效益一处，向管理要效益。

目前，全县已组建农民用水户协会36个，做到有场所、有人员、有制度、有考核。“农民用水户协会作用的发挥，确保了工程完好率，提高了用水灌溉效益，有效防止了水事纠纷的发生，维护了灌区群众安定团结。”夏文云说，“今后要巩固和发展农田水利工程建后管理所取得的成果，对能及时维修养护，使工程正常运行，工程完好率高，最大限度发挥工程效益的用水户协会，坚持给予奖励，并优先安排水利投资项目。”

永丰县现有水库114座，其中的110座小型水库，大部分建于上世纪五六十年代，受当时经济条件和技术水平所限，一些是“边勘测、边设计、边施工”的“三边”工程，加上运行时间长，管护资金投入不足，老化失修，有的积病成险，危及人民群众生命财产安全。近几年，永丰县在除险加固小型水库的同时，加强水库运行安全管理，招聘小型水库安全管理报汛员，县乡财政对安全管理报汛员给予补助，确保水库有人管护，危害有人阻止，险情有人报告，问题得到及时解决。

基层水利管理所管理模式调查

——以江苏省无锡城市防洪工程管理处仙蠡桥管理所为例

潘　杰

仙蠡桥水利枢纽位于京杭大运河与梁溪河的交汇处，分布于京杭大运河的南北两侧。仙蠡桥管理所成立于2007年1月，是无锡市城市防洪工程管理处下属管理的五大管理所之一，为纯公益型事业单位。主要做好防洪、排涝工作，充分发挥水利工程的综合效益通过调水引流，改善城区河道水环境，维护城市水生态平衡。

一、管理模式分析

（一）设备保障方面，落实精细管理

在制度上明晰，每月月初制定详细的设备维护保养计划，明确

保养责任人、保养时间和保养内容；在规范上把关，做到及时保养、填写，为达标创建做好基础准备；在技术层面系统掌握，一专多能，通过平时的维护保养逐渐达到技术、智能、操作三位一体。

（二）御洪排涝方面，落实严责管理

近年来无锡段大运河高水位出现的几率明显增多，主汛期表现出“来猛去滞”的新特点。管理所以严阵以待、严格值守为要求，以责任到人，责任如山为管理中枢，严格做到各种汛情防范准备到位，闸站运行正常率到位，所有人员在岗到位，明晰要求，一切服从防汛要求。

（三）服务管理方面，实行生态调配

水质型缺水已成为制约无锡市经济社会可持续发展的重要因素，调水引流改善城区水环境成为该所的一项常态工作。管理所把以水为媒、服务社会作为水利与社会联系的纽带加以管理。在非汛期，采用三班交叉轮流职守的管理办法，做到调水常态化，运行正常化，责任制度化，使调水引流成为改善城市环境的一项重要措施。

（四）能力管理方面，强化素质管理

面对人手少、收入低、任务重的困难局面，开展多渠道、多形式的教育培训，通过专业技能培训，全所职工均取得电工证及高压运维操作证，不但实现了全员持证上岗，而且要求每个职工均能胜

任多个不同的操作岗位，这些举措在一定程度上弥补了运行人员严重不足的困境。

（五）人文管理方面，注重思想工作

管理所始终坚持加强思想工作，充分发挥党员先锋模范作用。为创造良好的文化氛围，管理处主任杨邗经常深入班组与他们交心座谈，一起劳动，同时鼓励他们撰写论文。这种“促”和“督”，鼓励了大家在“理论”上的追求，不在忙碌中荒废学业，在“动手”与“动脑”之间相得益彰。

二、存在问题分析

（一）维修养护经费严重不足

城防处所辖5大枢纽工程固定资产超10亿元，而每年投入的设备维修养护经费不足0.5％，匮乏的养护经费与巨大的工程投资极不相称。根据测算，全处每年日常维修养护及检修经费至少需要795万元。而实际每年下达的维修养护费不到500万元，缺口非常大。2013年，全处维修养护项目所需经费达1400多万元，但财政安排投资计划不足40％。

（二）工程设施安全隐患较多

面对工程设施上存在的诸多问题，处、所两级千方百计筹措资

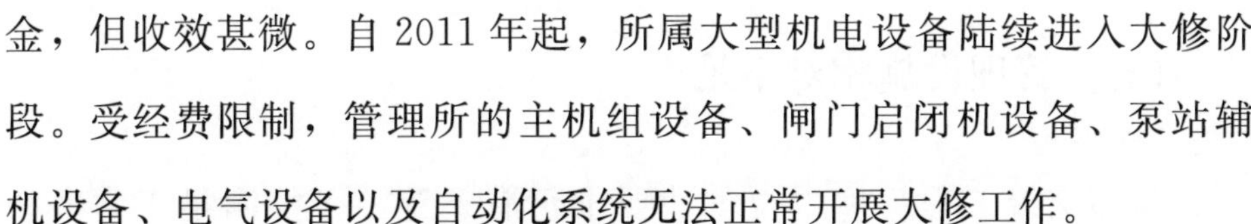

金，但收效甚微。自2011年起，所属大型机电设备陆续进入大修阶段。受经费限制，管理所的主机组设备、闸门启闭机设备、泵站辅机设备、电气设备以及自动化系统无法正常开展大修工作。

（三）运行管理人员缺口较大

根据水利部财政部《关于印发水利工程管理单位定岗标准（试点）的通知》（水办〔2004〕307号），无锡市城市防洪工程管理机构加各所运行人员将超过470人，而现有在编正式职工仅有101人，加上政府购买服务73人（其中公勤人员20人），实际参与运行管理的人员仅为154人，不足定额的1/3。

（四）职工基本素质参差不齐

人的问题一方面是数量上的不足，另一方面表现在人员素质上的参差不齐。现有运行管理人员基本通过三种途径到岗到位：原北塘联圩管理所以及太湖闸站工程管理处调入的运行管理人员组成城防处的班底，虽有一定的水利工程运行管理经验，但缺乏现代化大型泵站运行管理的经验；从社会招聘进来的大学生和技术工人，学历层次相对较高，但多数人员专业不对口，没有水利工程运行管理的经验；通过政府购买服务招聘的合同工，即没有大中型泵站运行管理经验、学历层次又偏低。无法形成一批懂技术会管理的专业技术队伍。

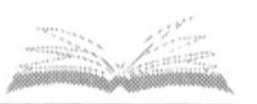

（五）管理设施相对不足

与国家级工程管理单位创建要求仍有差距，不能满足正常办公和值班需要，资料室、职工活动中心、食堂等配套设施尚未到位。突出表现为处一级单位，至今才落实办公地点。

（六）工资福利政策渠道不畅

随着事业单位改革的不断深入，改革过程中存在的工资、福利问题也逐渐暴露。作为全额拨款事业单位的基层管理所，在人员少、加班多、包括汛期的正常补贴均处于“真空”状态，没有相应配套的政策。

三、新时期水管所管理模式分析

（一）制度建设，改变“重建轻管”观念形态

管理所是基础工程的根基，体现管理中的效益细胞，是“管理也是生产力”的最实在体现。但“重建轻管”的习惯性思维形态、粗放型的管理模式未从根本上扭转，具体到基层站、所，就更为凸显。

改变目前这种状况，要抓住国家出台制度政策的机遇，采取局、处、所三级联动的方式。内部建立健全切实有效的制度，坚持建管并重，从水利可持续发展角度出发，逐项强化和落实责任。将具体

责任层层分解，落实到每个环节。

外部积极推动对今后的新建工程，必须做到先组建管理机构，落实管理人员和管理经费，再接收管理工程，从根本上解决“重建轻管”问题。对已经建成的水利工程，通过国家针对水利工程管理出台的政策和制度，与上级政府和财政部门进行调查、宣传、政策研究，推动维修养护经费的落实，从制度上根本保证管理经费落实到位，从而实现水利事业的健康、稳步和可持续发展。

（二）有序计划，改变人少事多状态

水利要发展，人才是关键。随着经济建设的快速发展，人民群众对防洪保安、保护水生态、改善水环境的需求日益增长，水利行业的任务已从单一的防汛抗旱转向多方位的社会保障功能，对水利工作的成效有了更高的期望值。工程管理单位的运行管理任务也随之与日俱增，管理单位的人手愈发捉襟见肘，人员综合素质能力也难以与时俱进。对基层单位的“双重缺失”，要建立有序的人才引进计划和培养计划，逐步改变水利工程管理单位人少事多、能力不足的状态。

在人的引进上要重点放在建立水利人才引进和培养的长效机制，优化人才结构，引进水利上需要的高素质人才，逐步形成与现代化水利工程运行管理相适应的工程管理队伍。对于引进的人才，一定要坚持能进能出的原则，做到能干的留，不能干的走。不徇私情，“把权力关在制度的笼子里”。

（三）立体培训，提高职工综合素质

在基层管理所，人是工程管理的最终实施者，是整个行业神经末梢的管理主体。加大管理技术培训力度，实施“立体培训”，是提高基层站所管理水平的最好途径。

由直属上级管理单位进行短期集中培训。可针对管理过程中存在的不足和问题进行培训，针对性强。

由管理所组织以岗带训的轮班学习，通过检修、保养、轮值等直接性、实践性的优势，进行短期的、分散的学习，实用性强。

目标性培训。基层技术操作必须有各种技能的上岗证、资格证，可利用社会及高校的平台，有选择地将条件成熟、能力较强的职工参加培训，从而提高基层一线职工的技术素质能力。

理论性培训，通过创新管理、写作技巧、文化理论等讲座和自己动笔写作形式，结合自身一线工作实际，不仅提高理论认知，视野拓宽，也为评定职称、增强一线工作水平打好基础，使管理人员的思想观念、管理水平全面适应工程管理现代化的需要。

（四）多层设计，积极争取行业性工资补贴

水利工程管理单位为纯公益性事业单位，没有经济创收渠道。实施绩效工资后，原来的行业性补贴均被取消，例如：艰苦岗位补贴、防汛补贴等。而一些防汛工程又都是近几年新建的，管理单位接收工程不扩编，人员缺口日益扩大，导致加班加点成常态、加班

加点无报酬。这显然有失公平，也不合理。

多层设计主要包括 3 个方面：

基层务实设计。通过一线管理所汛期值守、一线运行实际操作等工作情况，以翔实的工作记录作为实际运行依据，以行业要求所形成的制度和要求为理论依据，形成自身特色的基层一线闸所的设计报告和请示，向上一级主管部门提出制度申请和理由。在形成行业性基层管理所的制度要求可能会遭遇各种阻碍和困难，但坚持不懈上报、百折不挠地反映，应成为基层一线务实、坚韧的一个新理念。

行业特色设计。作为地方行业的主管部门，对一线所反映的情况和基层务实的设计方案、建议，要高度重视，采取赴基层站所调查研究，由点到面，找出基层一线所存在的共性问题，拿出具体解决的方案、政策建议报上级地方政府。

政府顶层设计。顶层设计是指地方政府和财政部门在水利行业双层设计方案政策请示的基础上，认真研讨、创新富有地方特色、加强水利现代化投入的体制和机制。真正向一线的基层站所实施政策倾斜，把“政府过紧日子，人民过好日子”落实在为一线基层办实事的“正能量”上。

（五）处所共建，构架文化活动基地场所

加大基层文化活动设施维护，提供功能完善、设施齐备的文化活动阵地，为水利文化建设打下坚实的基层基础。具体建议如下：

就近联动管理。处是站所的直接上级，地点相对较近，工作联

系、活动安排都相对方便。可设定较完备的基地场所，通过各种活动，召集附近站所的职工参加活动。

内外联动。随着水文化建设的品位提升、诸多闸站所的工程设施和办公地点都逐步形成了水利风景区的特色，成为城市水生态文明的休闲景点、旅游之地、教育载体，特别是城市百姓进行娱乐活动的天然去处。管理所可利用场地条件提供必要的方便，如江尖管理所就近提供电力设施和茶水，在非工作时间亦可参加社区联欢活动和各类水利、水文化宣传活动。

大小联动。"大"为集中式活动，"小"为分散、自主式活动。闸站的主要以"小"为主，以"学"为主，真正使文化活动场所成为职工学习文化知识、了解方针政策、开阔视野、陶冶情操、愉悦身心的主阵地，对促进精神文明建设、丰富职工群众文化、大力弘扬水利人热爱祖国、无私奉献的行业精神具有极其重要的作用。

（六）建设水利文化，拓宽社会认知功能

水管单位最大的特点和优势就在于拥有丰富的水土资源及与其紧密相关的水利风景资源。通过水利文化建设，以拓宽社会认知功能。

首先，可以解决珍贵的水土资源、风景文化资源等长期闲置甚至破坏、流失的问题，并带动一大批相关产业的发展，提供大量直接、间接就业机会。

其次，增加了水管单位和职工与现代社会的接触和联系，有利

于职工转变观念。通过修复生态，优化、美化水环境，挖掘、弘扬水文化，较好地发挥水利风景资源优势。形成了“单位发展，职工得利，群众受益，政府满意”的良好局面。

第三，给社会和市民提供这样的“窗口”，不断地熟悉水利、认知水利、了解水利；同时水利职工亦可通过这样的窗口，宣传水安全、水资源、水生态、水环境、水文化，使整个社会逐步形成珍惜水、爱护水、节约水的共识和氛围。从而形成行业和社会的良性互动、和谐共识。

“江州模式”多方共赢

——广西崇左市江州区实施甘蔗高效节水灌溉项目建设成效和经验

黄英勤

崇左市江州区是广西蔗糖生产大区，每年甘蔗种植面积 110 万亩以上。然而，江州区属季节性干旱、工程性缺水，对甘蔗生产影响很大。

2011 年，江州区以成功申报第三批中央财政小型农田重点县（高效节水灌溉试点县）为契机，实施 30 万亩甘蔗高效节水灌溉富民工程，大规模流转土地，全程机械化耕作，推广水、肥、药一体化的滴灌技术，发展甘蔗现代农业种植模式，实现甘蔗高效节水灌溉“灌关键水、施必须肥，科学管理，产生效益”。提高糖料甘蔗单产、降低成本，增加蔗农收入，发展壮大广西蔗糖产业，促进经济社会发展。

——狠抓土地流转，突破工作重点。实施甘蔗高效节水灌溉，整合土地资源是关键。江州区坚持以政府为主导，以农民自愿为原则，将土地进行流转或整合。近两年来，江州区实施的土地流转或土地整合全部是农民自学自愿，没有强迫命令，没有行政干预。各乡镇、街道办建立土地流转服务机构，对已流转土地的情况和下一步流出、流入意向等形成详细信息，逐一造册登记建立台账，及时掌握情况，确保土地流转规范有序健康进行。

——狠抓资金投入，解决重点问题。一是江州区政府发文件作出明确规定甘蔗高效节水灌溉的资金投入，各制糖企业出资50%、政府出资30%、群众和社会出资20%，从而为甘蔗高效节水灌溉资金投入提供了政策保障。二是积极争取中央、自治区财政资金支持。3年来，江州区均获得中央财政小型农田水利重点县和专项县项目，实现中央财政小农水项目全覆盖，有力推动了江州区甘蔗高效节水灌溉项目建设。三是积极招商引资，使民营企业和制糖企业成为投资的主体。广西大唐、壮糖作为项目投资主体，引进了天业节水、大禹节水、以色列耐菲姆节水公司等开展技术合作，为项目开展提供了强有力的技术支撑。四是县财政直接出资和整合部门资金，全面加大对项目建设的支持力度。

——狠抓科学种植，精心组织建设。一是采用地埋式滴灌技术，实现水、肥、药一体化，节约水、肥、药30%以上；二是推广良种良法，提高土地产出率。江州区在驮卢、太平镇建立万亩甘蔗良种

繁育基地，有效解决了甘蔗生产品种单一、退化严重的问题。三是推广全程机械化，提高劳动生产率。四是在甘蔗高效节水灌溉工程建设中，严格执行“四制”，把好规划设计关，实行项目建设督促检查制度。

——狠抓建后管护探索，着眼长期发挥作用。确保高效节水灌溉项目长期发挥效益，建后管护是关键。目前江州区初步形成几种建后管护模式。一是“专业化公司”的市场运作管理模式：由江州区政府农业开发公司与农户签订土地租赁协议，实现土地流转，引进专业种植公司的种植管理模式。二是“制糖企业运作”运行管理模式：制糖企业直接租赁整合流转农民土地，建立制糖企业的甘蔗生产种植基地，由国家或制糖企业投资建设水利灌溉设施，直接由制糖企业按市场运作进行管理。三是“制糖企业＋协会＋农户”运行管理模式：该模式适用多农户的地块，由国家或制糖企业投资建设水利灌溉设施，由制糖企业联合受益村委或受益屯成立甘蔗灌溉服务协会，甘蔗灌溉服务协会具体负责水利灌溉工程的运行管理，协会与农户签订甘蔗种植灌溉协议，水利灌溉工程运行管理的费用由制糖企业负责，灌溉后甘蔗增产的利益由制糖企业和农户分成。四是“协会＋农户”运行管理模式：该模式适用群众思想觉悟高、支持和迫切需要水利灌溉的地方，由国家投资建设水利灌溉设施，受益农户成立甘蔗灌溉服务协会。协会具体负责水利灌溉工程的运行管理，与农户签订甘蔗种植灌溉协议，水利灌溉工程运行管理的运行管理费用由协会向农户收取，农户可得到灌溉后甘蔗增产的实惠。

经过3年探索实践，实现全程机械化耕作，解放劳动力，大大降低了劳动力成本，经济效益、生态效益、社会效益显著，取得多方共赢的喜人成果。

机井管护情系“淮海粮仓”

——安徽淮北深化农用机井管护改革

李　锋

“我区现已建立行政管护为指导、企业市场唱主角、财政资金作保障的‘政府购买公共服务’管护模式，解决了农用机井闲时无人管、忙时不能用、急用再花钱等使用过程中存在的通病。”安徽省淮北市相山区副区长李健信心满满地介绍着情况。提起“政府购买公共服务”管护农用机井这项水利改革，农民无不叫好。在2013年春季抗旱用水及夏种的灌溉水源需求上，“政府购买公共服务”有效保障了农业的正常生产、粮仓丰满。

2013年，安徽省政府出台《关于深化改革推进小型水利工程改造提升的指导意见》，实施小型水利工程改造提升“5588”行动计划，即用5年时间，通过5项改革措施，在全省范围内以小水库、小泵站、小水闸、中小灌区、塘坝、河沟、机电井、末级渠系等8类小型水利工程为重点推进改造提升，使现有小型水利工程除涝灌溉能力得到有效发挥，全省农田有效灌溉面积提高到80%以上。到2017年底，加固病险小型水库2000座，更新改造小型泵站51万千瓦，加固、新建小型水闸4457座，改造灌溉面积1万～5万亩的灌区380处611万亩，扩挖塘坝47万口，整治河沟3.7万条，修复和新建机电井12万眼，末级渠系基本畅通，小型水利工程效益进一步提升，防汛抗旱保障能力进一步增强。由淮北市大胆创新，科学管理，实行的小型农田水利设施市场化管理，就是其中一项改革重要组成部分。

相山模式

淮北市是典型的平原井灌区，随着机井数量的逐年增多，农用机井的管护问题日益突现，农用机井建设涉及水务、农业、财政等多个涉农部门，在机井建设标准和质量控制方面，各部门标准不统一，农用机井质量控制不严、出水量不足和管护不到位的问题日益突出，已引起了全社会的广泛关注，尤其是广大农民群众对此反映强烈。因此，淮北市研究制定出台《淮北市小型农田水利设施管护暂行办法》之后，又出台施行了《淮北市农用机井管护办法（试行）》，这在全省尚属首例。

相山区作为淮北市主城区，土地面积偏少、农业规模相对较小，既要规划、建设好满足实际需要的精品水利工程，又要让建好后的

工程长期发挥效益，形成建好、用好、管好的水利新格局。为进一步提高农用机井的使用效率，切实解决当前机井管护权责不清、损毁严重等问题，相山区按照《淮北市农用机井管护办法》，通过抓“五有”条件，保“两项”措施，解决了农用机井使用过程中存在的弊端。

抓“五有”条件打基础，扎实推进机井管护的市场化服务模式。一是有专业的服务队伍。按照市场竞争机制原则，推行目标化管理，市场化动作，择优选择土楼兴农服务部、小集建筑工程有限公司2家具有资质和管护经验的企业作为农用机井管护单位，分别签订管护合同，确保有专业队伍来提供专业服务。二是有固定的服务场所。两个管护公司均按要求在钟楼租用场所，成立管护办公室，就近开展管护服务，有效避免管护企业挂靠其他公司、关键时找不到人、开空头承诺服务等现象。三是有稳定的服务人员。管护公司按要求配备3～5名专业技术人员，固定在公司服务，每个行政村配备1名专职水管员，保障了农用机井信息上报的准确性、管护措施落实的到位率，确保了队伍工作人员稳定性。四是有充足的机械设备。结合农用机井分布广、常堵塞、长期不洗易淤积等现象，管护公司配备了GPS定位仪、洗井设备、汽油泵、潜水泵、水管等相关设备，利用科学的手段实施有效管理，从硬件上保障了服务能力。五是有规范的管理档案。管护公司通过村级水管员实地核查各村基本情况，利用GPS现场定位、登记机井卡、计算机统一录入等规范化方式，逐村逐井建立详细的农用机井档案，实行一村一图，一村一表、一

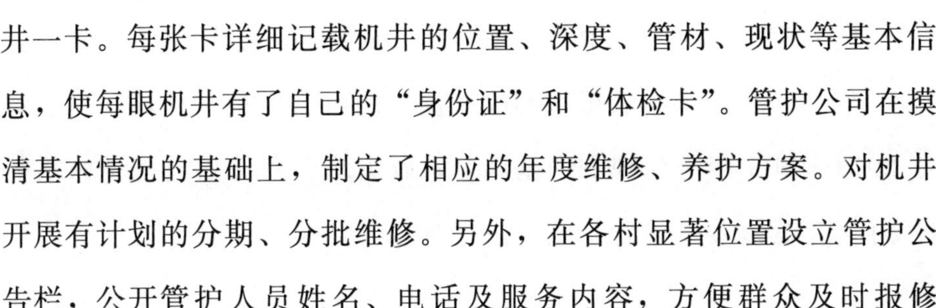

井一卡。每张卡详细记载机井的位置、深度、管材、现状等基本信息，使每眼机井有了自己的“身份证”和“体检卡”。管护公司在摸清基本情况的基础上，制定了相应的年度维修、养护方案。对机井开展有计划的分期、分批维修。另外，在各村显著位置设立管护公告栏，公开管护人员姓名、电话及服务内容，方便群众及时报修机井。

保“两项”措施促落实，尝试推广农田水利小型设施管护的全覆盖。一是财政资金保障管护工作的正常开展。每眼农用机井年管护费为100元，市、区按1∶1标准配套。每年及时将区级配套资金纳入财政预算，确保钱有来处。同时设立专户，制定《农用机井管护资金使用办法》，确保资金使用安全。按照前期拨启动资金、中期检查核发运转经费、年终考核兑现奖惩的原则，在保障资金到位的同时，确保管护工作正常、有序的进行，使有限的资金发挥更好的效益。二是绩效考核保障管护工作健康运行。按照百分制的标准对管护公司进行考核，总分90分以上评为优秀，75～90分之间为合格，75分以下为不合格。日常检查采取定期与不定期两种方式，对每个管护企业每年开展不少于4次的检查。对检查中发现的问题，及时通报，责令限期整改，对整改不到位及拒不执行整改意见的管护单位，采取核减相应比例的管护经费或取消管护合同的方式进行处罚。自市场化运营以来，通过政府的有效监管和管护企业自觉行动，两家公司共修复机井320眼、洗井360眼，满足了全区农业生产用水需求。参考机井管护市场化运行的成功经验，将管护的范围广泛推

广，逐步实行水闸、桥梁等小型水利工程的市场化管理“相山模式”。利用省政府小型农田水利改造提升的有力政策条件，在科学编制2013—2017年五年规划的基础上，有组织、有计划地把整修后的“八小”工程逐步交给管护组织进行管理。

严管质量

在“相山模式”取得成功的基础上，2014年，淮北在全市范围内开展“政府购买公共服务”这项水利改革活动，“政府购买公共服务”已改变点多面广，建成后维修管护较困难，重建轻管、管护和维修不到位，机井损坏率高，村民满意度差，致使小型水利工程设施建成后难长期发挥效益，造成资源的浪费等现象。

依据淮北市第一次全国水利普查2012年5月的工作报告，全市规模以上机电井18204眼；规模以下机电井65792、人力井207166眼，是淮北市农业灌溉抗旱的主要水源，机井灌溉面积达110多万亩，为区域农业增产、稳产提供了有力的水源保障。根据淮北市农田灌排规划，至2020年全市旱涝保收田面积达250万亩。

淮北市严格监督指导，确保建设质量，建立了由水务部门牵头，负责组织与协调，相关部门协同配合的管理机制。按照统筹兼顾，远近结合突出重点、分步实施的原则，成立了分管副市长任组长，有关部门主要领导为成员的领导小组，经常深入施工现场督查工程进度，召开工程建设推进会，及时解决工程建设中存在的疑难问题。领导小组成员单位各司其职，密切联系，“两严”措施使工程建设更加有条不紊。

一严把搞好设计关，保证前期工作和进度。每个项目所在镇、村提前进行项目申报，并就项目实施过程中由地方配合承担的征地、青苗补偿等做出承诺，确保顺利实施。就建设内容等充分征求当地群众意见，在充分考虑群众合理化建议和意见的基础上，科学编制设计方案，避免发生重大设计变更，有效保障投资效益的最大化。

二严格执行建管程序，确保按时保质完成建设任务。严格实行建设管理责任制，在工程显著位置树立“五牌一图”，明示项目简介、责任、进度、质量管理、安全管理和工程分布示意图等，主动接受社会监督，严格推行“法人负责、监理控制、施工保证、部门监管、群众监督”的机制，工程资金实行财政报账制，专户存储、专账管理、专款专用，确保工程质量和资金安全。

在淮北农业灌溉中，机井就是粮食丰收的泉眼。

治理超采　节水先行

——河北省衡水市深化水利改革为农田水利高效节水添新招

冯树荣　于兰芳

河北东部平原有一个世界上最大、最深的淡水“漏斗”，而其中衡水市的冀枣衡和沧州漏斗这两个深层地下水漏斗又为之最。这里多年平均降雨量518.9毫米，水面蒸发量却高达1300毫米。由于缺水，工业及居民用水全部依靠深层地下水。随着地下水位的不断下降，机井报废、机泵多次更新换代、提水能耗增加、农田灌溉成本加大、农民负担加重、农业抗灾能力不断降低，这些对农业特别是小麦生产的可持续性带来严重威胁，全市经济社会发展的瓶颈制约日益突出，地下水超采治理已经到了刻不容缓的地步。

痛定思痛，衡水市委、市政府一方面深入贯彻落实党的十八大和十八届三中全会精神，落实中央关于水利改革发展的决策部署，求真务实、探索实践，一方面针对当地地表水匮乏、产业结构远超水资源承载能力、种植结构不可能大规模调整的实际创新思路。最终决定在保障粮食安全和人民群众收入不降低的前提下，以节水为核心综合治理地下水超采。不单是地下水，地表水也要节水，发展从渠首到田间、从生产到生活的全方位节水体系，努力改善地下水生态环境。

转变粗放的用水方式

农业上，把节水灌溉作为发展现代农业的一项根本措施，实施渠道防渗、管道输水、咸淡混浇等节水工程建设；特别是在土地流转、设施蔬菜种植、农业产业规模化的井灌区，集中建设微喷、滴灌等高效节水灌溉工程，着力转变农业灌溉粗放用水方式。工业上，严格落实最严格的水资源管理制度，大力推行节水技改和节水产品，加强用水定额和计划管理，加快实施污水处理厂改扩建工程，推广一水多用、循环利用。生活上，改革完善水价管理机制，提高全民节水意识，搞好节水型社会建设。

开展引蓄水灌区建设

加快南水北调配套工程建设，确保如期竣工投用。实施连通蓄水工程，包括衡水湖调蓄综合治理、坑塘河渠连通蓄水及雨水收集等，实现雨水洪水资源化，增强区域水网调蓄能力。实施引水灌区

建设，围绕石津干渠引岗黄水库、位山引黄、濮阳引黄、引卫南运河、潴龙河引王快水库等可利用水源，建设灌区配套工程，恢复和发展地表水灌区面积。实施人工增雨工程，建设标准化人工增雨作业点，增强火箭发射装备，扩大人影作业面积，增加雨洪资源量。

推进农艺生物节水措施

首先要调结构。在保障国家粮食安全和农民收益的前提下，依靠政策扶持引导和典型示范带动，在深层地下水严重超采且无地表水替代的区域，鼓励改种青贮玉米、苜蓿等饲草作物。同时以衡水湖周边地区为重点，实施还林还湿。其次要调方法。改变过去传统播种、浇水方法，采用现代化的农机具及新工艺，推广小麦保护性耕作和水肥一体化节水技术。再次要调品种。深入研究并尝试种植抗旱品种小麦，选择蓄水保墒能力较好的麦田，推广实行春灌一水稳产配套技术。

探索管理节水新措施

一是统筹推进综合水价改革，用水价反映水资源的稀缺性，充分发挥水价杠杆的调节作用。严格用水总量控制和定额管理，积极推行桃城区首创的“一提一补”农业节水机制，对用水实行节奖超罚，有效提高用水效率。二是充分发挥市场主体作用，建立水权转让制度，形成让社会资本投入到节水中来可以盈利的商业模式。三是积极探索水利工程建、管、养、用一体化新机制，确保工程长期发挥效益。四是建立覆盖全市的现代化水利信息智能控制指挥系统。

衡水市推进南水北调配套工程，建设水厂以上输水管道工程和各县、市、区地表水厂及配水管网工程，以及石津灌区恢复，引黄、引卫、衡水湖灌区工程和引王快水库灌区工程等。建立更有效的水资源分配机制的，涉及的还有生态、经济发展和人们生活等诸多层面。

探索多元化水利融资发展之路

——湖南省汝城县不断完善水利投入稳定增长机制

朱诗慧

近年来，湖南省汝城县积极搭建融资平台，完善水利投入稳定增长机制改革，努力探索多元化水利融资发展之路，全县水利建设机制活、融资广、速度快，兴水惠民成效凸显。

汝城县地处湘南边陲，与粤、赣两省交界，是一个典型的“老、少、边、穷、库”区县，现为国家县扶贫开发工作重点县。全县辖9个乡10个镇，总面积为2401平方公里，2013年总人口40万，其中农业人口占总人口的89%，是一个典型的南方山区农业县。然而，全县自然灾害较为频繁，抵御灾害能力比较弱，水旱灾害频繁，特别是该县地处湖南省三大暴雨中心区之一，洪涝灾害每年发生，水利建设相对滞后。

从根本上扭转水利建设明显滞后的局面，推进水利跨越式发展，投入是关键。汝城县乘国家水利改革的东风，按照中央关于水利改革发展的决策部署，在完善水利投入稳定增长机制改革方面进行了大胆的探索和实践。

构筑水利融资平台

2012年8月15日，汝城县率先成立了全市第一家县级水利建设投融资平台—汝城县水务投资有限公司。公司注册资金3000万元，是经县人民政府批准设立的、属国有独资的公司，是县人民政府授权的各类水利工程建设项目及相关项目的融资载体、投资主体和经营实体。水务公司担负整合、盘活水利资产的任务，承接银企合作，以全资或控股、参股等市场化运作形式投资建设各类水利工程项目；水务公司的成立，标志着构筑了县级水利投融资平台，将以水利经营性和准公益性资产为核心，确保国有资产保值增值，促进当地水利事业健康良性、滚动发展。

水务公司成立后，该县充分利用行业优势，发挥平台作用，放大政策效应，加强与银行、企业合作，通过股份制、独资、合作、联营等多种方式以及水利产权制度改革，广泛吸引更多的银行、社会资金投入水利建设，拓宽融资渠道。公司还致力整合、盘活水利资产，将项目经营转变为公司经营，促进全县水利资源开发利用，并带动周边土地开发建设，充分发挥当地发达的河流水系、良好的

生态环境等综合优势，打造水景观，丰富水文化，发展水经济。2013年，水务投资有限公司与建设银行成功融资5600万元，公司先后担任了中小河流治理、溪头水库、溪头集中供水工程等建设项目法人，助推了水利项目建设。

BT模式筹集水利建设资金

2012年以来，汝城县政府充分利用非政府资金“建设—移交”，即BT模式来进行非经营性基础设施建设项目的融资，实施了城市防洪一期工程和龙王庙湿地公园2个水利项目。

2012年8月开始实施城市防洪一期工程，兼顾防洪、景观、休闲与交通等综合需求，以BT土地融资模式进行建设。投入1.5亿元，将城市防洪工程打造成融自然、生态、理学文化于一体的水生态文明工程，工程将河道治理与当地的理学文化有机结合起来，建设了4个景观小区，融园林、景观、民族风情、河道治理于一体。项目包括河道建设、新开挖景观湖、滨河景观长廊建设、调水工程建设。2014年5月工程已基本建成，有力推动了该县水生态文明建设，显著改善了城区水生态环境，提升了城市文化品位。

2012年10月22日，汝城县政府与湖南禹班建设集团签订投资合作协议，投入7000万元建设龙王庙湿地公园，2014年11月项目建成，对保护、恢复和重建该县城区湿地，改善当地区域生态环境和市民生活环境，提升市民幸福指数起到了积极的推动作用。

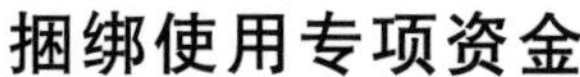

捆绑使用专项资金

汝城县凝聚政府各部门的发展合力，把农业综合开发、土地整治、以工代赈、扶贫开发、农林水等专项资金捆绑起来，用于水利项目建设。由政府牵头将资金分部门按原渠道管理，项目建设内容按水利总体规划进行，集中连片进行山、水、田、林、路综合治理。

2012年8月，投入1367万元建设了大坪镇上祝洞高标准农田示范项目，突出水源建设、路网建设和生态建设，新增粮食生产能力97万公斤，新增蔬菜生产能力16.8万公斤，新增种植业总产值301.4万元，新增节水灌溉面积8000亩，项目区农民收入增加总额128.1万元。2013年9月，投入1431万元建设了泉水镇南水洞高标准农田示范土地治理项目，建成高标准农田1万亩，新建拦河坝2座、衬砌渠道19.61公里、新建小型蓄排水工程1座等水利设施，由此改善灌溉面积1万亩，改善除涝面积0.2万亩，新增节水面积0.6万亩，年节约水量48万方，新增粮食生产能力102万公斤，农民纯收入增加总额达105万元。以上2个项目即是把农业综合开发、土地整治这样的专项资金用于水利建设并取得实效。

2014年，该县相继投入655万元建设了山洪灾害防治非工程措施项目，投入100万元完成了九龙江、益将河水系绿化工程，融资1亿元建设热水水务中心和热水河风光带项目，整合和融资1.25亿元实施了4座小型病险水库除险加固和1座中型水库除险加固工程，治理水土流失面积4.2平方公里，新建乡镇供水工程2处，已解决

农村饮水不安全人口 8200 人，兴修水利惠及了全县广大民众。

汝城县多元化的水利投融资模式，持续的公共财政投入，良好的投融资平台，用市场效应调动民间资本，通过资源整合、市场运作、借力金融等方式，有效破解了资金瓶颈，缓解了水利建设资金之“渴”。2014 年 11 月 15 日，湖南省水利厅、郴州市水利局组成调研组调研了该县水利投融资工作，对该县水利投融资经验给予高度评价，称其经验值得推广。

务实创新　勇于探索

——湖南省双峰县小型水利工程管理体制改革试点纪实

戴圣友

2013 年底，湖南省双峰县被水利部确定为全国 55 个深化小型水利工程管理体制改革试点县之一，围绕如何管好、用好水利工程，发挥水利工程的最大效益，为全国水利改革积累经验，双峰县务实创新，大胆探索，有条不紊试行水利改革工作。目前，全县深化小型水利工程管理体制改革方兴未艾，试点工作取得了阶段性成果。

“小水”喜迎“及时雨”

近年来，双峰县建立县级水利项目配套建设、维护专项资金，每年财政预算增设小型水库看护费 70 万元，小型水利工程维修养护经费 200 万元。在 2013 年，整合水利、国土、农业、农开、财政、

发改和移民等部门资金，集中财力大办水利，共筹集5.38亿元支农资金，有一半用于小型农田水利基本建设，全县小型水利工程设施建设和效益发挥有较好改观，为全县经济社会发展提供了有力保障。也因此，双峰先后9次连续荣获全国粮食生产先进县。

全县星罗棋布的各类水利工程大都建于20世纪六七十年代，普遍存在两大问题：一是工程年久失修，权责不清，管理混乱，效益低下，“国家管不了，集体管不好，农民管不到”的工程较为普遍；吃“大锅水”“福利水”的现象尤为突出，工程安全运行得不到有效保证，工程效益难以充分发挥，极不适应现代农业和农村发展的要求。二是工程所有者主体缺位，经营管理不善，效益衰减，老化失修甚至报废的问题日益突出。

因此，明晰产权关系，明确经营主体，全面深化小型水利工程管理体制改革势在必行，破解水利制约农业增效、农民增收的“瓶颈”迫在眉睫。双峰“小水”呼唤改革，此次被水利部确定为改革试点县，犹如迎来了“及时雨”。

“三长”合作“试验田”

自确定为全国深化小型水利工程管理体制改革试点县后，双峰县将改革作为重要工作，建立了县、乡镇（局）、村三级行政主官，即县长、镇（局）长、村长“三长”负总责，党政领导共同抓，水改工作领导小组具体抓落实的工作机制。还成立了由县委书记吴德华任顾问，县委副书记、县长杨维任组长的改革领导小组，抽调精干人员组织专门班子集中办公。对本次改革所需经费予以优先安排，前期县财政安排了100万元专项经费。同时，建立严格的责任落实机制，各县团领导挂点各乡镇，加强对水改工作的督促检查。

杨维于2014年4月4日、7月30日2次召集相关人员就深化小型水利工程管理体制改革工作召开县长办公会议，专题研究解决改革中的具体问题，为改革工作排难解忧。县水利局局长、青树坪镇镇长等负责人身先士卒，顶烈日、冒酷暑，多次深入村组和农户召开座谈会，解剖麻雀，为改革摸索经验。相关工作人员纷纷下到一线加强业务指导，严格执行“日报月结”制度，倒排工作日程，逐日抓落实。

2014年双峰县选取了最有代表性的青树坪镇作为改革试点。县领导小组和县水利局派出工作组进驻青树坪镇，制定了《青树坪镇深化小型水利工程管理体制改革工作实施办法》。该镇精心组织、部署水利改革，选取有典型性的单家群工站10个村为全镇试点村，调集30多名镇干部包干负责到村，与农民同吃同住，对所有水利工程进行登记摸底，明确工程所有权、使用权、管理权和经营权；反复召开村民会议，落实工程管护机制及管护经费，走村入组及时解决改革中的实际问题。目前，整个试点工作进展顺利，大多数村接近尾声。已有5个村完成水利工程的调查摸底，踏界确权，摸底表信息正在录入微机。同时，青树坪镇成立了用水协会，各村组成立了用水小组；制订了工程管护公约，落实了工程管护经费，出台了水利工程管护基金管理办法；明确了管护责任人，并签订管护合同，

建立了建管、考评、投入机制。

界塘创出“共管经”

青树坪镇界塘村，位于320国道附近，11个村民小组，423户1286人，现有耕地1320亩，在此次改革中被列为县镇两级试点村。

界塘村在改革中，借鉴土地、山林经营管理体制改革的做法和经验试行“受益户共管”模式，大胆推行水改。此模式就是在不改变小型水利工程所有权的前提下，把小型水利工程（小山塘、小渠道、小水坝、小窖池，小泵站等）的使用权与受益户挂钩，对所有权属集体经济组织、农户使用的小型水利工程，一定期限使用权划归受益户，受益群体以每个成员的受益面积为基础确定其共有份额，工程经营管理由受益群体自主决定，并以合同形式明确权利义务。对纳入改革范围的水利设施核发权属证书，让农民拥有合法有效凭据，吃下“定心丸”。同时，政府出台“以奖代补”政策，安排专项资金，对实施改革的小型水利工程予以补助。

小型水利工程要正常运行，长期发挥效益，落实管护责任是关键，管护经费则是保障。为此，界塘村对小型水利设施，原则上将管护责任人落实到该工程所在地村民小组长身上。水利设施管护的具体实施则由受益户轮换，一般来说每个受益户管一年。村里统一在镇经管站设维修管护基金专账，每组筹足3000元以上，村里再适当补助，循环使用，专款专用，并每年公布一次，接受群众监督。

管护经费筹措则通过村民自筹、集体投入、社会捐赠、财政奖补、项目资金支撑和发展水面养殖增加管护收入等多渠道多途径解决。根据实际情况，界塘村对水利设施经营权采取了两种发包方式：一是村组统一发包，承包收入纳入村组集体经济；二是受益户随田走，受益户自我管理，养殖收入作为管护人员报酬。

界塘村“受益户共管”模式试行以来，受到广大村民的拥护，村民主体意识、参与意识显著增强，界塘村村民肖春初对笔者说：“以前我村的水利工程有人建，无人管；改革后，村民对水利工程的管护就像管理自己的责任田一样，认真负责。”小型水利工程管理体制改革初步实现了建、管、用相统一，其后续效益正在释放。

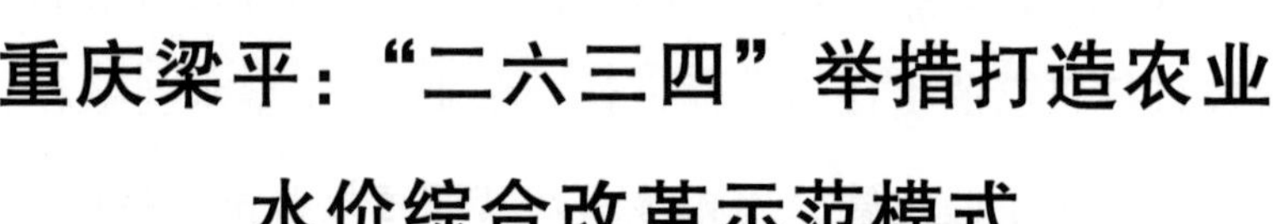

重庆梁平："二六三四"举措打造农业水价综合改革示范模式

李开文　唐红花

作为2013年农业水价综合改革示范项目试点全国80个县、重庆2个县之一的重庆市梁平县，采取"二六三四"举措，强力推进"以完善灌溉设施，提高用水效率；加强协会建设，提高服务水平；建立水价机制，实行终端水价；推进产权改革，明晰责任主体，探索适合梁平的农业灌溉和水价管理模式，保证灌溉工程良性运行"为改革目标的农业水价综合改革示范项目试点工作，取得了显著成效。

组织协调"两到位"，合理确定试点区

加强组织领导，责任落实到位。梁平县政府高度重视农业水价综

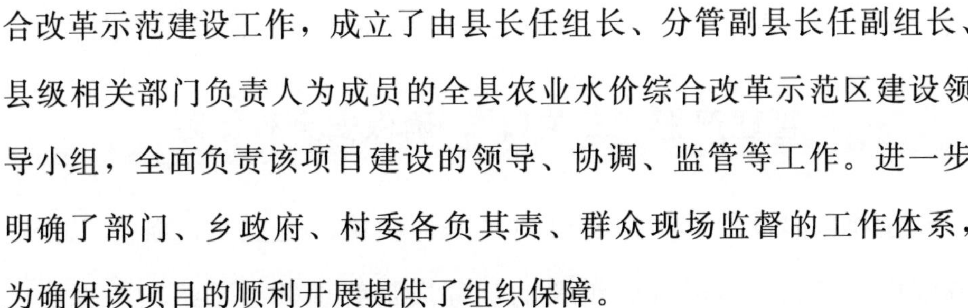

合改革示范建设工作，成立了由县长任组长、分管副县长任副组长、县级相关部门负责人为成员的全县农业水价综合改革示范区建设领导小组，全面负责该项目建设的领导、协调、监管等工作。进一步明确了部门、乡政府、村委各负其责、群众现场监督的工作体系，为确保该项目的顺利开展提供了组织保障。

深入宣传发动，试点确定到位。按照“多形式、全方位、广覆盖”的要求，把农业水价综合改革示范项目的有关政策文件，通过进村走访召开院坝会、民情恳谈会等现场宣传，经过筛选，最后把乡、村、组干部群众支持项目试点积极性高的安胜乡龙印村、金平村，作为该项目试点区，为确保该项目的顺利推进夯实了工作基础。

规范执行“六制度”，工程建设讲秩序

在建设程序上，实行“项目法人制”，成立了“梁平县金龙用水户协会”作为该项目法人，全面履行工程建设和管理职责。实行“招标投标制”，采取公开招标方式，选择了 6 个施工单位承担项目建设任务。实行“建设监理制”，项目监理单位采取旁站、巡视、抽检等办法严格控制工程建设质量，有效地促进了整个项目建设的健康发展。实行“质量监督制”，县水务工程质监站认真履行质量监督管理职能，对该项目的 6 个单位工程、11 个分部工程、193 个单元工程的建设过程进行了全面的质量监督。实行“合同管理制”，项目法人在规定期限内与中标企业签订了土建施工、安全生产等合同，并严格执行施工合同备案审签制度。实行项目“三公示”制，严格

实行工程开工前、竣工后和违规违纪查处情况“三公示”制度。

管理严把“三关口”，确保安全有保障

在项目建设中，严把建设质量关，确保工程安全。各施工企业分别成立了以项目经理为组长的工程质量管理领导小组，认真执行“三检制”；县水务质监站，对施工质量进行监督检查；监理单位对各单位工程采取事前、事中与事后控制，实行施工质量一票否决制。严把安全生产关，确保生产安全。施工单位明确了施工现场专（兼）职安全员，落实了安全防护措施，项目法人、监理单位、县水务局安全管理办公室加强了施工现场的安全监督管理，确保了工程施工安全“零事故”。严把资金监管关，确保资金安全。项目“专款专用”做到“四不超”（即不超标准，不超规模，不超概算，不超项目），单项工程验收坚持“四到场”（建设单位、监理人员、财务人员、质监人员），结算审批坚持“一支笔”，保证了资金的运行安全。

建设管护“四落实”，打造示范新模式

抓好组织、设施、制度、资金“四落实”，打造出具有梁平特色的农业水价改革新模式。

成立管水组织，建立工程建管模式。项目区成立了用水户协会。于 2013 年 9 月，由安胜乡政府出资 3 万元组建了金龙用水户协会，选举产生理事 1 名、副理事 2 名、秘书长 1 名、副秘书长 2 名。明确了协会建设管理职责。明确该协会为项目建设业主单位，负责项目

建设管理中的招投标、质量、安全、进度、合同、投资控制。明晰了产权与管护责任。明确该协会对工程建后的使用管理权，同时建立完善工程管护体制机制，确保工程良性运行和健康发展。

完善灌溉设施，建立用水节水模式。通过整修和改造渠道，新增灌溉面积1100亩，改善灌溉面积8200亩；渠系水利用系数由0.45提高到0.80；实行了用水计量、按实际灌溉轮次收费，项目区灌溉水损大大降低，亩均用水量由217立方米/亩降低到173立方米/亩；灌溉周期缩短，由13天缩短至9天，达到了省水省时的效果。

建立灌溉制度，推行水费计收新模式。建立灌溉管理制度。金龙用水户协会广泛征求意见，建立了水量分配、水费计收等6项制度，让群众“用明白水，交明白钱”，接受群众监督。建立基本水费加实际灌溉轮次水费的水价机制。即：基本水费5元/亩（含第一次灌溉核定水量田100立方米/亩、土40立方米/亩），第二、三次灌溉[核定水量田50立方米/(亩·次)、旱地20立方米/(亩·次)] 各5元/亩。

落实管护资金，建立差额补贴模式。经测算，该灌区每年需运行维护成本22.85万元，预计年收水费约12万元，不足部分约11万元由县财政预算补贴，以减轻农民负担，减少农业生产成本支出。

通过灌溉制度的建立，极大地调动了群众的节水积极性，群众的节水观念有了根本性转变，节水成为一种自觉行动。用户的用水意识由“要我节水”向“我要节水”转变，用水户节水意识不断增强，节水量日益增加。

安装闸门、量水堰等计量设施，实行有偿用水，改变了以前用水无节制的状况，争水抢水的局面得到了有效控制，缓解了供用水矛盾等问题。亩均用水量明显降低，解决了项目区干旱季节缺水问题，项目区年节约用水34万立方米。

通过建立农民用水户协会，落实管护组织、管护责任，做到了工程建设和建后有人管。建立水量分配制度、用水计量按实际灌溉轮次收费机制、财政补贴机制、运行管护机制，使得灌排工程维修管护制度、经费、主体、责任得以落实，解决了干、支、末级渠系和田间配套渠系的运行管护问题，保障了工程正常运行，提高了供水保障率。年增收粮食102万公斤，农民人均纯收入增加约800元/年。同时还促进了灌区生态平衡、实现自然、经济和社会和谐发展，为全面推进灌区运行管理体制改革发挥了示范作用。